U0899088

经济管理系列教材编委会

教育部高职高专规划教材

管理经济学

于卫东　主编
曾悟声　主审

化学工业出版社
教材出版中心
·北京·

管理经济学是应用经济学的一个分支，旨在论述企业经营决策中所依据的经济学原理。本书内容主要包括边际分析、供求分析、生产分析、成本分析、市场结构、定价实践、风险分析以及政府政策与企业行为。

本书在阐明管理经济学基本理论的基础上，着重探讨这些基本理论和分析方法在管理决策中的应用条件、应用方法及应用步骤。本书通俗易懂，应用性强。

本书主要为高职高专层次经济管理类各专业学生编写，亦可作为管理干部培训教材，也可供企业管理人员自学使用。

图书在版编目（CIP）数据

管理经济学/于卫东主编. —北京：化学工业出版社，2006.4（2018.10 重印）

教育部高职高专规划教材

ISBN 978-7-5025-8570-9

Ⅰ. 管… Ⅱ. 于… Ⅲ. 管理经济学-高等学校：技术学院-教材 Ⅳ. F270

中国版本图书馆 CIP 数据核字（2006）第 041606 号

责任编辑：高　钰　韩庆利　　　　文字编辑：张　娟

责任校对：蒋　宇　　　　装帧设计：于　兵

出版发行：化学工业出版社　教材出版中心（北京市东城区青年湖南街 13 号　邮政编码 100011）

印　　装：三河市延风印装有限公司

787mm×1092mm　1/16　印张 12¼　字数 309 千字　　2018 年10月北京第 1 版第 7 次印刷

购书咨询：010-64518888（传真：010-64519686）　售后服务：010-64518899

网　　址：http://www.cip.com.cn

凡购买本书，如有缺损质量问题，本社销售中心负责调换。

定　　价：20.00 元

出版说明

高职高专教材建设工作是整个高职高专教学工作中的重要组成部分。改革开放以来，在各级教育行政部门、有关学校和出版社的共同努力下，各地先后出版了一些高职高专教育教材。但从整体上看，具有高职高专教育特色的教材极其匮乏，不少院校尚在借用本科或中专教材，教材建设落后于高职高专教育的发展需要。为此，1999年教育部组织制定了《高职高专教育专门课课程基本要求》（以下简称《基本要求》）和《高职高专教育专业人才培养目标及规格》（以下简称《培养规格》），通过推荐、招标及遴选，组织了一批学术水平高、教学经验丰富、实践能力强的教师，成立了“教育部高职高专规划教材”编写队伍，并在有关出版社的积极配合下，推出一批“教育部高职高专规划教材”。

“教育部高职高专规划教材”计划出版500种，用5年左右时间完成。这500种教材中，专门课（专业基础课、专业理论与专业能力课）教材将占很高的比例。专门课教材建设在很大程度上影响着高职高专教学质量。专门课教材是按照《培养规格》的要求，在对有关专业的人才培养模式和教学内容体系改革进行充分调查研究和论证的基础上，充分汲取高职、高专和成人高等学校在探索培养技术应用型专门人才方面取得的成功经验和教学成果编写而成的。这套教材充分体现了高等职业教育的应用特色和能力本位，调整了新世纪人才必须具备的文化基础和技术基础，突出了人才的创新素质和创新能力的培养。在有关课程开发委员会组织下，专门课教材建设得到了举办高职高专教育的广大院校的积极支持。我们计划先用2～3年的时间，在继承原有高职高专和成人高等学校教材建设成果的基础上，充分汲取近几年来各类学校在探索培养技术应用型专门人才方面取得的成功经验，解决新形势下高职高专教育教材的有无问题；然后再用2～3年的时间，在《新世纪高职高专教育人才培养模式和教学内容体系改革与建设项目计划》立项研究的基础上，通过研究、改革和建设，推出一大批教育部高职高专规划教材，从而形成优化配套的高职高专教育教材体系。

本套教材适用于各级各类举办高职高专教育的院校使用。希望各用书学校积极选用这批经过系统论证、严格审查、正式出版的规划教材，并组织本校教师以对事业的责任感对教材教学开展研究工作，不断推动规划教材建设工作的发展与提高。

教育部高等教育司

前　言

管理经济学是一门运用微观经济学原理来指导管理决策的应用性学科，是应用经济学的一个分支。它是经济理论与管理决策之间的桥梁。根据高职高专教育人才培养目标及高职高专院校学生的学习基础，本书在编写过程中力求做到以下几点。

第一，突出应用性。本书在简明阐述微观经济学基本原理的基础上，着重探讨了经济学基本原理在管理决策中的应用条件、应用方法及应用步骤。突出书中对所有经济理论的讨论都是从管理决策需要出发，又为管理决策服务。

第二，突出通俗性。本书内容以深入浅出、通俗易懂的解说为主，删减烦琐的数学模型的建立及推导过程，让数学基础较差的学生也能够轻松掌握这些理论。这也是本书与其他教科书相比的最大特色。本书是以经济直觉搭配实例来演示如何运用微观经济学原理于管理决策之中。

第三，方便教学。为了使学生更好地掌握和应用本书内容，同时为学生自主学习提供便利，在每一章的前面都设有“学习目标”。各章在内容编排上都配有典型案例，每章后面有“本章小结”和“重要名词术语”，并配有适量的复习思考题。

本书主要为高职高专层次经济管理类各专业学生编写。由于本书具有较强的应用性，内容通俗易懂，亦可作为管理干部培训教材，也可供企业管理人员自学使用。

本书由于卫东主编，各章编写分工如下：第一、二、三章由于卫东编写；第四、五、六章由温利民编写；第七、八章由高安吉编写；第九章由郝建林编写。

曾悟声教授对本书初稿进行了审阅并提出许多宝贵意见，在此，表示衷心的感谢。

由于编者水平有限，书中不妥之处敬请广大读者批评指正。

编　者

2006 年 3 月

目　　录

第一章 绪　论

学习目标

1. 理解管理经济学的研究对象与学科性质。
2. 了解管理经济学与微观经济学的区别与联系。
3. 了解管理经济学的主要理论。
4. 深刻理解边际分析法体现的决策思想，掌握并学会应用边际分析的原理与方法。
5. 理解虚拟企业的概念、特点，熟悉其运作模式。
6. 了解企业的短期目标和长期目标以及两者之间的关系。
7. 深刻理解机会成本与会计成本、经济利润与会计利润的区别以及它们在决策中的作用，掌握它们的计算方法。

随着社会生产力的发展，生产社会化程度的提高，企业间的竞争日益激烈，对运用经济理论和分析方法指导企业管理实践，也提出了越来越高的要求。1951 年美国经济学家吉尔·帝恩（Joel Dean）发表了第一本管理经济学专著，掀开了运用经济学基本理论与方法指导企业在经营管理中进行理性思考、理性创新的新篇章。管理经济学主要阐明企业管理决策进行经济分析所依据的经济学一般原理和概念术语，因此，又称其为企业经济学或经营经济学。

管理经济学是微观经济学在管理实践中的应用，它为企业决策和管理提供分析工具和方法，其理论主要是围绕需求、生产、成本、市场等几个因素提出的。

第一节 管理经济学概述

一、经济学的基本命题——有效配置稀缺性的经济资源

管理经济学（诸如工业经济学、贸易经济学、发展经济学、计量经济学……）是把经济学理论应用于某一社会经济领域，属于应用经济学的一个分支，它与经济学有着密切的联系。因此，在学习管理经济学之前，必须先了解经济学的产生。经济学的基本命题是现实经济中产生的一对矛盾，即经济资源的稀缺性与人类需求的无限性之间的矛盾。

1. 经济学产生的前提

在这个世界上，所有的经济资源都是有限的，而人们生产和生活的需求则是无限的。任何社会或个人都无法得到想要的一切东西，使有限的经济资源最大限度地满足人们的生产和生活需求就成为经济学这门学科产生的前提。

2. 经济资源的 3 个条件

也许有人会对“所有的经济资源都是有限的”这一说法提出质疑。空气、海水不就是大量存在的吗？回答这个问题，必须了解经济资源需要满足的 3 个条件。

① 经济资源是人类已经发现的资源。现在，人类已经探明的地球上的石油、煤炭、铁矿等资源的储量都是有限的。而且，这些资源都属于非再生资源。也许经过一段时间，当我们耗尽了这些资源以后，人类的生产和生活需求就会遭遇到很大的难题。乐观的人认为，不必为这种问题担心，在现有的资源用完之前，人类完全有可能已经发现了新的替代资源。但是，经济工作必须立足于现实。人类将来的确可能发现新的资源来替代今天的石油、铁矿和煤炭，但这是未知的、不确定的。我们可以统计到经济资源目录里的是人类今天已经发现的资源，而那些没有被发现或将来可能被发现的资源，都不能列入经济资源的目录。这是衡量是否属于经济资源的首要条件。

② 经济资源应具有使用价值，也就是"有用"。没有使用价值的物质是没有经济性的，也就不能成为经济资源。

③ 经济资源是有价值的。商品学告诉我们，物品的价值体现在其参与交换的过程中。一种物品能够被交换的基本前提就是它的产权是明确的。空气、海水尽管是大量存在的，但是它们没有明确的归属，不能参与交换。也就是说，它们不具有价值，所以，不属于经济资源的范畴。

现在我们可以毫无疑问地说，凡是符合以上 3 个条件，能够被列入经济资源目录的所有的物质，都是有限的、稀缺的。这就证明了经济学的基本命题——经济资源的稀缺性与人类需求的无限性之间的矛盾（图 1-1），是存在的。

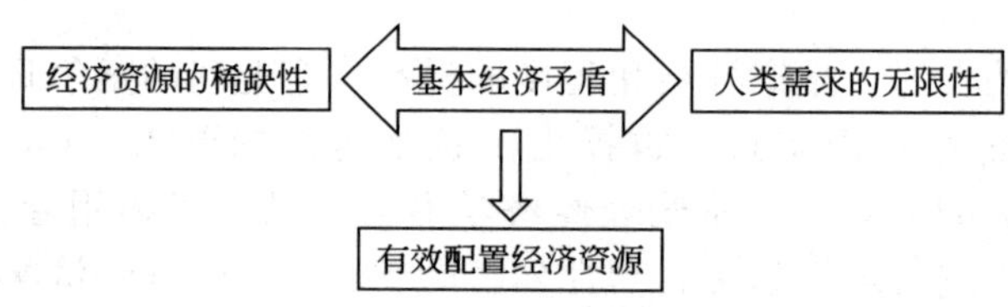

图 1-1 经济学的基本命题

3. 经济学需要解决的基本问题

既然经济资源具有稀缺性，人类的需求又是无止境的，那么在现实经济中就需要解决一系列的问题。经济学需要解决以下三大基本问题。

(1) 生产什么、生产多少 经济学的目标是，用稀缺的资源去生产人们非常需要的物品，使人们的需求得到最大限度的满足。所以，我们首先要确定，在经济资源总量有限的前提下，应该用这些资源来生产什么产品，提供什么样的劳务，避免生产人们不太需要或完全不需要的产品。尽可能使各种产品在数量上与各自的需求量保持一致。数量过多的产品会出现积压，过少的产品则不能充分满足人们的需求，也就没有达到最大限度地满足人们需求的目的。

(2) 怎样生产 这个问题实际上就是选择什么样的生产方式的问题。不同的技术水平、不同的生产组织形式，决定了资源使用效率的高低。为使效率达到最高，应该选择合适的生产组织形式并追求更高的技术水平。

(3) 为谁生产 这个问题要回答：我们生产出来的产品，或者说这个社会产生的财富，以什么样的方式进行分配。如果分配方式合理，多数人的需求都可以得到满足。否则，可能只有一部分人的需求得到满足，同时还有一部分产品和资源严重闲置，而另外一部分人的需求却得不到满足。

4. 解决基本问题的途径

① 解决"生产什么"和"生产多少"的问题，主要通过合理配置来解决。合理配置的

标准是：在各个产品的生产上，既不存在资源的闲置，也不存在资源的紧缺。实现合理配置，首先就要在量的比例上满足各个方面的需求。

② 选择适当的方式，以实现有效利用。实现了有效利用，也就提高了资源的使用效率。解决“怎样生产”的问题，最重要的是提高资源的使用效率。

③ 公平分配。“为谁生产”的问题，实际上是一个分配问题。只有通过公平的分配，才能最大限度地调动人们的主观能动性，积极有效地利用资源。

图 1-2 为经济学需要解决的问题及其解决途径。

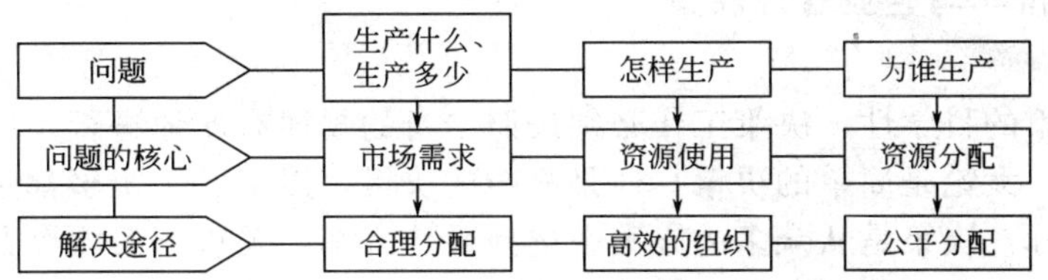

图 1-2 经济学需要解决的问题及其解决途径

二、管理者的基本任务

管理经济学必然要涉及到管理者在管理中可能会遇到的问题。经济学所要解决的问题与管理者在管理过程中所要面对的问题，或者说一个经济工作者所要面对的问题，基本上是相同的。

管理者需要解决 3 个问题。

1. “生产经营什么”的问题

(1) 管理者应该关注的焦点 现实中，管理者常常要给自己提出这样的问题：生产什么或者经营什么才能获得最大的利润？显然，他们关注的是各个产业的发展前景以及各个市场的成长空间。那么，如果一个产业有很好的发展前景，有很广阔的市场空间，是否这个产业的所有生产者或经营者都会成功呢？显然是不可能的。不管在任何领域，总是有的企业亏损，有的企业盈利。到底是什么导致了盈利企业的成功，又是什么导致了亏损企业的失败呢？

(2) 结合自身资源优势确定经营方向 管理经济学认为，企业选择生产经营的方向，一定要与本身所具备的资源的质量和数量相适应。如果管理者对自己企业所拥有的资源的质量和数量有一个科学的分析，能够准确地把握企业资源的优势，根据资源的状况选择生产和经营方向，那么这个企业就可能成为所在领域的成功者。

2. “生产经营多少”的问题

这个问题涉及到企业规模的控制。同处一个领域，有的企业经营得很成功，有的企业却不能盈利。企业在考虑自身资源优势之外，还要做到适当地控制企业规模。选择合适的企业规模，一是考虑当前市场的大小，二是要考虑市场的发展潜力。规模过大，则在市场上提供的产品的数量远大于需求量，为了销售，必然要降低产品的价格，价格下降直接降低了利润率；规模过小，企业所能占领的市场空间相对要小。

3. “怎样生产经营”的问题

企业可以采用不同的方式为市场提供产品或服务。例如，要成立一个咨询公司就有以下两种组织形式可供选择。

采用虚拟的组织形式。根据每一个咨询任务的要求，选择合适的咨询师。这种组织形式的好处是降低了生产成本，但是很可能会在关键的时候找不到合适的咨询师，以至于不能为客户提供专业的服务，也就失去了客户的信任。

采用传统的组织形式。公司拥有大批的咨询师，保证能够为客户提供及时而专业的服务。这种组织形式增加了企业的生产成本。

不同的生产组织形式产生不同的投入产出比。选择什么样的生产组织形式，是经营者和管理者必须重视的一个问题。在技术上投入的大小以及不同的生产组织形式，会产生不同的成本与利润的比例。也就是说，生产组织形式的选择直接影响投入与产出的比例关系。

根据以上分析可以总结出管理者的基本任务是确定经营方向、选择合适的企业规模、选择合适的生产组织形式。

三、管理经济学与企业管理决策

1. 决策

为了保证决策的科学性，决策工作必须按照自身的规律有序地进行，通常把管理决策过程分为 7 个步骤。无论是简单的决策，还是复杂的决策，以下 7 个步骤都是适用的。

(1) 确定目标　决策是从众多的方案中选择最佳方案，关键要看哪个方案最有利于实现企业的目标。所以，为了进行选择，首先应确立企业的目标。目标的确定应尽可能具体。如果目标太一般化或含糊不清，则不利于做出真正最优的决策。

(2) 明确问题　之所以要进行决策，是因为在生产经营中存在问题，决策就是为了解决问题。所以，在决策前，首先要明确问题的所在。例如，企业销售量下降了、利润未达到预定目标等。

(3) 找出导致问题产生的原因　问题明确之后，就要寻找产生问题的原因，即有哪些因素（变量）促使问题的产生。不仅要找出影响问题的因素（变量），还要估计这些因素影响问题的程度。这也就是经济学中所称的建立经济模型的过程。需要指出的是，利用经济模型来做管理决策，可以说是经济学对管理决策科学化所做的最大贡献。在管理经济学中，这种经济模型主要是各种经济函数以及反映这些函数关系的曲线。利用经济模型，有可能在处理一个复杂的决策问题时，舍弃次要因素，找出影响事物发展的关键变量以及变量之间的因果联系，从而使决策方法简化、科学化和定量化。有人认为，在所有管理科学中，管理经济学可以说是一门最巧妙，也是最普遍地应用经济模型来解决管理问题的学科。

(4) 提出可供选择的方案　产生问题的原因（因素）找到之后，就可以提出有可能采用的解决问题的方案。首先被提出来的可能是那些最明显的方案，此时，不能就认为方案已经提够，不必再提了。这时，往往还需要解放思想，通过调查研究，集思广益，看看还有没有其他更新的方案可提。总之，一定不要遗漏先进的方案。此外，提出的方案可能很多（如可能有几十个）。如果对这些方案一一进行精确评价，往往要花费管理人员很大的精力和时间。所以，首先要进行粗选，有些方案经过粗略的计算就可以明显地看出不实用、成本高等不足，可以将其淘汰，最后只留下少数几个方案，准备进行精确的评估。

(5) 收集和估计数据　为了对方案进行精确的评估，首先要收集和估计与方案有关的各种数据。这些数据有些在企业内部即可以收集到。例如，从企业内部的生产部门、销售部门、财务部门、人事部门、质量控制部门收集。但有些数据则要从企业外部收集，主要是从国家或某个信息机构发表的出版物上收集，或向有关信息公司购买有关的数据。还有一些数据可能需要企业通过直接调查来获得。

(6) 对各种可能的方案进行评价，从中选出最优方案　数据收集到以后，根据经济模型就可以对提出来的可供选择的方案进行分析和评价，从中选择最优方案。在对各种可能的方案进行评价时，应当牢牢记住企业的目标。最优的方案应当是最有利于企业实现目标的方案。在评价过程中，既要有定量分析，也要考虑有些不能用数量表示的因素对决策的影响。

(7) 实施和监控　最优方案选出之后，在实施过程中，要对方案实施的情况进行监控，以便了解方案实施的结果是否符合预定的目标。由于原来在评价、选择方案时的疏忽，或者实施方案过程中企业的环境发生了变化，都可能使方案实施的结果偏离原来的目标，这就需要对选出的方案随时进行调整。

2. 管理经济学在企业管理决策中的作用

管理经济学研究如何把微观经济学的理论与方法用于企业管理决策的实践。这也就指出了这门学科的研究范围是企业管理的决策。企业管理中要决策的问题很多，如人事决策（包括配备、选拔和培训干部等）、组织决策（包括组织设计等）、财务决策（包括筹集资金等）、销售决策（包括确定销售战略、建立销售渠道等）等。管理经济学当然不可能涉及企业管理中所有这些决策问题，它涉及的只是与企业资源合理配置有关的经济决策。在这个决策过程中，管理经济学的作用就是提供了相关的分析工具和分析方法。它研究的是如何对可供选择的方案进行分析比较，从中找出最有可能实现企业目标的方案。

四、管理经济学与微观经济学的关系

管理经济学要借用微观经济学的原理和方法，因此两者之间存在着密切的关系。两者的共同之处是它们都把企业作为研究对象，都研究企业的行为。为了研究企业的行为，它们首先都要对企业的目标做出假设。因为目标不同，企业的行为也就不同。除此之外，企业的行为还要受企业内外环境的影响，所以，无论是微观经济学还是管理经济学，除了根据假设的企业目标外，还要结合企业内外环境来研究企业的行为，这是它们的共同点。这两门学科的不同之处见表 1-1。

表 1-1　微观经济学和管理经济学的区别

	研究对象	对企业目标的假设	对企业环境的假设	研究目的
微观经济学	抽象的企业	利润最大化	假设企业的外部环境信息为已知	企业行为的一般规律
管理经济学	现实的企业	短期目标多样化，长期目标为企业价值最大化	企业环境（特别是外部环境）信息为不确定的	企业决策

微观经济学对企业行为的研究，是以企业的唯一目标（即追求最大利润）为前提的。在这里，“利润最大化”是指短期利润而言的。但是，管理经济学研究的是现实的企业。对现实的企业来说，从短期看，企业的目标是多样的，利润不过是其中不可缺少的一个。所以从短期看，企业必须在兼顾多种目标的前提下，谋求满意的或尽可能多的利润。从长远看，企业的目标是长期利润的最大化，可以用企业价值最大化指标来衡量。

微观经济学与管理经济学对企业环境的假设也是不同的。微观经济学假定企业所处环境的全部信息为已知的和确定的，根据这些已知的信息来研究企业的行为。管理经济学则认为现实的企业通常是在环境十分复杂、信息多变这样一个很不确定的情况下经营的。这种情况要求管理经济学在决策时，要使用有关的数学工具，对有关数据（如市场需求、产品成本等）进行预测和估计，并在不确定的条件下，选择最优方案。

微观经济学和管理经济学虽然都是研究企业的行为，但微观经济学是一门理论科学。它研究的是与企业有关的经济理论与方法，即企业行为的一般规律。管理经济学则是一门应用科学。它研究的是如何运用这些规律，结合企业的各种具体条件，做出最优行动方案的决策。

五、管理经济学的主要理论

1. 需求理论

需求理论主要分析不同价格水平的产品的需求量，以及在价格、收入和相关商品的价格发生变化时的需求改变率。它的作用是支持企业的价格决策和市场预测，帮助企业确定需求量和价格之间的关系。

2. 生产理论

生产理论涉及的主要内容是生产组织形式的选择和生产要素的组合。

3. 成本理论

成本理论涉及的内容是各个不同成本的性质、成本函数，包括规模经济的选择和最佳产量的选择。

4. 市场理论

市场理论分析在不同性质的市场条件下，企业选择什么样的行为能够达到自己预期的目标。

第二节 管理经济学的基本分析方法

边际分析法是微观经济分析最常用的方法。管理经济学最突出的特点之一，就是引入微观经济学中的边际分析法，作为管理决策的重要工具。

一、边际分析法体现的决策思想

任何人在决策时都会问这样一个问题：它值得吗？对这个问题的回答是："只要境况在采取某项行动之后会比采取行动之前有所改善，采取这项行动就是值得的。"这个道理很好懂，然而它正是边际分析法的精髓，体现了向前看的决策思想，即只看决策后境况的变化，不管决策前境况曾经如何。

需要指出的是，尽管这个道理浅显易懂，但在实际生活中还是常常有人背离。

案例 1-1

从宁波开往杭州的长途车即将出发。无论哪个公司的车，票价均为 50 元。一个匆匆赶来的乘客见一家国有公司的车上尚有空位，要求以 30 元上车，被拒绝了。他又找到一家也有空位的私人公司的车，售票员二话没说，收了 30 元允许他上车了。哪家公司的行为更理性呢？乍一看，私人公司允许这名乘客用 30 元享受 50 元的运输服务，当然亏了，但若用边际分析法进行分析，私人公司则比国有公司精明。

经济学家提出"边际"和"边际分析"的概念不是故弄玄虚，而是为了做出更正确的决策。经济学家常说，理性人要用边际量进行分析就是这个道理。

"边际"这个词可以理解为"增加"的意思，"边际量"也就是"增量"的意思。经济学研究经济规律也就是研究经济变量相互之间的关系。经济变量分为自变量与因变量。自变量是最初变动的量，因变量是由于自变量变动而引起变动的量。"边际量"就是自变量增加一个单位而引起的因变量增加的量。例如，研究投入的生产要素和产量之间的关系，可以把生产要素作为自变量，把产量作为因变量。生产要素（自变量）变动量与产量（因变量）变动量之间的关系反映了生产中的某些规律。分析自变量变动量与因变量变动量之间关系的方法就是边际分析法。生产要素（自变量）增加 1 个单位，产量（因变量）增加了 2 个单位，则因变量增加的 2 个单位就是边际量。更具体一些，运输公司增加了一辆汽车，每天可以多运 200 名乘客，这 200 名乘客就是边际量。边际分析法就是利用边际量作为决策参考依据的一种方法。

我们可以用最后一名乘客的票价这个例子来说明边际分析法的用处。当我们考虑是否让这名乘客以 30 元的票价上车时，实际上我们应该考虑的是边际成本和边际收益这两个概念。边际成本是增加一名乘客（自变量）所增加的成本（因变量）。在我们这个例子中，增加这名乘客，所需的汽车磨损费、汽油费、工作人员工资和过路费等都无需增加。对汽车来说，多拉一个人少拉一个人都一样，所增加的成本仅仅是发给这个乘客的食物和饮料。假设这些东西值 10 元，边际成本也就是 10 元。边际收益是增加一名乘客（自变量）所增加的收入（因变量）。在这个例子中，增加这名乘客增加收入 30 元，边际收益就是 30 元。

在根据边际分析法做出决策时就是要对比边际成本与边际收益。如果边际收益大于边际成本，即增加这一名乘客所增加的收入大于所增加的成本，让这名乘客上车就是合适的。这是理性决策。如果边际收益小于边际成本，让这名乘客上车就要亏损。这是非理性决策。从理论上说，乘客可以增加到边际收益与边际成本相等时为止。在我们的例子中，私人公司让这名乘客上车是理性的，无论那个售票员是否懂得“边际”的概念与边际分析法，他实际上是按边际收益大于边际成本这一原则做出决策的。

二、边际分析法的数学原理

在经济学中，边际分析法的提出不仅为我们做出决策提供了一个有用的工具，而且还使经济学能运用数学工具。边际分析所表示的自变量与因变量之间变动的关系可以用数学中的微分来表示。由此，数学方法在经济学中可以得到广泛应用。用数学的语言表述，边际量就是自变量变化一个单位时，引起的因变量变化的程度或大小。例如，总收入（TR）为因变量，产量（Q）为自变量，ΔTR 与 ΔQ 分别代表它们的增量，则边际收入（MR）表示增加单位产量，总收入增加多少。求最优解的必要条件是函数的导数为零。

$$\lim_{\Delta Q\to 0}\frac{\Delta TR}{\Delta Q}$$

$$=\frac{\mathrm{d}TR}{\mathrm{d}Q}$$

最优解

$$\frac{\mathrm{d}TR}{\mathrm{d}Q}=0$$

假设总收入函数方程已知，导数恰好等于方程曲线上某一点的斜率。当斜率为正（$\mathrm{d}TR/\mathrm{d}Q>0$），即边际值$>0$ 时，增产增收；当斜率为负（$\mathrm{d}TR/\mathrm{d}Q<0$），即边际值$<0$ 时，增产减收；当斜率为零（$\mathrm{d}TR/\mathrm{d}Q=0$），即边际值$=0$ 时，对应的产量可以使总收入达到最大值。所以，只要函数关系已知，运用微分方法就可以求出边际值。不仅可通过边际值的变化趋势进行决策，还可以在此基础上，寻求当因变量的值最大限度满足目标时自变量的值。

【例 1-1】 若已知总收入方程曲线 $TR=-5Q^2+1500Q$，求使总收入最多的产量？

解：

$$MR=\frac{\mathrm{d}TR}{\mathrm{d}Q}=\frac{\mathrm{d}\,(-5Q^2+1500Q)}{\mathrm{d}Q}$$

$$=-10Q+1500$$

令

$$-10Q+1500=0$$

$$Q=150$$

此时，总收入最大，为

$$TR_{\max}=-5\times150^2+1500\times150=112500$$

只要边际收入是正值，就可以通过提高产量来使总收入增加。当边际收入等于零时，即使提高产量也不会使总收入增加，此时总收入最大。达到这点后，如果继续增加产量，边际收入转为负，就会使总收入下降。

管理经济学中应用边际分析法，把数学含义与经济含义有机结合起来，使数学方法在经济学中得到广泛应用，对推动经济学本身的发展和解决实际经济问题起到了重要作用。

当然，即使不懂数学也仍然可以用边际分析法。例如，算算多上一年学（或者参加一个电脑学习班）要多花多少钱，以后又会增加多少收入。这不就是用边际分析法思考问题了吗？

三、边际分析法与管理决策优化

管理决策问题常常也是最优化的问题。例如，企业的产量多大，才能实现利润最大；投入要素之间如何组合，才能使成本最低等。为了回答这类问题，最常用、最方便的方法就是边际分析法。这里有两类规则。

1. 无约束条件下最优业务量的确定

所谓“无约束条件”，是指在管理决策时，假设生产技术等其他条件固定不变，只考虑某一种决策变量的投入，而其数量又是不受限制的。这种决策变量，可以是产量或某种生产要素数量，如劳动力、资金等。例如，为了使利润最大，应生产多少产品；为了使产量最大，应投入多少劳动力，等等。这种情况下，最优化的规则是：边际值=0 时，可以使管理决策的目标实现优化。

把边际值这一概念与管理中涉及到的几个最常用的概念（收入、成本、产量、利润）结合在一起，分别讨论。

（1）边际收入（MR） 表示每增加一个单位产量（销量），给总收入（TR）带来的变化量。

$$MR=\frac{\Delta TR}{\Delta Q}$$

管理决策中最直接的应用，就是如果产量的增长带来的边际收入是正值，就还应继续增产；如果边际收入是负值，就应减产；边际收入为零时，总收入最大，与其对应的产量为最优产量。

（2）边际成本（MC） 表示每增加一个单位产量（销量），给总成本（TC）带来的变化量。

$$MC=\frac{\Delta TC}{\Delta Q}$$

管理决策中最直接的应用，就是如果产量的增长，带来的边际成本是正值，就不应继续增产；如果边际成本是负值，就还可以增加产量；当边际成本为零时，总成本最低，与其对应的产量为最优产量。

（3）边际产量（MP） 表示每增加一个单位投入要素（如劳动量 L、资本 K 等），使总产量（TP）发生的变化。

$$MP=\frac{\Delta TP}{\Delta Q}$$

管理决策中最直接的应用，就是边际产量是正值，增加该要素投入可以增产；边际产量是负值时，增加该要素投入会减产；边际产量为零时，总产量最高，与其对应的要素量为最优投入量。

(4) 边际利润($M\pi$) 表示每增加一个单位产量(销量),给总利润($T\pi$)带来的变化量。

$$M\pi=\frac{\Delta T\pi}{\Delta Q}$$

由于利润等于收入与成本之差,所以边际利润也可以用下式表示。

$$M\pi=MR-MC$$

管理决策中最直接的应用,就是边际利润是正值时,增产增利;边际利润是负值时,减产增利;边际利润等于零时,总利润达到最高,与其对应的产量为最优产量。

【例 1-2】 某农场主在小麦地里施肥,假定肥料每千克价格为 3 元,小麦每千克的价格为 1.5 元。肥料用量、预期收获量数据如表 1-2 所示。问:每亩施肥多少能使农场主获利最大?

表 1-2 肥料用量、预期收获量数据 单位:千克

每亩施肥量	每亩预期产量	每亩边际产量
0	200	—
10	300	100
20	380	80
30	430	50
40	460	30
50	480	20
60	490	10
70	490	0

解:根据最优化规则,当边际收入等于边际成本时,施肥量为最优。这里的边际收入等于边际收获量乘小麦价格;边际成本等于肥料价格。据此,可计算出各种施肥数量条件下,边际收入、边际成本和边际利润的数据,见表 1-3。

从表 1-3 可以看出,当每亩施肥量为 50 千克时,边际收入=边际成本,边际利润为零。此时,利润最大,施肥量最优。

总利润=总收入-总成本=1.5×480-3×50=570(元)

表 1-3 边际收入、边际成本、边际利润数据 单位:元

每亩施肥量/千克	边际收入	边际成本	边际利润
0	—	—	—
10	150	30	120
20	120	30	90
30	75	30	45
40	45	30	15
50	30	30	0
60	15	30	-15
70	0	30	-30

2. 有约束条件下最优业务量的确定

所谓"有约束条件",是指在管理决策时,某种被分配的资源量是有限的、既定的。例如,一定量的某种资源,在不同的用途之间如何分配才能使利润最大;一定量的生产任务怎样在不同下属单位中分配,才能使总成本最低等。这类情况下,最优化的规则是:当各种使用方向上每增加单位被分配资源所带来的边际效益都相等时,被分配资源的总效益最大;当各种使用方向上每增加单位被分配资源所引起的边际成本都相等时,被分配资源能使总成本

最低。简称为等边际收益法则和等边际成本法则。这是因为，如果在各种使用方向上，被分配资源的边际效益（边际成本）互不相等，人们就有可能在不增加被分配资源量的前提下，通过减少边际效益低（边际成本高）的使用方向上的被分配资源量、增加边际效益高（边际成本低）的使用方向上的被分配资源量的办法，来增加总利润（减少总成本）。可见，只有当被分配资源能使各种使用方向上的边际效益（边际成本）均等时，资源的分配才是最优的。因为此时已无法再通过调整被分配资源量，使情况更好。

【例 1-3】 某公司下属两家分厂甲和乙，生产相同的产品，但因技术条件不同，其生产成本也不相同。它们在各种产量下的预计总成本和边际成本数据，见表 1-4 与表 1-5。现假定公司生产任务共有 6000 件，则应如何在这两家分厂中分配，才能使公司总成本最低？

表 1-4 甲分厂数据 单位：百万元

产量/千件	总成本	边际成本
0	—	—
1	2	2
2	6	4
3	12	6
4	20	8
5	30	10

表 1-5 乙分厂数据 单位：百万元

产量/千件	总成本	边际成本
0	—	—
1	1	1
2	3	2
3	6	3
4	10	4
5	15	5

解：任务的分配应按边际成本的大小顺序来进行。

第一个千件应分配给乙，因为此时乙的边际成本最低，只有 100 万元。第二、第三个千件应分别分配给甲和乙，因为此时甲、乙的边际成本为次低，均为 200 万元。第四个千件应分配给乙，此时乙的边际成本为 300 万元。第五、第六个千件则应分别分配给甲和乙，此时它们的边际成本均为 400 万元。所以，总任务 6000 件应分配给甲 2000 件，乙 4000 件。此时两者的边际成本相等，均为 400 万元。这时总成本最小，为 1600 万元。

【例 1-4】 飞龙公司的广告费预算为 110 万元，打算分别用于电视、电台和报纸广告。这 3 种媒介的广告效果见表 1-6。假设每做一次广告，电视、电台和报纸的费用分别为 30 万元、10 万元和 20 万元。问：应如何在不同媒介中分配广告预算，才能使总广告效果最优？

表 1-6 3 种媒介的广告效果 单位：万元

做广告次数	销售量的增加		
	电视	电台	报纸
第一次	4	1.5	2
第二次	3	1.3	1.5
第三次	2.2	1	1.2
第四次	1.8	0.9	1
第五次	1.4	0.6	0.8

解：因广告费资源有限，故当每种媒介的每元广告费的边际效果相等时，广告费的分配为最优。

3 种媒介第一次广告，每元广告费的边际效果为

电视：4/30＝0.133

电台：1.5/10＝0.15

报纸：2/20＝0.1

可见，尽管做一次电视广告的效果比电台、报纸大（4＞1.5，4＞2），但因电视的广告费多，每一元广告费的边际效果在第一次广告中并不是最大的。广告费的分配应根据每一元广告费边际效果大小的顺序来进行。计算结果见表 1-7。

表 1-7　广告费的分配结果　　单位：万元

选择的广告	每一元广告费的边际效果	边际效果排序	累计广告费
电台(第一次)	1.5/10＝0.15	1	10
电视(第一次)	4/30＝0.133	2	40
电台(第二次)	1.3/10＝0.13	3	50
电视(第二次)	3/30＝0.1	4	80
电台(第三次)	1/10＝0.1	4	90
报纸(第一次)	2/20＝0.1	4	110

可见，选择电台做三次广告，电视做两次广告，报纸做一次广告，就可以使有限的广告费（110 万元）取得最大的广告效果。此时，各种媒介的每一元广告费的边际效果均等于 0.1。

第三节　企业和企业利润

管理经济学的研究对象是企业，因此有必要对社会主义市场经济条件下企业的性质、地位、作用以及目标进行探讨。

一、企业的性质

1. 市场经济条件下企业产生的根源

企业就是指以营利为目的，把各种生产要素组织起来，经过转换，为消费者或其他企业提供产品或劳务的经济实体。但从历史上看，企业并不是从来就有的。在最原始的市场上，交易活动的当事人大都是个体生产者，只是到了现代，生产者绝大多数已经不是个体生产者，而是企业了。市场经济是依靠价格体系指挥和协调生产者和消费者的行为的，而在企业内部，生产者的行为则是由一个统一的领导层依靠行政命令来指挥和协调的。显然，这是两种不同的组织生产的方式。前者是“看不见的手”，后者则是“看得见的手”。这就产生了一个问题：既然市场机制能够把千百万人的经济活动有效地联系起来，那么，为什么市场经济发展到今天，两种不同的组织生产（配置资源）的方式需要并存呢？对于这个问题，经济学家科斯的产权经济学用交易费用理论作了以下解释。

所谓交易费用，是指一切不直接发生在物质生产过程中的成本耗费。企业为了取得尽可能多的利润，实现资源的优化配置，对外、对内都存在关系协调问题，从经济上也必然要付出代价。例如，在市场交易中，需要收集每一种产品的有关信息（如价格、质量、供求关系等），这就要支出信息费用；为了使双方对交易条件满意，就要进行谈判和讨价还价，这就要支出谈判费用；为了保证契约的实施，需要对契约的实施进行监控，这也要支出费用，等等。这些称为外部交易费用。当外部的市场交易费用太高，而通过形成一个组织并允许某个权威（企业家）来支配资源，就能节省交易成本时，企业就产生了。在这里，企业代替了市场，“看得见的手”代替了“看不见的手”。在存在企业的条件下，企业家只需要在企业外部与其他企业签订少量合约，就可以把协作生产的一切必要资源置于他的控制之下，由他来组织生产（如果没有企业，在数量众多的独立的个体生产者之间就要签订大量合约）。同时，长期合约代替了短期合约。例如，企业主与工人之间可以签订长期合约，而不必每次都为签订新合约而讨价还价。这样，既可以节约签订和执行合约所需的费用，又能避免或减少交易中的不确定性，从而减少交易风险。

但是，企业规模也不是越大越好。因为不仅市场活动有成本耗费，在企业内部，诸如监控职工的业绩、进行生产过程调度、组织内部资源供应等也要有成本耗费，这种成本耗费被称为内部交易费用。当企业规模过大，以致企业内部交易费用的增加超过了外部（市场）交易费用的节约时，再扩大规模就不经济了。过分扩大企业规模会增加内部交易费用的一个重要原因是管理者的能力是有限的。如果规模过大，超过了管理者的控制能力，就会使企业内部配置资源的效率降低。

由此可见，当企业内部交易费用的增加恰好等于市场交易费用的节约时，企业的规模达到最优，这时的规模就是企业规模的合理边界所在。

2. 企业的基本特征

在市场经济中，企业是最重要的市场活动主体。作为市场的主体，企业必须具备几个基本特征。首先，企业必须是自主经营的。只有这样，它们才可能对市场的信号灵敏地做出反应，根据市场的变化迅速做出恰当的经营决策。作为市场的主体，它们还必须是自负盈亏的。因为只有自负盈亏的企业才能成为独立的利益主体，才能在物质利益的驱动下积极主动地按照市场的变化及时调整自己的生产和经营。但最根本的是，企业的产权必须明晰。只有这样，企业财产的有效利用才会真正受到产权所有者的关注和保护，使自主经营和自负盈亏真正落到实处。所以，企业必须自主经营、自负盈亏和有明晰的产权，只有具备上述特征，它们才能积极自主地参与竞争，使市场竞争机制得以充分发挥，使市场真正能够在配置社会资源方面起到应有的作用。

二、虚拟企业

随着经济的国际化，市场竞争日益激烈，企业要加速自己的发展，取得尽可能多的利润，就要探索使外部、内部交易费用趋向最小化的管理策略，对传统企业“大而全”、“小而全”的模式加以变革，虚拟企业就是在消费需求多样化、市场竞争白热化、信息技术突飞猛进的背景下产生的一种全新的企业组织和运行模式。

1. 虚拟企业的含义

“虚拟”（virtual）一词源自计算机术语，指的是“虚拟技术”，后被应用到企业管理中。实际上，是一种借用外部力量，整合外部资源，以达到内部效果的策略模式。1991 年，美国国会和国防部委托里海（Lehigh）大学的艾科卡（Iacocca）研究所进行一项旨在建立较长期的制造技术规划基础结构的课题研究。该所的 3 位学者普瑞斯、戈德曼和内格尔提交了一份名为《二十一世纪制造企业战略研究：一个工业主导的观点》的报告。在这篇报告中，他们在总结当今世界成功企业经验的基础上提出了一种新的生产模式——以动态联盟为基础的敏捷制造（agile manufacturing），并创造性地概括出一种称为“虚拟组织”（virtual organization）的新型企业模式。这一理论一经提出，就引起了广泛关注。可以说，虚拟企业理论是对 20 世纪末期企业实践的理论概括，是企业理论的最新发展。

所谓虚拟企业，是指当市场出现新机遇时，具有不同资源与优势的企业为了共同开拓市场、共同对付其他的竞争者而组织的建立在信息网络基础之上的共享技术与信息，分担费用，联合开发的互利的企业联盟体。虚拟企业的出现常常是参与联盟的企业追求一种完全靠自身能力达不到的超常目标，即这种目标要高于企业运用自身资源可以达到的限度。因此，企业自发地要求突破自身的组织界限，必须与其他对此目标有共识的企业实现全方位的战略联盟，共建虚拟企业，才有可能实现这一目标。

用虚拟二字是因为企业在这样的组织形式下运作，虽然仍有设计、生产、财务、供销等功能，但不一定完全具备相应功能的组织，即有实、有虚。企业仅保留最关键的功能组织，其他功能组织，以各种方式借用外力将其虚拟化，管理决策的重点在于进行整合聚变，创造出超过企业自身力量的竞争优势。

2. 虚拟企业的特点

① 虚拟企业使得传统的企业界限模糊化。虚拟企业不是法律意义上的完整的经济实体，

不具备独立的法人资格。一些具有不同资源及优势的企业为了共同的利益或目标走到一起进行联盟，组成虚拟企业。这些企业可能是供应商，可能是顾客，也可能是同业中的竞争对手。这种新型的企业组织模式打破了传统的企业组织界限，使企业界限变得模糊。

② 虚拟企业具有流动性、灵活性的特点。企业出于共同的需要、共同的目标走到一起结盟，一旦合作目的达到，这种联盟便可能宣告结束，虚拟企业便可能消失。因此，虚拟企业可能是临时性的，也可能是长期性的。虚拟企业的参与者也是具有流动性的。虚拟企业正是以这种动态的结构、灵活的方式来适应市场的快速变化。

③ 虚拟企业是建立在当今发达的信息网络基础之上的企业合作。虚拟企业的运行中信息共享是关键，而使用现代信息技术和通讯手段使得沟通更为便利。采用通用数据进行信息交换，使所有参与联盟的企业都能共享设计、生产以及营销的有关信息，从而能够真正协调步调，保证合作各方能够较好合作，从而使虚拟企业集成出较强的竞争优势。

④ 虚拟企业在运行过程中运用并行工程而不是串行工程来分解和安排各个参与企业要做的工作。虚拟企业在完成某一项目或任务时，项目或任务按照并行工程的思想被分解为相对独立的工作模块，促使承担分解任务的各方能够充分调动和使用他们的资源而不必担心核心技术或核心知识被泄露。各个合作模块可以并行作业，项目或任务的主持者可以利用先进的信息通讯手段在其间不断地沟通与协调，从而保证各个工作模块最终的互相衔接。这样既缩短了时间，又节约了成本，同时还促进了各参与企业有效地配置自己的资源以及虚拟企业整体资源的充分利用。

⑤ 虚拟企业一般在技术上占有优势。由于虚拟企业是集合了各参与方的优势，尤其是技术上的优势而形成的，因此在产品或服务的技术开发上更容易形成强大的竞争优势，使其开发的产品或服务在市场上处于领先水平。这一点是任何单个实体企业很难相比的。

⑥ 虚拟企业可以看作是一个企业网络。该企业网络中的每个成员都要贡献一定的资源，供大家共享。而且，这个企业网络运行的集合竞争优势和竞争力水平大于各个参与者的竞争优势和竞争力水平的简单相加。

虚拟企业的上述特点决定了虚拟企业具有较强的适应市场的柔性与灵敏性，各方优势资源集中催生出极强的竞争优势与竞争力。

3. 虚拟企业的运作模式

(1) 虚拟生产　虚拟经营的最初形式。它以外包加工为特点，指企业将其产品的直接生产功能弱化，把生产功能用外包的办法转移到别的企业去完成，自己只留下最具优势并且附加值最高的开发和营销功能，并强化这些部门的组织管理。最著名的例子是美国生产运动鞋的耐克（NIKE）公司。耐克公司本身没有一条生产线，而是集中企业的所有资源，专攻设计和营销两个环节。运动鞋的生产则采用订单的方式放到人工成本低的发展中国家进行。耐克公司以虚拟生产的方式成为世界上最大的运动鞋制造商之一。国外著名的电器制造商近年来也采用了虚拟生产的模式。例如，日本的索尼、松下等电器公司，其在中国市场上销售的产品基本上都是由马来西亚、新加坡、泰国等劳动力成本较低的国家生产的，而公司总部则集中进行新产品的开发和营销战略的实施。

(2) 虚拟开发　指几个企业通过联合开发高技术产品，取得共同的市场优势，谋求更大的发展。例如，几家各自拥有关键技术并在市场上拥有不同优势的企业为了彼此的利益，进行策略联盟，开发更先进的技术。

IBM 和 AMD 在 2003 年初共同表示，为了跟上 Intel 的速度，双方将联合开发下一代微处理器技术。正在共同开发的特别微小的晶体管技术，能够提高芯片的效率，降低芯片的生产成本。合作对于双方都很重要，因为这能改善与 Intel 竞争的形势。AMD 缺乏 Intel 所具有的研发资金，没有合作伙伴很难迅速推出新产品。IBM自身掌握的微处理器技术有限，很难保证在与Intel的竞争中领先。这种合作促进双方获得在芯片制造方面的垄断优势。

(3) 虚拟销售 指企业或公司总部与下属销售网络之间的"产权"关系相互分离，销售虚拟化，促使企业的销售网络成为拥有独立法人资格的销售公司。此类虚拟化的销售方式，不仅可以节省公司总部的管理成本与市场推广费用，充分利用独立的销售公司的分销渠道以广泛推广企业的产品，促使本企业致力于产品与技术的创新，不断提升企业品牌产品的竞争优势，而且还可以推动销售公司的快速成长，网罗大批优秀的营销人才，不断扩展企业产品的营销网络。服装加工行业的美特斯·邦威公司是实行虚拟销售最为典型的企业之一。公司采取特许连锁经营的方式，通过契约将特许权转让给加盟店。加盟店在使用邦威公司统一的商标、商号、服务方式的同时，根据区域的不同情况分别向邦威公司缴纳5万～35万元的特许费。由此，公司不但节省了1亿多元的投资，而且还通过特许费的方式筹集到一大笔无息发展资金。公司总部把精力主要用在产品设计、市场管理和品牌经营方面，他们与香港、上海等地的著名设计师合作，每年推出约1000个新款式，取得了良好的经济效益。

(4) 虚拟管理 指在虚拟企业中，把某些管理部门虚拟化。虽然保留了这些管理部门的功能，但其行政组织并不真正存在于企业内部，而是委托其他专业化公司承担这些管理部门的责任。例如，企业可以不设人力资源部门，对员工的培训可以委托专门的培训机构完成。再如，许多外资企业将人力资源交给专业的人才管理中心管理，由中心负责调动、职称评定及党团关系接转等工作。虚拟管理可为新组建的、缺乏管理经验和管理人才的企业提供较大的帮助。乐凯公司就聘请麦肯锡、罗兰贝格咨询公司的管理专家为其作战略规划、管理咨询。

虚拟企业从最大限度发挥和提升企业核心竞争力着眼，以"共赢"为目的，强调充分利用各企业已有的资源优势，通过组织动态联盟，快速响应市场变化，把握市场机遇。虚拟企业克服了传统企业的封闭性、局限性和设计、制造能力的不完备性，减少了资源的重复投入，缩短了生产周期，提高了产品从设计、制造到销售全过程的整体柔性和敏捷性，增强了企业（群体）的竞争能力，是一种很有前途的合作方式。它正在被越来越多的企业所认识和采纳。

案例 1-2

无锡高科的外包模式

只有8名员工和几间租用的办公室的无锡高科设计制造公司，无厂房、无设备，半个月下来已经接下几十万元订单，各种模具和零部件产品源源不断的下线，年销售收入1000万元。一家企业发下一批零件订单，高科公司负责设计，委托模具厂生产模具，再由零部件加工厂生产产品，最后将成品交给客户。这些加工盟友中居然包括了IBM \ UGS等国际知名公司和上海交通大学、南开大学等著名研究院所和一批设备先进的厂家。

三、企业的目标

企业目标可以分为短期目标和长期目标。

1. 企业的短期目标

企业的短期目标是多样化的。企业是社会的一个细胞，企业的生存和发展，离不开社会上不同集团的人。各个集团都有各自的利益。企业只有满足各个集团的利益和要求，才能调动各方面的积极性，使企业兴旺发达。

(1) 投资者 企业首先不能没有投资者（股东或老板）。投资者在企业投资是希望得到合理的回报，因此，企业必须要有足够的利润来满足投资者的要求，不然投资者就可能把资金抽走，改投其他地方。

(2) 顾客 一家企业的成败，归根到底取决于顾客是否愿意购买它的产品。顾客多，生意就兴隆；没有顾客，企业就要倒闭。怎样才能使更多的顾客购买自己的产品呢？为了做到这一点，企业必须保证不断提高自己产品的性能和质量、增加花色和品种，更好地满足消费者不断变化的需要。

(3) 债权人 指向企业出借资金的人。有些债权人向企业赊销了原材料或供应品，有些债权人则借钱给企业。对这些人，企业必须到期偿还债务并支付一定的利息。如果做不到这一点，企业的信用就会受到影响，不利于企业的经营，严重的甚至会导致企业的破产。

(4) 职工 为生产（或销售）产品提供劳务。职工希望有优厚的报酬、满意的福利和良好的工作条件。如果企业不能满足这些要求，有才能的职工就有可能离开，到待遇更好的企业中去工作。如果企业留不住有才能的职工，就会在竞争中处于劣势。

(5) 政府 企业必须遵守政府的各种法令并照章纳税。政府用来管制企业的法令很多，如有关产品质量的法令、反不正当竞争的法令、防止污染的法令、有关劳动方面的法令等。如果企业不遵守这些法令、不照章纳税，就会受到政府的制裁，甚至被勒令停业。

(6) 社会公众 企业应该与社会公众保持良好的关系，力求在社会上建立良好的形象和声誉。这也是企业得到发展的一个条件。为此，对企业的要求是：按公平、合理的价格出售产品；保持环境的清洁；参与本地或全国性的社团及慈善组织的一些活动等。

企业不仅要与社会上的各种人打交道，还要与物，如设备、厂房打交道。企业只有保持设备等处于良好的技术状况并不断有所改进，才能在市场上不断提高竞争能力。所以，企业的技术改造也常常是企业的短期目标之一。

综上所述，企业短期目标是多样化的，只有统筹兼顾，充分调动各方面的积极因素，才能把企业办好。利润虽不是企业唯一的目标，毕竟还是一个很重要的目标，因为如果没有资金来源，企业就根本不能存在。但在短期内，企业也可以暂时放弃或减少对利润的追求，而致力于其他目标的实现。

2. 企业的长期目标

企业的长期目标是实现企业长期利润的最大化。近年来，随着人们对货币的时间价值以及风险问题了解的加深，经济学家提出了能反映长期利润大小的“企业价值”的概念，提出“企业的长期目标应是企业价值的最大化”。在这里，企业价值是指企业未来预期利润收入的现值之和。其计算公式为

$$\text{企业价值}=\frac{\pi_1}{1+i}+\frac{\pi_2}{(1+i)^2}+\cdots+\frac{\pi_n}{(1+i)^n}=\sum_{t=1}^{n}\frac{\pi_t}{(1+i)^t}$$

式中，π_t 是第 t 年的预期利润；i 是资金利息率；t 表示年份 [从第一年到第 n 年（即最后一年）]。由于利润等于总销售收入（TR）减去总成本（TC），则上述方程又可表述为

$$\text{企业价值}=\sum_{t=1}^{n}\frac{TR_t-TC_t}{(1+i)^t}$$

式中，TR_t 是企业在第 t 年的总销售收入；TC_t 是企业在第 t 年的总成本。

上面讨论了企业的短期目标和长期目标。两者的关系是：对短期目标的设计和安排要服从于长期目标。

四、经济利润

1. 利润的种类及其在决策中的作用

“利润”这个概念，经济学和会计学都有论述。管理经济学中又引用这个概念的特殊意义就是从管理决策角度，即在市场经济条件下资源优化配置的角度，对利润进行更深层次的分析。

（1）会计利润和经济利润的区别　企业利润可以分为会计利润和经济利润。其中，只有经济利润才是决策的基础，会计利润是不能用于决策的。

利润等于企业销售收入与成本之间的差额。企业的成本，又有会计成本和机会成本之分。如果销售收入减去的是会计成本，得到的就是会计利润；如果销售收入减去的是机会成本，得到的就是经济利润。

会计利润＝销售收入－会计成本

经济利润＝销售收入－机会成本

会计成本是会计师在账簿上记录下来的成本。会计成本不能用于决策。一是因为它属于历史成本，而决策总是面向未来的。二是（这一点更重要）它只反映使用企业资源的实际货币支出，没有反映企业为使用这些资源而付出的总代价。

会计利润是在会计成本的基础上算出的，当然也就不能用于决策。会计利润就是企业的实际收入大于实际支出的部分，它反映企业通过经营，增加了多少货币收入。会计师计算会计利润的目的是报告企业的盈亏情况，以便投资者作为投资、政府作为征税的根据等。但经济学家的目的则是为了决策。为了说明企业的资源是否得到了最优的使用，就必须使用经济利润。为了计算经济利润，就要先来解释机会成本这个管理经济学中十分重要的概念。

（2）机会成本　由资源的稀缺性引起的。经济学家认为，资源是稀缺的。资源的稀缺性决定了资源如果用于甲用途，就不能再用于乙用途。例如，假设某企业有10000元资金，如用于甲产品的生产，就不能用于乙产品的生产，两者只能选择其一。所以，资源的稀缺性决定了资源的用途要有所选择。

什么是机会成本？如果一项资源既能用于甲用途，又能用于其他用途（由于资源的稀缺性，如果用于甲用途，就必须放弃其他用途），那么资源用于甲用途的机会成本，就是资源用于次好的、被放弃的其他用途本来可以得到的净收入。为什么叫机会成本？因为如果资源用于甲用途，就会丢失资源用于其他用途可能得到收入的机会，所以，它是一种机会损失。这种损失是企业在选择资源用途，也就是决策时所必须考虑的。对经济学家来说，只有机会成本才是真正的成本。

下面是做企业管理决策时，几种特殊情况下，机会成本的计算方法。

① 业主用自己的资金办企业的机会成本，等于如果把这笔资金借给别人他可能得到的利息。

② 业主自己兼任经理（自己管理企业）的机会成本，等于如果他在别处从事其他工作可能得到的薪水收入。

③ 机器如果原来是闲置的，现在用来生产某种产品的机会成本是零。

④ 机器如果原来是生产产品A，可得一笔利润收入，现在改为生产产品B，其机会成本就是它生产产品A可能得到的利润收入。

⑤ 过去买进的物料，现在市价变了，其机会成本就应当按市价来计算（即这批物料如不用于生产，而用于出售可能得到的收入）。

⑥ 使用按目前市场价购进的物料、按目前市场工资水平雇用的职工以及按目前市场利息率贷入的资金的机会成本与其会计成本是一致的。

⑦ 机器设备折旧的机会成本是该机器设备期初与期末可变卖价值之差。

下面举例说明在管理决策中机会成本的计算和应用。

【例 1-5】 甲用自己的钱 1000 元办工厂（如果这笔钱借出去，每年可得利息 100 元）。乙从银行借钱 1000 元办同样的工厂，每年支付利息 100 元。试求甲、乙的会计成本和机会成本。

解：甲　会计成本＝0；　　　机会成本＝100 元

　　乙　会计成本＝100 元；　机会成本＝100 元

从会计观点看，甲的会计成本低于乙，甲方案似乎比乙方案好。但从经济观点看，两个方案的机会成本相等，说明两个方案是一样的。

【例 1-6】 甲自己当经理管理工厂，不拿工资，但如果他在其他单位工作，每月可得工资 1200 元。乙聘请别人当经理来管理工厂，每月付工资 1200 元。问：甲和乙管理工厂的会计成本和机会成本各为多少？

解：甲　会计成本＝0；　　　　机会成本＝1200 元

　　乙　会计成本＝1200 元；　机会成本＝1200 元

从会计观点看，甲的管理费用低，其方案似乎较优。但从经济观点看，两个方案机会成本相同，说明两方案不分优劣。

【例 1-7】 假定有两个方案。

方案Ⅰ　机器甲原来闲置，现在用来生产产品 B，所花的人工、材料费按现行市价计算共为 10000 元。另外，折旧费为 2000 元（假定折旧费与机器甲期初、期末变卖价值的差额相等）。

方案Ⅱ　机器乙原来生产产品 A，利润收入为 2000 元。现在改为生产产品 B，所花的人工、材料费按现行市价计算共为 10000 元，折旧费为 2000 元（假定机器乙期初、期末变卖价值的差额为 4000 元）。

问：两个方案的会计成本、机会成本各为多少？

解：方案Ⅰ

生产产品 B 的会计成本＝10000＋2000＝12000（元）

生产产品 B 的机会成本＝10000＋2000＝12000（元）

　　方案Ⅱ

生产产品 B 的会计成本＝10000＋2000＝12000（元）

生产产品 B 的机会成本＝人工、材料的机会成本＋折旧的机会成本＋设备的机会成本

＝10000＋4000＋2000＝16000（元）

从会计观点看，两个方案会计成本相等，两个方案似乎不分优劣。但从经济观点看，方案Ⅰ的机会成本较低，所以，方案Ⅰ优于方案Ⅱ。

【例 1-8】 企业甲每年耗用钢材 100 吨，用的是库存材料，当时价格为 1800 元/吨。企业乙每年也耗用钢材 100 吨，用的现购材料，市价为 2200 元/吨。试求企业甲和企业乙的会计成本和机会成本。

解：企业甲　会计成本＝1800×100＝180000（元）

　　　　　　机会成本＝2200×100＝220000（元）

　　企业乙　会计成本＝2200×100＝220000（元）

　　　　　　机会成本＝2200×100＝220000（元）

从会计观点看，企业甲的成本较低。但从经济观点看，两个企业的机会成本是相同的，说明两种做法在决策上不分优劣。

案例 1-3

谁言寸草心，报得三春晖
——机会成本

假如你问一个家长，把一个孩子从出生抚养到大学毕业要花多少钱，他会一笔一笔地给你算。每年生活费多少、教育费多少、医疗费多少、其他支出多少，等等。有人估算了一下，按北京中等生活水平大致每年要1万元。如果22岁大学毕业，抚养一个孩子约为22万元左右。这是抚养一个孩子的直接货币支出。然而，它是抚养一个孩子的全部成本吗?

知道了机会成本的概念，你就会明白抚养一个孩子的全部成本不仅仅是实际的货币支出22万元，还应该包括父母为抚养孩子所放弃的东西。换句话说，抚养孩子的全部成本等于实际货币支出加机会成本。这种机会成本包括父母所付出的辛劳以及为了抚养孩子所放弃的收入。如果说辛劳难以货币化，那么所放弃的收入还是可以计量的。例如，一个母亲为了照顾孩子放弃了上大学的机会，为此一生中少收入了10万元，那么，这10万元就是抚养孩子的机会成本。仅加上这一项，抚养孩子的成本就达32万元了。如果再把父母为抚养孩子放弃的各种机会、所受的辛劳、所放弃的享受都折算为货币，机会成本就更大了。

不同家庭希望生育的孩子数量与机会成本相关。通常高文化、高收入家庭的孩子少，正是因为他们抚养孩子的机会成本高。低文化、低收入家庭孩子多，也与机会成本低有关。一个当总经理的母亲和一个做家庭妇女的母亲为抚养孩子所放弃的收入，即机会成本，肯定不同。所以，提高母亲的素质，给女性提供更多更好的工作机会，从而增加抚养孩子的机会成本，无疑有利于人口出生率的下降。

“谁言寸草心，报得三春晖。”这句名诗是说父母对子女恩重如山，这份恩情是无法偿还的。父母抚养子女并不求回报，但子女孝敬父母却是天经地义的。这句诗我们每个人都很熟悉，在学习了机会成本这个概念，知道了抚养子女巨大的机会成本后，是不是对这句诗理解更深刻了呢?

2. 经济利润的计算

【例 1-9】 有人投资50000元，开设一家商店，自当经理。年收支情况如下。

销售收入	165000 元
会计成本	145000 元
其中：售货成本	120000 元
售货员工资	20000 元
折旧	5000 元
会计利润	20000 元

需要说明的是，该商店的货物是过去进的。假如现在进这批货，售货成本将为130000元；售货员的工资应与现在劳动市场上劳动力的工资水平相当；如果这50000元资产，使用一年后只值44000元；经理如在别处工作年收入为15000元；全部投资若投入别的风险相同的事业可获年收入4000元。求经济利润。

解：全部机会成本＝售货机会成本＋售货员工资机会成本（在本例中等于会计成本）＋折旧机会成本＋经理薪水机会成本＋资金机会成本

=130000+20000+（50000-44000）+15000+4000

=175000（元）

经济利润=销售收入-全部机会成本

=165000-175000

=-10000（元）

可见，尽管该商店有会计利润 20000 元，但经济利润为负值，说明该商人在这里投资不合算。

3. 经济利润是资源优化配置的指示器

上面讨论了机会成本。机会成本即当资源不用于本用途，而用于其他用途（准确地说，是其他用途中最好的用途）时的价值。由于经济利润等于销售收入减机会成本，则经济利润大于零，说明资源用于本用途的价值要高于其他用途，则本用途的资源配置最优。经济利润小于零，说明资源用于本用途的价值要低于其他用途，则本用途的资源配置不合理。所以，经济利润是资源优化配置的指示器，它引导人们把资源用于价值最高的地方。正因为如此，经济利润是决策的基础。

4. 正常利润

当销售收入等于全部机会成本时，经济利润等于零，但这并不意味着企业就没有利润。这种情况下的企业利润称为正常利润。正常利润是指企业主如果把这笔投资投于其他相同风险的事业可能得到的收入，也就是为了吸引企业主在本企业投资，必须给他的最低限度的报酬，不然企业主就会把资金抽走，投到其他地方去。正常利润属于机会成本，是企业全部机会成本的组成部分。在例 1-9 中，这个正常利润就是资金的机会成本 4000 元。所以，经济利润又是超过正常利润部分的利润。在例 1-9 中，经济利润为-10000元，意味企业主在这家企业投资将比在其他地方投资（在其他地方可得正常利润 4000 元）少得利润 10000 元。

5. 外显成本和内含成本

外显成本是指企业实际的支出，通常能在会计账上表现出来；内含成本是指非实际的支出，是会计账上未表现出来的开支，它等于机会成本和外显成本的差额。例如，过去买进木料 $100m^3$，总价为 100000 元，现在，由于物价上涨，这批木料可售 150000 元。则这批木料的外显成本为 100000 元，机会成本为 150000 元，内含成本为 50000 元（150000-100000）。在有的情况下，如外显成本为零，则机会成本等于内含成本。例如，企业主如在别处工作可得工资每月 4000 元，他现在本企业自兼经理，不拿工资，则其外显成本等于零，其机会成本等于内含成本，等于 4000 元。

因此，经济利润还可以表示为

经济利润=销售收入-（外显成本+内含成本）

案例 1-4

一家小店主的经济成本和经济利润

王辉是一名下岗职工，妻子没有工作，下岗后，他决定与妻子开一家商店。为此，他们投资了 50000 元。其中，购置门脸和装修用去 30000 元，剩下 20000 元作为流动资产。一年下来，销售收入 160000 元，从中必须减去销货成本以及设施的折旧，该店的会计利润是 20000 元。表 1-8 为会计损益表。

表 1-8 会计损益表 单位：元

项 目	金 额	项 目	金 额
销售收入	160000	折旧	5000
销货成本	135000	会计利润	20000

首先，夫妻的工资没有计入成本中。作为店主的丈夫的工资应该是一个个体户起码的收入，可以按每年 15000 元计算。妻子相当于雇员，年工资应为 6000 元。这 21000 元应算成是隐含成本。那么，投资的 50000 元的利息算不算隐含成本呢？我们发现 50000 元中的 30000 元是固定资产，其折旧已经在会计成本中计算了，所以 50000 元中的另外作为流动资产的 20000 元应看成是店主自有要素，没有支付利息。如果按利率 10％计算，计入隐含成本的还应有 2000 元。这样，店主的全部隐含成本为 23000 元，该店的经济利润为会计利润－隐含成本＝20000－23000＝－3000 元。小店主的经济利润见表 1-9。

表 1-9 经济利润表 单位：元

项 目	金 额	项 目	金 额
销售收入	160000	管理者工资	15000
销货成本	135000	股本利息	2000
雇员工资	6000	经济利润	－3000
折旧	5000		

经济利润为－3000 元，说明自己做老板开此小店（赚 20000 元）比给别人打工（赚 15000＋6000＋2000）少赚 3000 元。

本章小结

管理经济学是一门研究如何把经济学（主要是微观经济学）的理论和经济分析方法应用于企业管理决策实践的学科。经济学的基本命题是有效配置稀缺性的经济资源。为了达到资源的合理配置，管理者需要完成其基本任务，即解决 3 个问题：生产经营什么、生产经营多少、怎样生产经营。在解决这些问题的过程中，管理经济学的作用是提供分析工具和分析方法，它的主要理论包括需求理论、生产理论、成本理论和市场理论。

管理经济学要从微观经济学借用经济学原理与方法，因此它们之间的关系十分密切。它们的共同之处是都研究企业的行为，但两者又是有区别的。管理经济学不应局限于对经济理论本身的探讨，而应当成为经济理论和管理实践之间的桥梁。

为了保证管理决策工作有序进行，通常把管理经济学的决策过程分为 7 个步骤。

管理经济学的基本方法是边际分析法，它体现向前看的决策思想，并与最优化原理直接相联系。边际分析法与微分学结合是最优化的最方便的工具。

讨论在社会主义市场经济体制下的企业性质，主要是要回答两个问题。一是在市场经济中，企业产生的根源。对这个问题，科斯用交易费用理论作了回答。二是企业作为市场的主体应当具备的特征，主要是自主经营、自负盈亏和产权明晰。

企业的目标分为短期目标和长期目标。企业的短期目标是多样化的，利润只是其中的一个重要目标。长期目标则是企业价值的最大化。

企业利润可以分为会计利润、经济利润和正常利润。只有经济利润才是决策的基础，会计利润是不能用于决策的。经济利润等于销售收入减机会成本。机会成本是指资源用于其他的、次好的用途所可能得到的净收入。正常利润是指企业主如果把投资用于其他相同风险的事业所可能得到的收入，它属于机会成本性质。

重要名词术语

管理经济学　　边际分析法　　虚拟企业
会计利润和经济利润　　机会成本
正常利润　　外显成本和内含成本

复习思考题

1. 管理经济学是研究什么的？它与微观经济学之间存在什么关系？

2. 请阐述管理经济学的决策过程。

3. 什么是边际分析法？在管理决策中使用边际分析法有什么意义？

4. 在市场经济条件下，企业产生的根源是什么？作为市场的主体，它必须具备哪些基本特征？

5. 什么是经济利润？什么是机会成本？为什么说经济利润是决策的基础？

作 业 题

1. 某垄断企业，其产品的成本函数为 $TC=Q^2+200Q+400$（Q 为产量，TC 为总成本），需求曲线方程 $P=300-Q$（P 为价格），求该企业的最优产量。

2. 假定一家企业接受的任务处于这样的水平，增加一个单位产量则增加销售收入 100 元，但同时增加总成本 150 元。问：此企业应增产还是减产？

3. 假定某公司下属两家工厂 A 和 B，生产同样的产品，A 厂的成本函数为 $TC_A=Q_A^2+Q_A+5$，B 厂的成本函数为 $TC_B=2Q_B^2+Q_B+10$（TC_A、TC_B 分别为 A 厂、B 厂的总成本，Q_A、Q_B 分别为 A、B 厂的产量）。假如该公司总的生产任务为生产 1000 件产品，试问为使整个公司的总成本最低，应如何在这两家工厂之间分配任务？

4. 张先生是大昌空调安装公司的老板，他要与某市政府签订合同，为该市市政大楼安装空调。该市政府要求这项工程必须在 6 月份的 21 天内完成，并同意最高付安装费 6500 元。张先生估计完成这项工程需要 83 个工，但 6 月份是该公司最忙的月份，他只能抽出 3 个有经验的师傅，即只能有 63 个工（21×3）。每个工要付工资 10.6 元，则人工费用共为 667.8 元（10.6×63）。幸好，张先生的儿子小张正值学校放假，也可以参加该项工程，干一些非常熟练的劳动。小张如果在假期到别处打工，每天可收入 6 元。

在安装过程中需要耗费材料。在材料中，除了有一个特殊部件需要临时购买外，其他材料可以从库中提取，其原价为 4750 元，现在的市场价为 5035 元，预计特殊部件的价格为 850 元。根据以上数据，张先生算得这项工程的利润为 232.2 元（计算过程参见下表），他打算承接这项工程？你认为张先生的决策是否正确？为什么？

市政大楼安装空调预算

（按会计成本计算）　　单位：元

项　　目	金　　额
收入	6 500.00
会计成本	6 267.80
其中：人工费	667.8
材料费(库存)	4750
特殊部件	850
利润	232.20

5. 案例分析

高考临近，学生小王屈指一算，复习功课的时间只剩 15 天了，还有 3 门功课（语文、数学、英语）需要复习。小王估计这 3 门课的考试分数与复习时间的关系如下表所示。

学习时间应当怎样分配

语文		数学		英语	
复习天数	分数	复习天数	分数	复习天数	分数
0	40	0	50	0	30
1	50	1	60	1	50
2	59	2	69	2	60
3	67	3	77	3	66
4	74	4	84	4	71
5	79	5	90	5	74
6	83	6	95	6	76
7	86	7	96	7	77
8	88	8	97	8	77
9	89	9	97	9	77
10	89	10	97	10	77

案例思考题：

如果小王想使 3 门课的总分最高，他应怎样在 3 门课之间分配复习时间？

第二章　市场供求及其运行机制

学习目标

1. 深刻理解与需求有关的一系列概念以及影响需求的因素。

2. 深刻理解与供给有关的一系列概念以及影响供给的因素。

3. 深刻理解供求法则，在此基础上熟练掌握需求-供给分析法。

4. 理解市场机制在社会资源配置中所起的作用，了解这一机制的不足和为了使这一机制能够充分发挥作用所必须具备的条件。

在社会主义市场经济下，企业的一切经营活动都必须面向市场，因此，企业管理者就必须十分了解市场，并使自己的管理决策能够随时适应市场的变化。本章主要探讨市场的供求法则及其运行机制，目的是使读者懂得市场运行的规律，以便能更好地掌握市场的变化，正确进行企业决策。

第一节　需　　求

需求和供给是构成市场的两个基本要素。在探讨市场的运行机制之前，有必要首先对与这两个要素有关的一些概念进行界定。本节着重探讨有关需求的若干概念和影响需求的主要因素。

一、需求量

需求量是指在一定时期内，在一定条件下，消费者愿意购买并能够买得起的某种产品或劳务的数量。在这里，“一定时期”一般指一年；“一定条件”指影响需求量的因素（如产品价格、消费者收入以及消费者爱好等）既定不变。需要指出的是，需求量不是指消费者实际购买某种产品的数量，也不是消费者想购买某种产品的数量。“愿意购买并能够买得起”指消费者不但要有购买欲望，而且还要有支付能力。只有购买欲望，表明消费者有一种需要和要求，但还不能成为需求。要成为需求，消费者还必须具有支付得起一定价格的能力。

二、影响需求量的因素

在市场上，一种产品的需求数量并不是固定不变的。它要受很多因素的影响。对不同的产品，其影响因素也是不同的。概括起来，主要有以下几种。

1. 产品的价格

这是影响需求量的一个最重要、最灵敏的因素。通常情况下，需求量随价格的变化而呈相反方向的变化。产品的价格上涨，其需求量就会减少；产品价格下跌，其需求量就会增加。需求量与产品价格之间的反向变化关系，人们称之为需求法则。

2. 消费者的收入水平

这里指的是消费者的平均收入水平。一般地，需求量和消费者收入呈相同方向的变化。

消费者的收入提高，需求量就增加；消费者收入水平下降，需求量也就减少。例如，这些年来农民对彩电的需求量增加很快，就是因为农民的收入提高了。但对某些产品来说，消费者收入的增加反而会导致需求量的减少。例如，在城市里，人们对标准面粉和黑白电视机的需求量就是随人们收入的增加而减少的。对于消费者收入水平变化对不同档次产品需求量的影响，下一章将进行详细分析。但不管怎样，消费者收入水平的变化会影响产品的需求量。

3. 相关产品的价格

需求不仅取决于商品自身的价格，在相当程度上也受相关商品价格的影响。相关产品包括替代品和互补品。如果 y 产品和 x 产品互为替代品，说明它们对消费者有相似的用途，可以相互代替使用，如猪肉和牛肉、咖啡和茶叶等。替代品之间具有正相关关系。当 y 产品的价格上涨时，人们就会把需求转移到 x 产品上去，从而使 x 产品的需求量增加。反之，y 产品价格下跌，会引起 x 产品需求量的减少。所以，一种产品的需求量与其替代品的价格是按相同方向变化的。如果 y 产品和 x 产品是互补品，说明它们共同使用才能更好地发挥各自的效用，如录音机与磁带、照相机与胶卷等。互补品之间具有逆相关关系。y 产品的价格上涨，会引起 x 产品需求量的减少，从而也会使 x 产品的需求量减少。反之，y 产品价格下跌，将引起 x 产品需求量的增加。所以，一种产品的需求量是与其互补品的价格呈相反的方向变化的。例如，汽车与汽油，如果汽油价格暴涨，使用汽车就会变得昂贵，因而对汽车的需求会下降。总之，某产品的相关产品（不论是替代品还是互补品）的价格发生变化就会影响该产品的需求量。

4. 消费者的偏好

消费者的偏好主要是指人们对产品的爱好和选择。例如，一种服装的款式很流行，对它的需求量大。这是因为有很多人喜欢这种款式。人们的爱好和选择也与人们的习惯有关。例如，在我国，人们不习惯喝咖啡，对咖啡的需求量很少，而对茶叶的需求量却很大。这是因为我国居民普遍有饮茶的习惯。人们的爱好和选择不是固定不变的，因此需要经常研究这种变化，并根据这种变化来改进老产品、开发新产品。只有这样才能经常保持人们对产品的高需求。

5. 广告费用

广告会影响人们对产品的爱好和选择。一般来说，广告费支出越大，人们对产品的需求量也就越大。但有一个合理的限度。起初，增加广告费的投入，会使产品的需求量增加较多，但当广告费增加到一定程度后，因增加单位广告费而引起的需求量的增加将会递减，这时再增加广告费就不一定合算了。

6. 消费者对未来价格变化的期望

人们对一种产品将来的价格期望如何，也影响该产品的需求量。一般来说，如果人们普遍预期某一商品未来价格看涨，则会增加现实的消费，或多购买一些储存起来，现实需求量就会增加；如果价格看跌，现实需求量就会减少。我国 1988 年曾经出现过“抢购风”，究其原因，就是因为消费者预期产品将涨价，都想在涨价前多买一些，结果导致某些生活必需品的需求量猛增。

以上只是影响产品需求量的一般因素，不同的产品往往还有影响需求量的特殊因素。例如，雨具、啤酒、空调等商品的需求量与季节有关；自行车、手表等商品的需求量与人口有关等。

三、需求函数和需求曲线

1. 需求函数

产品的需求量受许多因素的影响。需求函数就是需求量与影响它的诸因素之间关系的数学表达式。

$$Q_d = f(P; P', I, E\cdots)$$

式中，Q_d 为需求量；P 为某产品价格；P' 为相关产品价格；I 为消费者的平均收入水平；E 为消费者的心理因素。

需求函数是需求量与影响需求量的诸因素之间多维关系的数学描述。这些因素可归纳为两类：一类是该产品的价格，即价格因素；另一类是所有除该产品的价格以外的因素，即非价格因素。不同产品的需求函数，价格因素都遵循需求法则，非价格因素往往存在着很大差异。例如，禁放烟花爆竹的地方性法规不会影响除烟花爆竹以外的产品需求量；季节变化影响空调的需求量，不会影响手表等日用品的需求量。

2. 需求曲线

需求曲线是对需求函数的直观描述。于是，我们面临着经济学中经常遇到的一个难题：如何使用二维图形表达一个多维的函数关系？

通过上面的分析，我们把影响需求量的因素分为价格因素和非价格因素两大类。假定所有非价格因素不变，这样一来，我们就可以直接用需求曲线来表示价格和需求量之间的函数关系，即 $Q_d = f(P)$，如图 2-1 所示。纵轴表示价格（自变量），横轴表示需求量（因变量），与一般代数中横轴为自变量，纵轴为因变量有所不同。

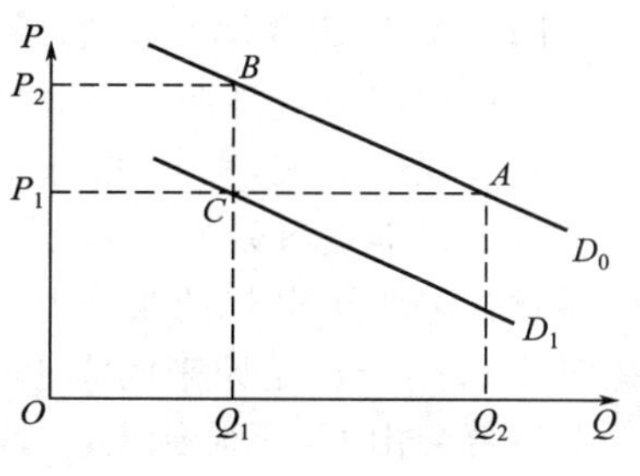

图 2-1　需求曲线

任何需求曲线都有一个共同的规律，即它总是一条自左向右下倾斜（斜率为负）的曲线。这是因为需求量的变动有自己的规律：价格上涨，需求量就减少；价格下降，需求量就增加。两者通常按相反方向变化。价格下降使需求量增加的原因如下。①价格降低后，消费者可以用同样的钱买到比以前更多的东西，这意味着消费者实际收入的提高，因而使需求量有所增加。这是由于价格变化所产生的“收入效应”而引起的需求量的增加。②价格降低后，人们会把对替代品的需求转移到这种商品上来，因而使这种商品的需求量增加。这是由于价格变化所产生的“替代效应”引起的。同样的道理，价格上涨，需求量就会减少。

需求曲线可以分为个人需求曲线、行业需求曲线和企业需求曲线。个人需求曲线表示单个消费者愿意购买某种产品的数量与其价格之间的关系。行业需求曲线表示市场上全体消费者愿意购买某种产品的总数与其价格之间的关系。行业需求曲线可由行业内众多个人需求曲线横向相加求得。如果一个行业只有两个消费者，则个人需求曲线与行业需求曲线的关系如图 2-2 所示。

企业需求曲线表示某企业的全体顾客愿意向该企业购买某种产品的数量与价格之间的关

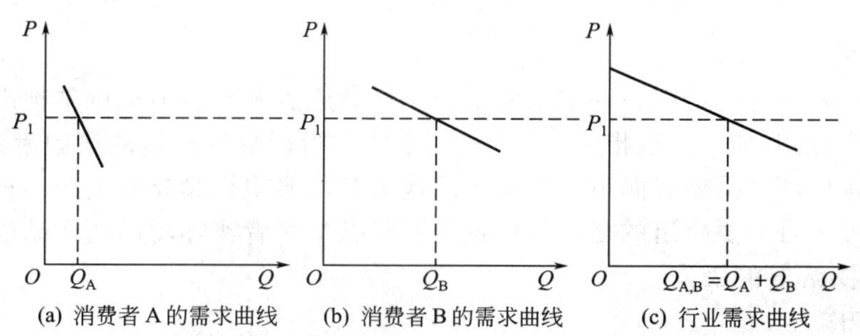

图 2-2　行业需求曲线与个人需求曲线的关系

系。由于企业的商品如果涨价，消费者有可能立即把购买力转向其他生产同类产品的企业，使需求量迅速下降，所以企业需求曲线的斜率（绝对值）一般要小于行业需求曲线。

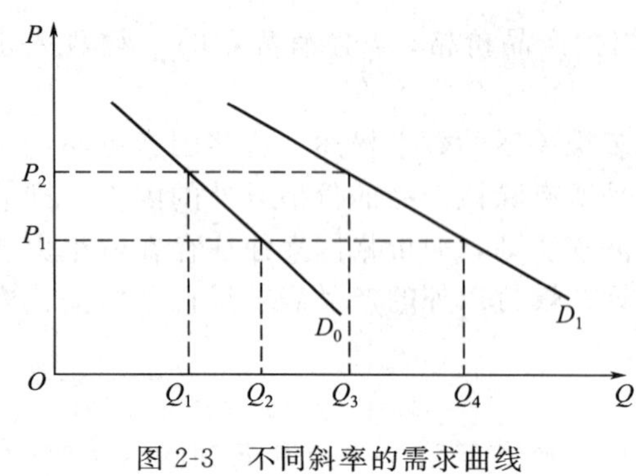

图 2-3 不同斜率的需求曲线

不同斜率的需求曲线具有不同的敏感性。所谓敏感性，就是因变量（需求量）对自变量（价格）变化反应的程度。在图 2-3 中，当价格由 P_1 升到 P_2，比较陡的需求曲线 D_0 的需求量由 Q_2 下降到 Q_1。比较缓的需求曲线 D_1 的需求量由 Q_4 下降到 Q_3。很明显 $Q_4-Q_3>Q_2-Q_1$，即价格变化幅度相同，不同斜率的需求曲线的需求量存在差异。需求量变化大的称为敏感性高，如 D_1；需求量变化小的称为敏感性低，如 D_0。企业在管理决策中，应把敏感性高的产品作为管理的重点。

四、需求的变动和需求量的变动

需求和需求量是两个不同的概念。需求要说明的是一种关系，即需求量与价格之间的关系。其表现形式或是一个需求表，或是一个方程，或是一条需求曲线。当非价格因素（如消费者收入、消费者爱好等）发生变化时，这种关系就会变动（表现为消费者按每一可能的价格愿意买并能买得起的某产品或劳务的数量发生变动）。这种变动称为需求的变动。例如，在图 2-1 中，D_0 是原来的需求曲线，假定消费者收入下降了，那么，在价格水平为 P_1 时，需求量就会由 Q_2 下降到 Q_1。A 点和 C 点是在相同价格下处在不同的需求曲线上的两个点。因此，从 A 点到 C 点的移动表示需求关系的变化。实际上，最初的那条需求曲线 D_0 已经消失了，取而代之的是一条新的价格与需求量关系的曲线 D_1。这种变化只有当一个或多个非价格因素发生改变时才会发生。可见，当非价格因素发生变化时，需求曲线就会发生位移（如果需求曲线的方程是线性的，则这种位移是平行位移），这种位移就是需求的变动。

需求量的变动是指在一定时期内，所有非价格因素不变的条件下，需求量随价格变化而发生的变化。价格上升，需求量减少；价格下降，需求量增加。在图 2-1 中，当价格由 P_1 升到 P_2 时，需求量由 Q_2 下降到 Q_1，即沿原需求曲线由 A 运动到 B。价格变化是造成这种沿原需求曲线运动的唯一原因。换句话说，在非价格因素不变的情况下，价格的变化只能引起需求量沿原需求曲线运动。

弄清楚需求变动与需求量变动之间的区别对正确进行需求-供给分析是很重要的。

第二节 供　　给

一、供给量

供给量是指在一定时期内、一定条件下，生产者愿意并有能力提供某种产品或劳务的数量。在这里，“一定时期”一般指一年；“一定条件”指影响供给量的诸因素既定；“愿意并有能力提供”指生产者既要有向市场提供产品或劳务的愿望，又要有生产这种产品或劳务的能力，二者缺一不可。要指出的是，供给量并不是指生产者实际卖出的产品或劳务的数量。

二、影响供给量的因素

1. 产品价格

一般情况下，产品价格提高后，产品的供给量就会随之增加。这是由于价格提高后，原有的生产者更有利可图，会进一步扩大生产，同时又会吸引新的企业加入到这个行业里来投资生产，使得企业和行业的供给量都有所增加。反之，产品价格下降后，供给量随之减少。生产者的供给量与产品价格之间的同向变化，人们常称之为供给法则。

2. 生产中可互相替代的产品的价格

一般讲替代品是指在消费中，两种产品效用相似，从而可以互相替代。这里讲的不是消费中的替代品，而是生产中的替代品。例如，农民利用同样的土地资源，既可以种小麦，又可以种棉花，则小麦和棉花是生产中可以互相替代的产品。如果小麦涨价，而棉花价格不变，农民就会多生产小麦，少生产棉花。结果是小麦涨价，会使棉花的供给量减少。同样的道理，如果企业家的资金，既可以用来建养鸡厂，又可以建养猪场。如果鸡的价格下跌，养鸡的利润减少了，他就会把资金转到养猪上去，这样猪的供给量就会增加。

3. 产品的成本

一般来讲，产品成本越低，供给量就会越大。这是因为在产品价格既定的情况下，成本降低，单位产品的利润就会增加，因而企业愿意提供产品的数量也会增加，这样企业就能获得更多的利润。反之，产品成本提高，供给量就会减少。

企业产品成本的高低，是由企业的生产技术水平、原材料价格和工资率水平等因素决定的。技术水平提高了，或原材料降价了，或工人工资率下降了，都能使产品成本降低。原材料涨价了，或工人工资水平提高了，会使产品成本提高。所以，这些因素的变动都会通过成本的变动影响供给量。

4. 生产者对价格的期望

如果生产者预期产品价格要上涨，他就会多生产。反之，就会少生产。

以上是影响供给量的主要因素。此外，其他因素，如政府的税收、补贴等，也会影响产品的供给量。例如，政府税收直接影响生产成本，如果税收增加，则事实上使产品成本提高，在相同的价格下供给量会减少；政府补贴可以看作是“负税收”，作用正好相反。

案例 2-1

彩管涨价的原因

从 2002 年 9 月份彩电销售旺季开始，彩电厂家和彩管业结算时就不能按原来的价钱了，彩管价格已全线上涨。创维集团彩电事业部总裁张学斌表示：“这是彩管业两年多以来首度迎来的涨价局面，其中 29 英寸纯平彩管上涨约 10～15 元左右，21 英寸、25 英寸彩管也有不同程度上涨。”

张学斌说，旺季涨价本来是彩管业多年来的惯例，但从 2000 年开始，彩管业随彩电业一起陷入严重供大于求的局面。尽管 2000 年夏季还曾有过八大彩管厂联合限产行动，但仍未能制止彩管价格一路下滑的局面。彩电价格之所以能一降再降，也是因为上游彩管业提供了空间。然而，2002 年 9、10 月份，彩管首度出现供应趋紧局面。一方面是因为各大彩电企业为备战“金九银十”而加大采购量，另一方面也是全球彩管业结构调整、生产线减少、供需矛盾缓解所致。

中国彩管行业协会秘书长杨国钧证实了彩管全线涨价的现状，并认为此种局面将一直延续到明年春节旺季结束。他同时表示，彩管的上游——玻壳涨价也是直接原因之一。张学斌还说，从世界范围看，由于供需矛盾问题，一些玻壳厂纷纷停产，导致产量下降、价格上涨。同时，东芝、松下等彩管厂的海外生产线也在缩减，致使其在中国的合资生产厂出口量加大，从一定程度上缓解了中国境内的过剩局面。由此也可以看出，中国家电业对全球经济的依赖正在日益加强。

三、供给函数和供给曲线

1. 供给函数

供给函数就是供给量与影响这一数量的诸因素之间关系的数学表达式。

$$Q_s = f(P; P_s, C, E\cdots)$$

式中，Q_s 为供给量；P 为某产品价格；P_s 为生产中可替代产品的价格；C 为某产品成本；E 为生产者对产品价格的期望。

同需求函数一样，供给函数是供给量和影响供给量的因素之间多维关系的数学描述。这些影响因素可以归纳为两类：一类是该产品的价格，即价格因素；另一类是所有除该产品的价格以外的因素，即非价格因素。不同产品的供给函数，价格因素都遵循供给法则，非价格因素往往存在着很大差异。

2. 供给曲线

在影响供给量的因素中，价格是最灵敏、最重要的因素。如果假定其他因素不变，仅研究价格与供给量之间的关系，就要使用供给曲线。供给曲线是反映价格与供给量之间关系的表达式，其一般形式可记为：$Q_s = f(P)$。在图 2-4 中，S_0 是一条供给曲线，横轴表示供给量，纵轴表示价格。供给曲线上任一点的坐标都说明在某一特定价格水平上的供给量。

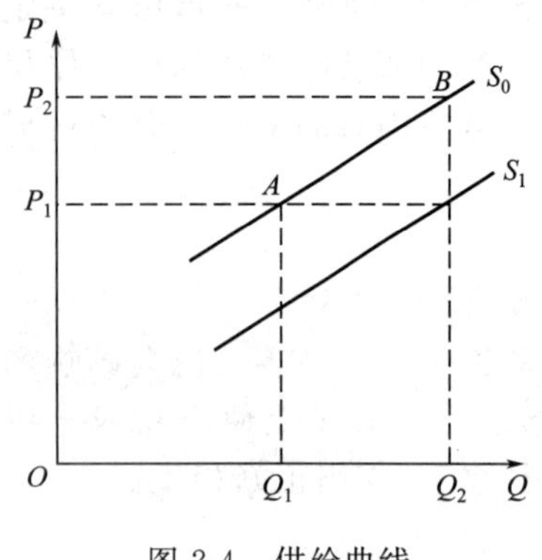

图 2-4 供给曲线

供给曲线 S_0 呈正斜率，它总是一条自左向右上倾斜的曲线。这是因为供给量的变动有自己的规律：价格上涨，供给量增加；价格下降，供给量减少。两者总按相同方向变化。价格上涨，供给量会增加的原因在于产品价格上涨后，能产生以下效果：①原来亏损不愿意生产这种产品的企业有可能扭亏为盈，变得愿意生产这种产品了；②原来盈利的企业更有利可图，因而会进一步扩大生产，增加供给量；③企业会把原来用于生产替代品的资源转为生产这种产品，也会使这种产品的供给量增加；④会吸引新的企业加入到这个行业中来，从而增加该产品的供给量。

供给曲线可以分为企业供给曲线和行业供给曲线。它们分别表示企业和行业对某种产品的供给量与价格之间的关系。行业供给曲线由行业内诸企业的供给曲线横向相加而得，见图 2-5。

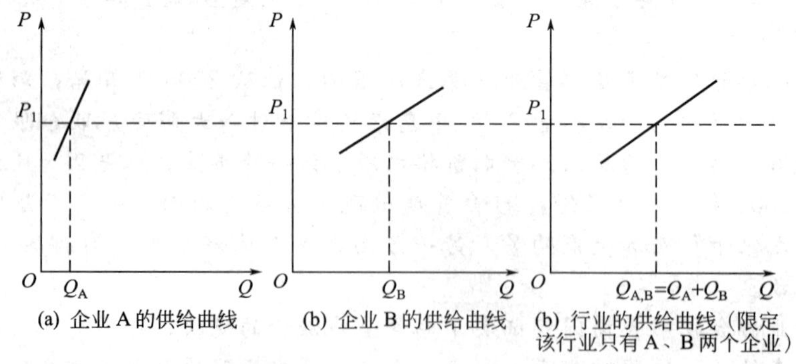

图 2-5 企业供给曲线与行业供给曲线

四、供给的变动和供给量的变动

与需求量的变动和需求的变动一样，供给量的变动和供给的变动也是两个不同的概念。供给量的变动是指供给曲线不变（所有非价格因素不变），因价格变化，供给量沿着供给曲线而变化。如图 2-4 所示，价格由 P_1 上升到 P_2 时，供给量由 Q_1 上升到 Q_2，即由 A 点运动到 B 点。反映了供给量的增减变化是价格变化的结果。

供给的变动则是指因非价格因素发生变化而引起供给曲线的位移。如图 2-4 所示，供给曲线从 S_0 到 S_1，反映的是供给关系的变化。它是生产成本下降、政府税收降低等非价格因素变化的结果。

第三节　供求法则和需求-供给分析

上面我们从市场局部，即需求或供给单方面分析了它们的运行规则。市场是需求和供给的统一体。下面我们把需求与供给联系起来，从市场整体研究需求、供给和价格之间的关系。其体现的市场运行规则，一般称为供求法则。在这一节里，我们还要探讨需求-供给分析法。它是根据供求法则原理，通过需求曲线和供给曲线来对价格、需求量和供给量的变化进行分析的方法。

一、供求法则的内容

在完全竞争的市场结构条件下，即在同一个行业内，企业数目很多，以致任何一个企业所生产的产品数量在整个市场所占的份额都是微不足道的，而且它们都生产同质的产品。所以，任何一个企业都无力左右市场、操纵市场价格。此时，市场价格的形成完全取决于市场供求。如果用图表示，就是市场需求曲线和供给曲线的交点决定该产品的市场价格，如图2-6所示，在经济学上称为均衡价格。

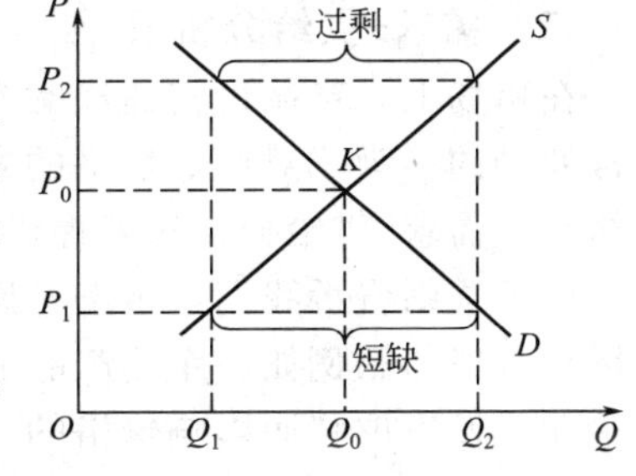

图 2-6　均衡价格的形成

市场均衡是短缺与过剩动态变化，相对平衡的表现形式。

让我们先来考虑低于均衡价格的 P_1。在 P_1 价格下，需求量 Q_2 超过供给量 Q_1，其差值就是需求的过剩，或称为短缺。在 P_1 价格下，虽然消费者发现这种产品比其他较贵的替代品合算，希望能多买一些，但由于缺乏利润刺激，企业没有扩大生产的动力。这时，P_1 下的供给量数值 Q_1 是有意义的，它表明企业的供给决策起到了有效的控制作用。在这种情况下，失望的消费者会开始以较高的出价向有限的商（产）品进行投标。于是，P_1 这个价格便不能再维持下去了。在完全自由竞争的市场上，由于失望的消费者推动价格上涨，短缺的现象很快就消失了。当价格上涨时，在两条曲线上都出现运动：上涨的价格促使企业卖得更多，而消费者则买得更少。通过这种途径，短缺被消灭了。P_0 是价格上涨的临界点，在这个价格下，不会再有失望的买主（和卖主）。先前推动价格上涨的那股动力也已平复。随着所有买卖双方的满足，价格 P_0 得以维持，市场重新处于均衡状态。

假设价格高于 P_0，暂时处于 P_2 点上。现在，供给量过多，产生了过剩。在 P_2 价格下，企业希望出售更多的产品以获得更高的利润；买主则感到沮丧，转向购买其他更有吸引力的替代品。这样一来，企业就无法按 P_2 的高价格售出他们所希望的那么多的产品，于是就出现了多余货物的积压现象。当企业为了处理掉积压的存货而降低价格时，这种过剩就会消失。降价一方面会使生产部门产量下降，另一方面又使消费者需求量上升。这一升一降的共同结果消除了过剩，同上面讲过的一样，当价格跌到同时使商人和消费者都比较满意的均衡点时就趋于静止了。这种情况只有在 P_0 点上才会发生。

价格涨落的过程可能是简单的，也可能是复杂的。最简单的价格波动过程就是拍卖。在拍卖中，买卖双方可以用投标的方式即刻对过剩或短缺做出反应。在食品、药品、服装、金属等许多市场上，众多中间人在最初的制造者和最后的消费者之间进行尽可能有利可图的讨价还价。短缺也是卖主受消费者青睐的一种表现，它说明消费者宁可接受较高的价格也不愿空手而归。由于买主不会主动要求提价，短缺就向从制造者到零售商的所有卖主提供了一个涨价的信号。

均衡价格通常并不是在市场受到扰动后立刻就能建立起来并保持下去的。在这个价格调节的过程中，均衡是其最终趋向，这是一个价格顺市场运动方向的变化过程。正如一个弹子掉入果盘中后就会一直滚动，直到达到一个静止位置才会罢休一样，在市场价格越来越趋于均衡位置的均衡运动过程中，可能是忽而高、忽而低，呈波动状态。

无论何时，只要价格高于均衡值，多余的库存就要迫使价格下跌。反之，当价格低于均衡值时，失望的消费者就要促使价格上涨。在一个完全自由竞争的市场上，由于市场总是趋向于均衡，所以过剩和短缺也总是趋于自动解除。价格在市场分析中充当了主要的角色，因为它是唯一能够影响到市场各个角落供求状况的经济变量。

综上所述，供求法则告诉我们：在完全竞争的市场条件下，影响价格的因素很多，但归根结底是通过供给和需求来影响价格的。一方面供需关系决定价格，另一方面价格又反过来调节供需关系。

二、需求-供给分析法

在市场上，产品价格是经常变动的，这是因为影响价格的因素很多、很复杂，而且也是经常变动的。为了对产品价格的变化趋势进行分析，就需要把这些复杂多变的因素理出一个头绪来，需求-供给分析法就提供了这样一个工具。

供求法则告诉我们，市场上影响价格的因素尽管很多，但归根结底都是通过供给和需求来影响价格的。例如，企业产品成本提高了，会促使企业产品涨价，但它是通过成本提高使供给曲线发生位移而影响价格的。又如，一种产品的替代品涨价，会使该产品也相应涨价，这是因为替代品涨价导致该产品的需求曲线外移。正因为如此，可以通过绘制供给和需求曲线，来分析许多有关的经济问题。不仅可以分析供给、需求与价格之间的关系，而且还可以分析供给和需求曲线背后诸因素对价格和市场交易量的影响。这种分析方法称为需求-供给分析法，在经济学中是一种常用的经济分析工具。下面举例说明它的应用。

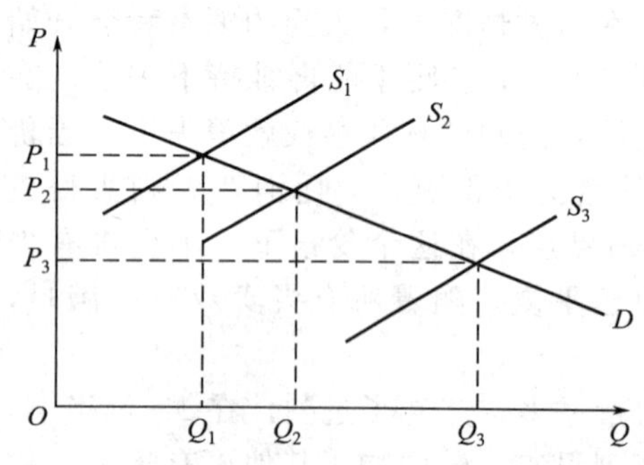

图 2-7 不同季节西红柿的供给曲线

【例 2-1】 西红柿的价格为什么会有季节性的波动？

在图 2-7 中，假定 S_1、S_2、S_3 分别为西红柿 1 月份、4 月份和 8 月份的供给曲线。由于 1 月份天气寒冷，西红柿的生长成本高，因此，供给曲线在最左侧；8 月份天气热，西红柿的生长成本最低，因此供给曲线在最右侧。由于不同季节供给曲线位置不同，因而不同季节价格不同，分别为 P_1、P_2 和 P_3。销售量也不同，分别为 Q_1、Q_2 和 Q_3。

【例 2-2】 汽车需求的增加对轮胎价格的影响。

首先分析汽车需求的增加对汽车销售量的影响。在图 2-8 中，汽车需求增加，使其需求曲线从 D_1 移到 D_2，结果使汽车价格从 P_1 上升到 P_2，销售量从 Q_1 增加到 Q_2。再分析汽车销售量的增加对轮胎价格的影响。由于汽车和轮胎是互补的产品，汽车销售量增加，必然会增加对轮胎的需求，因此在图 2-9 中，轮胎的需求曲线就会从 D_1 外移到 D_2，从而

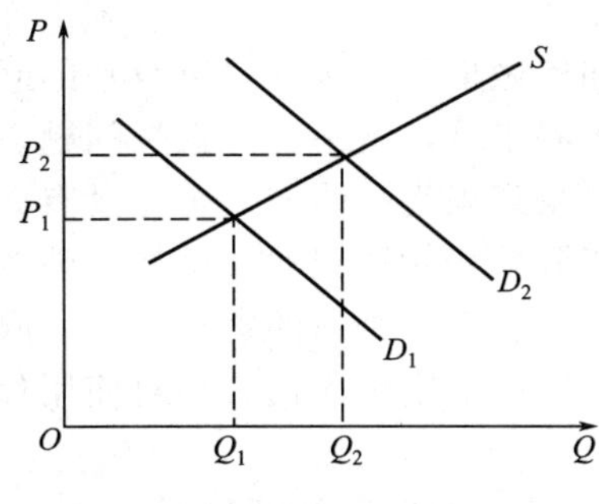

图 2-8　汽车需求曲线的变化

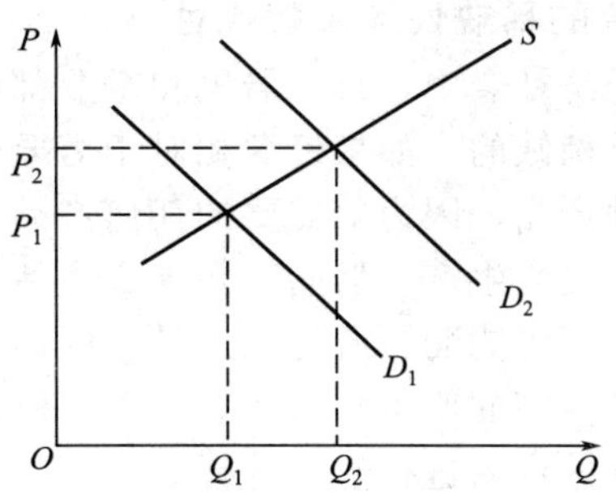

图 2-9　轮胎需求曲线的变化

使轮胎的价格从 P_1 提高到 P_2。通过以上分析，得知对汽车需求的增加，最终也会使轮胎价格上涨。

案例 2-2

汽油价格与小型汽车的需求

在市场上，往往一种产品的价格变动，会影响另一些产品的需求。20 世纪 70 年代美国汽油价格的上升，影响了对小型汽车的需求就是一个典型例子。

回顾 20 世纪 70 年代，美国市场的汽油价格两次上升。第一次发生在 1973 年，当时石油输出国组织（欧佩克）切断了对美国的石油输出；第二次是在 1979 年，由于伊朗国王被推翻而导致该国石油供应瘫痪。经过这两次事件，美国是一个“轮子上的国家”，汽车是老百姓代步的必需品。石油价格的剧升对他们当然不是一件小事。

以前，美国每年大型汽车的销售量为 250 万辆，中型汽车为 280 万辆，小型汽车为 230 万辆。但到了 1985 年，这 3 种车的销售比例出现明显变化，当年售出的大型、中型和小型汽车的数量分别为 150 万、220 万和 370 万辆。自 20 世纪 70 年代以来，大型汽车销量迅速下降，小型汽车销量持续攀升，只有中型汽车的销量勉强保持原来水平。原因很简单，每加仑汽油可供大型汽车行驶 15 英里，但可供小型汽车行驶 30 英里。如果一个人每年需要行车 15000 英里，用大型车每年就需油 1000 加仑，但如用小型车则仅需 500 加仑。按 1981 年的汽油价格，即每加仑 1.4 美元计算，选择小型车，与大型车比，就意味着每年可节省开支 700 美元。这就是人们当时在购买新车时纷纷选购小型汽车的原因。

汽油和汽车在需求上呈互补关系，但小型汽车和大型汽车在需求上又呈替代关系。这两种关系综合作用的结果是，汽油价格的上升导致小型汽车的需求曲线向右移动，大型汽车的需求曲线则向左移动。

第四节　市场机制与社会资源的配置

在市场经济中，消费者有选择购买何种产品的自由，经营消费品的企业有选择生产和销售何种消费品的自由，经营生产资料的企业则有选择提供何种生产要素的自由。在这样一个人们有权自由选择的经济社会里，为什么不会产生混乱？如果消费者想要的是面包，而消费品企业生产的是电视机，经营生产资料的企业提供的却是木材，社会生产和消费就会无法进行。幸运的是，在市场经济中存在着竞争性的价格机制，正是这种机制，能自动地克服人们因自由选择而带来的混乱，使消费者和生产者的决策得以相互沟通，社会生产得以协调并组织起来。

一、资源的稀缺性和可替代性

在市场经济社会中，每个居民和企业都面临如何做出经济选择（决策）的问题。这是因为社会资源是稀缺的。如果资源相对于需要来说无限丰富，就不会有选择问题。消费者不必选择购买何种产品，因为他需要的任何产品都可以得到满足。同样，企业没有必要选择使用什么原料和方法来生产。然而，在现实生活中，资源是相对稀缺的。例如，消费者的收入总是有限的，他不可能购买所有的产品，因而必须有所选择。企业的资金也是有限的，在生产时必须选用最经济的原料和方法。所以，资源的稀缺性决定了人们必须对使用什么样的资源和生产什么样的产品进行经济选择。

从一定程度上说，社会资源和产品是多种多样的。消费者通常可以用不同的产品来使自己得到满足。人们从北京到上海旅行，既可以坐飞机也可以坐火车，甚至可以坐汽车。人们的饥饿，既可以通过吃面条也可以通过吃汉堡包来得到满足。企业也是这样，既可以多用劳动力、少用机器设备（较低的技术水平）来生产，也可以多用机器设备、少用劳动力（较高的技术水平）来生产。所以，资源之间，在很大程度上是可以互相替代的。需求曲线向右下方倾斜，是因为如果产品涨价，消费者就会转而购买其他可替代的物品。供给曲线向右上方倾斜，是因为生产者往往倾向于生产价高的产品来代替价低的产品。另外，生产者总是希望使用成本低的生产要素组合来代替成本高的生产要素组合。当然，这种可替代性不一定很完全。例如，一碗米饭不一定能完全替代一碗面条，但只要资源之间存在一定程度的替代性，就使人们的经济选择成为可能。

二、企业和消费者的经济选择

在市场经济中，消费者和企业进行经济选择依靠的是价格信号。资源和产品的价格是其相对稀缺程度的指示器。一种资源越是稀缺，它的价格就越贵。由于人们出于自己的物质利益，总是想购买其他便宜的产品来替代价高的产品，总是愿意生产价高的产品来代替便宜的产品，所以，价格机制作用就会使消费者少使用稀缺的产品、多使用不太稀缺的产品，又使生产者多生产稀缺的产品，少生产不太稀缺的产品。这样，长线产品会变得不长，短线产品会变得不短，社会资源就会趋向于合理配置。

三、社会资源的优化配置

社会资源优化配置的基本标志是：社会上各种商品的供给量等于需求量，即供求平衡。此时，人们对各种商品的有效需求都能得到满足，同时又没有造成生产能力的过剩和资源的浪费，资源的分配获得了最大的社会经济福利效益。反之，如果某些商品生产过多，供给量超过需求量；另一些商品又生产不足，需求量大于供给量，那么，就前一类商品来说，分配给它的资源过多，生产了人们不需要的商品，造成了社会资源的浪费；就后一类商品来说，分配给它的生产资源过少，以致供不应求，人们的有效需求得不到满足。这就是资源配置的不合理。

价格机制之所以能够在社会资源的合理配置方面起基础作用，就是因为在市场经济中，不仅需求和供给决定价格，而且价格反过来对供给和需求有反作用。涨价能刺激生产，抑制消费；降价能抑制生产，鼓励消费。正是这个作用使价格对经济起调节作用。当供大于求时，价格就会下降，从而抑制生产，鼓励消费；当求大于供时，价格就会上涨，从而鼓励生产，抑制消费。这样，通过物价的波动最终能使供求趋于平衡，实现社会资源的合理配置。

案例 2-3

珠江三角洲的产业积聚

据《北京青年报》报道：在世界制造业转移和重新布局的 20 多年里，珠江三角洲依靠自己也依靠外资逐步形成以深圳、东莞、惠州为主的珠江东岸电子信息产品产业群和以广州、佛山、江门、珠海为主的西岸电器产品产业群。在这两个地区，两个产业群的产值分别占全国的32%和25%以上。其集中度与全国其他地区相比，高居首位。90%的IT业、家电业、手机的零部件产品在此都有生产。

国务院发展研究中心产业研究部部长刘世锦认为：形成珠三角产业积聚没有人为的因素，也没有计划的色彩，完全是市场机制自行调节的结果。他认为：珠三角的产业积聚以3种形式并存。一是以“东莞美能达”为代表的模式。由于当地的人工成本是日本的1/13，所以日本美能达把它的产品转移到东莞生产。二是以集中在顺德的科龙、美的、格兰仕为代表的模式。它们是在市场竞争中形成了自己的品牌。三是以OEM委托加工模式形成的企业群。

珠江两岸的产业积聚和创造的发展模式是令人激动的，从这里我们看到了一只看不见的手所起的神奇作用。

本章小结

需求量是指一定时期内、在一定条件下，消费者愿意购买并能够买得起的某种产品或劳务的数量。影响需求量的主要因素有：产品价格、消费者收入、相关产品价格、消费者爱好、广告费用和消费者对未来价格的期望等。需求函数是需求量与影响它的诸因素之间关系的数学表示式。需求曲线是假定需求函数中的非价格因素不变，反映需求量与价格之间关系的表示式。需求曲线可分为个人需求曲线、行业需求曲线和企业需求曲线。需求曲线具有向右下方倾斜的规律。需求的变动，是指当非价格因素变化时需求曲线的位移。需求量的变动，是指当非价格因素不变、价格变动时，需求量沿原需求曲线发生的变动。

供给量是指在一定时期内、一定条件下，生产者愿意并有能力提供某种产品或劳务的数量。影响供给量的主要因素有：产品价格、生产中可替代产品的价格、产品成本和生产者对价格的期望。供给函数是供给量与影响它的诸因素之间关系的数学表示式。供给曲线是假定影响供给量的非价格因素不变，反映供给量与价格之间关系的表示式。供给曲线可以分为企业供给曲线和行业供给曲线。供给的变动是指当非价格因素变动时供给曲线的位移。供给量的变动是指当非价格因素不变、价格变动时，供给量沿原供给曲线发生的变动。

在完全竞争市场条件下，需求曲线与供给曲线决定市场的均衡价格和均衡交易量。需求-供给分析法通过供给和需求曲线分析供需双方及其影响因素和价格之间的关系，它是一种常用的经济分析工具。

社会资源优化配置的基本标志是：社会上各种商品的供求达到平衡。价格上涨，能刺激生产、抑制需求；价格下跌，能抑制生产、刺激需求。所以从总体上看，价格机制通过各种商品的价格波动能基本实现供需平衡，从而实现社会资源的合理配置。

重要名词术语

需求量	需求函数	需求曲线
供给量	供给函数	供给曲线
需求的变动	需求量的变动	供给的变动
供给量的变动	需求-供给分析法	

复习思考题

1. 为什么产品的需求曲线是向右下方倾斜的？供给曲线是向右上方倾斜的？
2. 影响需求和供给的主要因素各有哪些？
3. 请解释在完全竞争市场条件下需求、供给和价格之间的关系。

作 业 题

1. 请用需求-供给分析图分析下列事件对需求量、供给量和产品价格各有什么影响？

市场名称	事 件
鞋	制鞋工人工资普遍提高了
汽车	从国外进口汽车受到限制
租房	有更多青年人要成家立业
苹果	政府开始对橘子征收营业税

2. 假定棉布的需求曲线为：$Q_d=10-2P$，棉布的供给曲线为：$Q_s=\frac{1}{2}P$。Q_d、Q_s 均以万米为单位，P 以元/米为单位。试问：

① 棉布的均衡价格是多少？
② 棉布的均衡销售量是多少？
③ 如果政府对棉布征税，税额为 1 元/米，征税后均衡价格为多少？

3. 大地旅游汽车出租行业，经营小轿车出租业务。预计明年会发生下列事件：

① 汽油涨价和司机工资提高；
② 因进口关税税率降低，小轿车降价；
③ 由于我国政治和经济稳定，再加上对外宣传和广告的加强，预计来华旅游者增多；
④ 又新成立了若干家出租汽车公司；
⑤ 国内居民收入大幅度提高。

它们对小轿车的租价、需求量和供给量分别会有什么影响？请逐个用需求-供给分析图说明。

第三章　需求分析

学习目标

1. 深刻理解需求价格弹性的概念、计算方法、分类和影响价格弹性的因素。掌握价格弹性在企业经营管理决策中的应用。

2. 理解需求收入弹性的概念、计算方法以及如何根据收入弹性值的正负和大小来对产品进行分类。掌握收入弹性在企业经营管理决策中的应用。

3. 理解需求交叉弹性的概念、计算方法以及如何根据收入弹性的值来判断产品之间的相互关系。掌握收入弹性在企业经营管理决策中的应用。

为了搞好企业的经营管理，首先，就是要研究、分析市场（顾客）对企业产品的需求状况，由此决定企业应该生产什么和生产多少。分析和估计企业的需求之所以重要，是因为高需求是企业能够兴旺发达的前提。即使企业内部管理有方，各项工作井井有条，但如果产品没有销路，企业还是没有前途的。此外，需求也是企业一切计划工作的基础和出发点。无论是生产计划、销售计划还是财务计划，如果离开了对需求的准确分析，就会失去依据。为了分析需求，需要使用需求弹性这一工具。本章的重点即探讨需求弹性及其应用。

需求量的大小受许多因素的影响。例如，价格上涨，需求量就会减少。不同的商品，受影响的程度不同。火柴价格下降50%引起的需求量的变化，肯定要小于电视机因价格下降50%引起的需求量的变化。为了比较不同产品的需求量因某种因素的变化而受到影响的程度，我们使用“需求弹性”作为工具。需求弹性说明需求量对某种因素变化的反应程度。用公式表示为

$$E=\frac{Q\text{变动的百分比}}{X\text{变动的百分比}}$$

式中，E 为需求弹性；Q 为需求量；X 为影响需求量的某因素。

需求弹性也可理解为：影响需求量的某因素每变化百分之一，需求量将变化百分之几。

影响需求量的因素很多，如产品价格、居民收入、相关产品的价格等。所以，需求弹性可以分为需求的价格弹性、需求的收入弹性、需求的交叉弹性等。本章将着重介绍这3种弹性。

第一节　需求的价格弹性

一、价格弹性的计算

需求的价格弹性反映需求量对价格变化的反应程度，或者说，价格变化百分之一会使需求量变化百分之几。其计算公式为

$$\text{价格弹性}=\frac{\text{需求量变动的百分比}}{\text{价格变动的百分比}}=\frac{\Delta Q/Q}{\Delta P/P}$$
$$=\frac{\Delta Q}{\Delta P}\times\frac{P}{Q} \tag{3-1}$$

式中，Q 为需求量；ΔQ 为需求量变动的绝对数量；P 为价格；ΔP 为价格变动的绝对数量。

式（3-1）是计算价格弹性的一般公式。但在具体计算时，又有两种算法。一种是计算它的点弹性，即计算需求曲线上某一点的弹性（这时意味着 ΔQ 和 ΔP 极微小，接近于零），见图 3-1。

点价格弹性的计算公式为

$$E_P=\lim_{\Delta P\to 0}\frac{\Delta Q}{\Delta P}\times\frac{P}{Q}=\frac{\mathrm{d}Q}{\mathrm{d}P}\times\frac{P}{Q}$$

式中，E_P 为点价格弹性。

要计算点弹性，其前提是需求曲线的方程已知。如果我们不知道需求曲线的方程，但却知道需求曲线方程上两点的坐标（更多的是这种情况），那么，就要用另一种方法来计算弹性，即计算需求曲线上这两点之间的平均弹性，这种弹性称为弧弹性，见图 3-2。

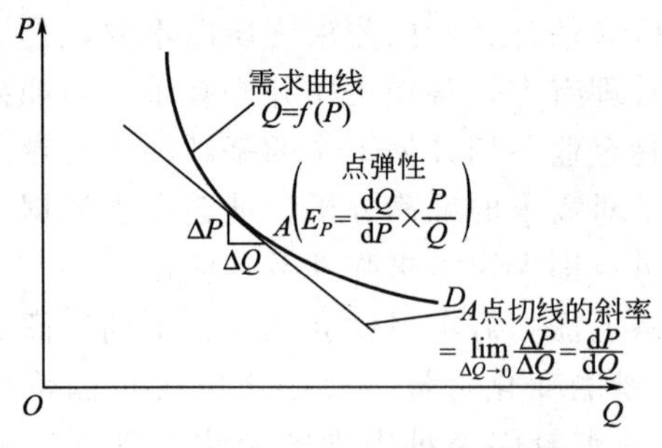

图 3-1 点价格弹性的计算

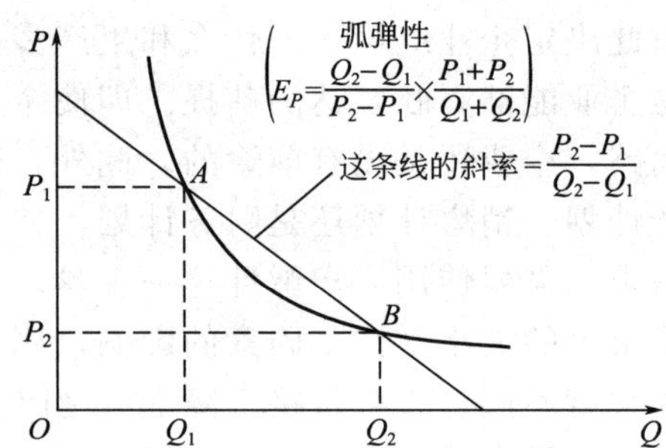

图 3-2 弧价格弹性的计算

弧价格弹性的计算公式为

$$E_P=\frac{\Delta Q/Q}{\Delta P/P}=\frac{\dfrac{(Q_2-Q_1)/(Q_1+Q_2)}{2}}{\dfrac{(P_2-P_1)/(P_1+P_2)}{2}}=\frac{Q_2-Q_1}{P_2-P_1}\times\frac{P_1+P_2}{Q_1+Q_2}$$

式中，E_P 为弧价格弹性。

下面举两个例子说明两种弹性的求法。

【例 3-1】 假定某企业的需求曲线方程为：$Q=30-5P$。求 $P=2$，$Q=20$ 处的点价格弹性。

解：
$$\frac{\mathrm{d}Q}{\mathrm{d}P}=-5$$

$$E_P=\frac{\mathrm{d}Q}{\mathrm{d}P}\times\frac{P}{Q}=-5\times\frac{2}{20}=-0.5$$

所以，在 $P=2$，$Q=20$ 处的点价格弹性为 0.5。

【例 3-2】 假定在某企业的需求曲线上，当 $P=2$ 时，$Q=20$；当 $P=5$，$Q=5$。求价格

从 2 元到 5 元之间的弧价格弹性。

解：

已知 $Q_1=20, Q_2=5$；$P_1=2, P_2=5$

$$E_P=\frac{Q_2-Q_1}{P_2-P_1}\times\frac{P_1+P_2}{Q_1+Q_2}=\frac{5-20}{5-2}\times\frac{2+5}{20+5}=-1.4$$

所以，价格从 2 元到 5 元之间的弧价格弹性为 1.4。

在计算价格弹性时必须注意以下两点。第一，由于在价格弹性公式中，分子（需求量变动的百分比）和分母（价格变动的百分比）是按相反方向变动的，即价格上升，需求量下降，价格下降，需求量上升，所以计算出来的价格弹性是负值。但我们通常使用绝对值来比较弹性的大小。当我们说，某产品的价格弹性大，是指其绝对值大。第二，价格弹性与需求曲线的斜率是两回事，但有联系。价格弹性与需求曲线的斜率成反比，与 P/Q 的值成正比。所以，如果需求曲线是一条直线，尽管这条直线上各点的斜率不变，但由于 P/Q 的值是变动的，所以在这条直线上价格弹性也是变动的，见图 3-3。但如果其他条件相同，那么，平坦的需求曲线弹性大，较陡的需求曲线弹性小。

二、价格弹性的分类

根据价格弹性绝对值的大小，一般把价格弹性分为 3 类。

① 当 $|E_P|>1$ 时，称为弹性需求或富有弹性。这类商品在价格变化时，引起需求量变动比较大，即价格变动 1%，需求量相对变动超过 1%。其需求曲线相对比较平缓。见图 3-4。

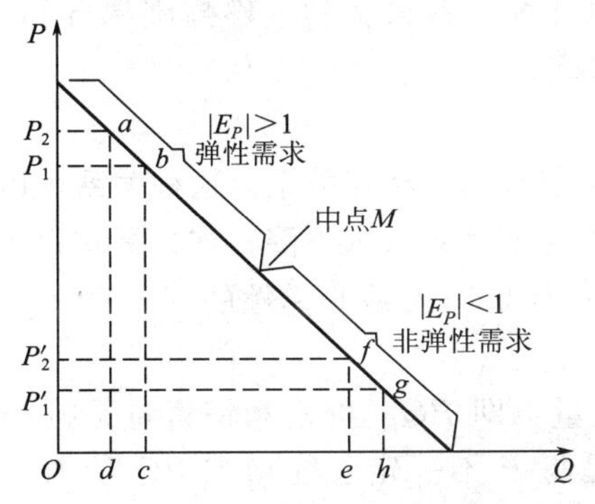

图 3-3　价格弹性的变化

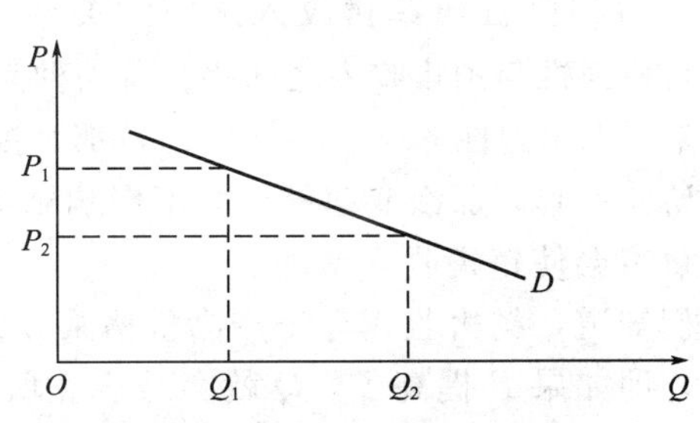

图 3-4　弹性需求曲线

② 当 $|E_P|=1$ 时，称为单一弹性需求或单元弹性需求。这类商品在价格变化时，正好引起商品需求量的相同程度上的反向变动。即当商品价格上升 1%，需求量也正好下降 1%。这时的需求曲线是一条双曲线，需求量乘价格等于常数。见图 3-5。

③ 当 $|E_P|<1$ 时，称为非弹性需求或缺乏弹性。这类商品在价格变化时，引起需求量变动比较小，即价格变动 1%，需求量相对变动不到 1%。其需求曲线相对比较陡。见图 3-6。

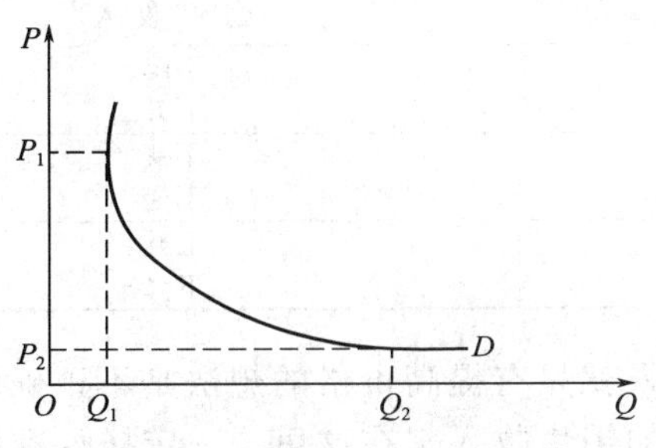

图 3-5　单元弹性需求曲线

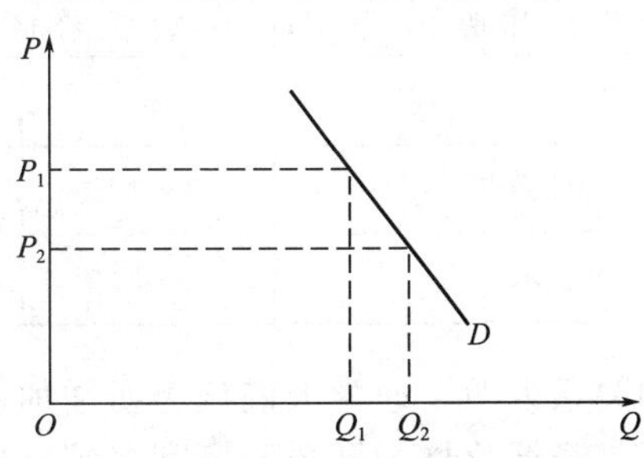

图 3-6　非弹性需求曲线

另外还有 3 种个别情况，见图 3-7。

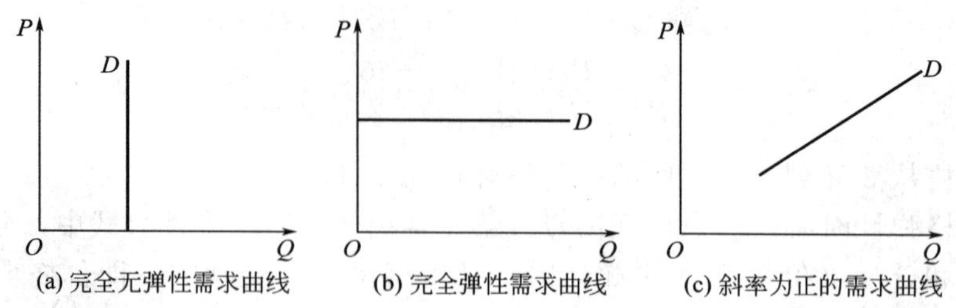

图 3-7　3 种个别情况的需求曲线

完全无弹性（$E_P=0$）。这类商品的价格无论如何变化，需求量都固定不变，需求曲线是一条垂直于横轴的直线，如图 3-7(a) 所示。国家特殊的战略物资需求，可近似视为这种情况。

完全弹性（$E_P=\infty$）。这类商品需求量的变动对价格变动反应非常敏感，需求曲线是一条平行于横轴的直线，如图 3-7(b) 所示。理论上，在完全竞争的市场中，该商品若以略低于市场价格出售，立即销售一空；若以略高于市场价格出售，则一点也卖不出去。

例外情况（$E_P>0$）。这类商品不遵守需求法则，需求量和价格成正比。需求曲线斜率为正，因此需求价格弹性也就大于零，如图 3-7(c) 所示。管理经济学一般不研究这种情况，但现实生活中存在着这种例外。例如，收藏品（如古玩、名贵字画、珍稀邮票等），其价格越高，反而越证明其有价值，愿意购买收藏的人就越多。

三、价格弹性与销售收入之间的关系

在价格弹性与销售收入之间存在着一种简单而又很有用的相互关系。这种关系可以表述如下：如果需求是弹性的（$|E_P|>1$），那么提高价格会使销售收入下降；如果需求是单元弹性的（$|E_P|=1$），那么变动价格并不影响销售收入；如果需求是非弹性的（$|E_P|<1$），那么提高价格会使销售收入增加。

我们知道，销售收入等于产品价格乘以销售数量，即 PQ。价格和销售量是按相反方向变动的，即如果 P 提高了，Q 就会减少。所以，提高 P 不一定总能增加 PQ 的值，这要视价格弹性的大小而定。如果 P 提高 10%，Q 减少也是 10%（在单元弹性需求情况下），那么两者大体抵消，PQ 基本保持不变。如果 P 提高 10%，使 Q 减少 20%（在弹性需求的情况下），那么 PQ 的值就会下降。如果 P 提高 10%，只使 Q 减少 5%（在非弹性需求的情况下），那么 PQ 的值就会增加。

归结起来，价格弹性与销售收入之间的关系如表 3-1 所示。

表 3-1　价格弹性与销售收入的关系

价格弹性	价格变化	销售收入
弹性需求	上升 下降	下降 上升
单元弹性需求	上升 下降	不变 不变
非弹性需求	上升 下降	上升 下降

这种关系说明，通常人们认为要增加销售收入就只有提高价格的想法是不正确的。在一定条件下，降低价格，即采取薄利多销，也能增加销售收入。在这里，一定条件即指价格弹性的值大于 1 时。

案例 3-1

涨价减收和减价增收

改革伊始，我国香烟的价格曾大幅度上升。某市商业局估计，提价 30%后，可以新增收入 500 万元。各部门闻讯，纷纷前来商议，要求“利益均沾”，虽经数月讨价还价，但未能达成一致意见。正在会议议而不决之际，下面来报：由于香烟大幅度涨价，“烟民”决心戒烟，香烟销售量大减，造成数万箱香烟积压，不巧又正遇雨季，仅香烟霉变损失就达 500 万元，商业局长决定会议继续召开，主题不是“利益均沾”，而是“有难同当”。

又有一例，某电表厂因国民经济调整，产品销售发生严重困难，库存大量上升，工厂领导反复研究，决定忍痛将各种产品平均降价 19%，估计将会减收 100 万元。但年底结算，销售收入反而增加 50 万元，利润也比去年同期增加 25%，连下年的订货都已饱满。降价不仅使这个工厂渡过难关，而且开拓了市场，成为建厂以来的销售形势最好的时期。

四、影响价格弹性的因素

决定商品价格弹性的因素主要有以下几个。

① 生活必需品与奢侈品。生活必需品的价格弹性小，奢侈品的价格弹性大。例如，粮食、食盐是生活必需品。如果涨价，人们对它们的需求量不会减少很多；如果降价，对它们的需求量也不会增加很多。但装饰品等则不同，它们属于奢侈品。如果涨价，需求量就会大大减少；如果降价，需求量就会大幅度增加。

② 可替代的物品越多，性质越接近，弹性就越大。对某种商品进行替代的难易程度决定了这种商品价格弹性的大小。如果一种商品有好几种替代品，如果这些替代品的价格不变，那么，一旦这种商品涨价，消费者就会很快把购买力从这种商品转向替代品，使这种商品的需求量迅速减少，一旦降价，消费者就会很快把购买力从替代品转向这种商品，使需求量迅速增加，所以这类商品的价格弹性就大。例如，毛织品可以用多种织品（如棉织品、丝织品或化纤织品）来替代，其弹性大；食盐几乎没有什么食品可以替代，其弹性小。

③ 购买商品的支出在人们收入中所占的比重。比重大的商品，其价格弹性大；比重小的商品，其价格弹性小。例如，火柴、食盐等物品原来价格低，即使上涨一倍，对需求量也不会有多大影响。因为这笔支出在人们的收入中所占比重很小，涨价不会影响个人总的经济状况。但如果是楼盘、汽车等商品涨价一倍，需求量就会大大减少。因为购买这些商品的支出在人们收入中占很大比重，其价格高低对个人的经济状况的影响是举足轻重的。

④ 时间因素也会影响价格弹性的大小。同样的商品，从长期看，其价格弹性就大；如果只看短期，其价格弹性就小。例如，石油涨价，从短期看，人们也会注意节省石油，但不会节省得太多，因为许多工厂使用的烧油炉短期内改装不过来，所以对石油的需求量在短期内不会减少太多。但从长期看，许多烧油炉可以改装为烧煤炉，因此，对石油的需求量就可以进一步减少。由此可见，如果时间长，消费者就有可能有足够的时间来改变他们的爱好、习惯和技术条件去使用替代品，因而，其价格弹性就大。反之，其价格弹性就小。

以上是影响价格弹性的主要因素，根据这些因素就有可能判断哪些商品价格弹性大、哪些价格弹性小。例如，奶油蛋糕和自来水管的修理，前者的弹性一定大于后者，因为后者属于必需品。又如，有两家自行车修理铺，一家在其所在地区是独家经营，另一家在其所在地区有 4 家与之竞争。显然前者的弹性小，后者的弹性大，因为后者的产品（修车服务）也可以由其他车铺来提供。再如，长虹电视机与一般电视机相比，其价格弹性要大于一般电视机，因为前者可由其他品牌的电视机来代替。所以，企业需求曲线的弹性要大于行业需求曲线。

五、价格弹性应用举例

1. 用于对价格和销售量的分析与估计

【例 3-3】 某企业某产品的价格弹性在 1.5～2.0 之间，如果明年把价格降低 10%，则销售量预期会增加多少?

解：需求量变动的百分比＝价格变动的百分比×价格弹性

当价格弹性为 1.5 时，需求量变动的百分比＝10%×1.5＝15%

当价格弹性为 2.0 时，需求量变动的百分比＝10%×2.0＝20%

所以，明年该企业销售量预期增加 15%～20%。

2. 用于企业的价格决策

企业在定价时必须考虑产品的价格弹性。例如，企业经理任何时候也不应把价格定在非弹性需求上。因为如果定在非弹性需求上，就不能实现企业利润最大。这时应当提价，提价不仅能增加总收入，还能因产量减少而减少总成本支出，从而使企业利润增加。又如，飞机和轮船上的舱位分为头等舱、二等舱和三等舱。其中，头等舱的价格弹性最小，因为坐头等舱的乘客或者比较富有，或者属于公务旅行，他们对价格贵一点都不在乎。所以，在定价时，头等舱的价格可以定得高些。

3. 用于政府制定有关的政策

例如，有时政府对某些产品征税目的是为了限制这些产品的生产（或因为这种产品对人民健康有害，或因为这种产品要使用稀缺的资源等），就应当考虑这些产品的价格弹性。只有对于价格弹性大的产品，这种征税才能达到预期的效果。

第二节 需求的收入弹性

一、收入弹性的计算

需求的收入弹性反映需求量对消费者收入水平变化的反应程度，或者说，消费者收入变动百分之一会使需求量变动百分之几。其计算公式为

$$\text{收入弹性}=\frac{\text{需求量变动的百分比}}{\text{消费者收入变动的百分比}}=\frac{\Delta Q/Q}{\Delta I/I}=\frac{\Delta Q}{\Delta I}\times\frac{I}{Q}$$

具体计算时，收入弹性也有两种计算方法：点弹性和弧弹性。

点收入弹性计算公式为

$$E_I=\frac{\mathrm{d}Q}{\mathrm{d}I}\times\frac{I}{Q}$$

式中，E_I 为点收入弹性。

弧收入弹性计算公式为

$$E_I=\frac{Q_2-Q_1}{I_2-I_1}\times\frac{I_2+I_1}{Q_2+Q_1}$$

式中，E_I 为弧收入弹性。

计算出来的收入弹性一般为正值。这是因为需求量 Q 和消费者收入 I 一般按相同方向运动，即当居民收入增加时，需求量也增加；收入减少时，需求量也减少。但也有些商品例外，即随着居民收入的增加，需求量下降。例如，黑白电视机，其收入弹性为负值。

在经济学上，收入弹性为负值（$E_I<0$）的产品称为低档货；收入弹性为正值（$E_I>0$）的产品称为高档货；收入弹性在 0～1 之间（$0<E_I<1$）的产品称为正常货。一般来说，生活必需品的收入弹性较小；工艺品、各种高级消费品、旅游业以及其他奢侈品的收入弹性较大。

案例 3-2

背投彩电的收入弹性

随着人们收入和生活水平的提高，越来越多的家庭购买了住房，因此，都想拥有一台大屏幕彩电。背投彩电大画面、高画质、美观大方。特点有：零辐射、高亮度、轻一半、薄 8 寸、能接受多媒体信号。所以，自 1995 年背投彩电登陆我国内地市场以来，销售量一直稳步增长，近两年增长更为明显。1998 年销售量为 4800 台，2000 年已达到 82758 台，年增长率达到了 300%。2001 年用户达到 20 万，2002 年用户达到 50 万。其产品需求量发生了数倍乃至数百倍的增长。

1998～2001 年的 3 年间，我国城镇人口平均可支配收入的年增长率分别为 7.9%、7.3%和 9.2%。背投彩电的发展速度远远超过人均收入的增长。这表明，这种彩电的收入弹性很高，是一种高档的消费品。

二、收入弹性应用举例

1. 用于销售量的分析与估计

【例 3-4】 政府为了解决居民住房问题，要制定一个住房的长远规划。假定根据资料，已知租房需求的收入弹性在 0.8～1.0 之间，买房需求的收入弹性在 0.7～1.5 之间。估计今后 10 年内，每人每年平均可增加收入 2%～3%。问：10 年后，对住房的需求量将增加多少？

解：先估计 10 年后居民平均收入增加多少。

如果每年增加 2%，则 10 年后可增加到 $1.02^{10}=121.8\%$，即 10 年后每人的收入将增加 21.8%。

如果每年增加 3%，则 10 年后可增加到 $1.03^{10}=134.3\%$，即 10 年后每人的收入将增加 34.3%。

因为
$$\text{收入弹性}=\frac{\text{需求量变动的百分比}}{\text{收入变动的百分比}}$$

则
$$\text{需求量变动的百分比}=\text{收入弹性}\times\text{收入变动的百分比}$$

① 10 年后租房需求量的增加情况。

当收入增加 21.8%，收入弹性为 0.8 时，租房需求量将增加

$$0.8\times21.8\%=17.4\%$$

当收入增加 21.8%，收入弹性为 1.0 时，租房需求量将增加

$$1.0\times21.8\%=21.8\%$$

当收入增加 34.3%，收入弹性为 0.8 时，租房需求量将增加

0.8×34.3%=27.4%

当收入增加 34.3%，收入弹性为 1.0 时，租房需求量将增加

1.0×34.3%=34.3%

所以，租房需求量增加幅度在 17.4%～34.3%之间。

② 10 年后买房需求量的增加情况。

当收入增加 21.8%，收入弹性为 0.7 时，买房需求量将增加

0.7×21.8%=15.3%

当收入增加 21.8%，收入弹性为 1.5 时，买房需求量将增加

1.5×21.8%=32.7%

当收入增加 34.3%，收入弹性为 0.7 时，买房需求量将增加

0.7×34.3%=24.0%

当收入增加 34.3%，收入弹性为 1.5 时，买房需求量将增加

1.5×34.3%=51.5%

所以，买房需求量增加幅度在 15.3%～51.5%之间。

2. 用于企业经营决策

（1）选择投资方向　一个企业经营什么产品是很重要的经营决策。精明的企业家在决定经营哪些商品时要考虑其收入弹性的大小。随着人们收入的增加，人们会增加对高质量的高档消费品的消费。因此，在预期居民收入会增加的情况下，企业就应当扩大那些需求收入弹性大的商品的生产，以取得更大的销售收入。对于那些需求收入弹性小的生活必需品，就要十分注意，即使人们的收入有较大的增加，消费量也不会增加很多，市场需求增加有限。企业应当大体维持原来的生产，不宜过分扩大。对于低档消费品，则更要警惕。在人们收入增加时，会减少对该种商品的需求量，市场会萎缩，企业要及时减少生产。

（2）产品定位　通常来说，需求收入弹性大的商品可能给企业带来较大的利润，但风险也较大，而需求收入弹性较小的商品，销售收入比较稳定，风险也较小，但利润也相应较少。这样，企业想要有较好的利润，风险也不大，同时经营需求收入弹性较大的商品和需求收入弹性较小的商品，不失为一个好办法。具体地说，在进行产品决策时，企业一方面要注意高档品、低档品的动态组合；另一方面，应在产品标准化及变形能力上多下工夫。在标准型产品上增加一些零部件，成为高档豪华型产品，减少一些零部件就可以成为低档普及型产品。通过运用管理技术来提高企业产品的弹性水平。

案例 3-3

美的电扇产品定位

美的股份有限公司是广东一家生产电风扇的企业，它可以同时生产经济型电风扇、豪华型电风扇、超豪华型电风扇。这 3 类电风扇的基本零部件大体一样，可以保持产品的低成本，而在边饰上狠下工夫，以制造产品的差异。将超豪华型风扇瞄准高收入的顾客，将豪华型风扇瞄准中档收入的顾客，而将经济型风扇瞄准低收入的顾客。这样，在人们收入变动的

时候，企业风险小，且有一定利润。

（3）确定目标顾客　对一种产品在不同消费群体中的不同收入弹性的分析，有助于企业确定产品的消费对象。同样开发一种产品，是将目标市场定位在高收入阶层还是低收入阶层，是主要进军城市市场还是抢占农村市场等，都可以通过需求收入弹性测算帮助企业决策。一般来说，企业应将产品定位于对该类商品需求收入弹性较大的消费者群体。

（4）制定生产计划　企业通过估算有关商品或劳务的需求收入弹性，可以大体把握消费者收入变动时对商品或劳务的需求量的影响，并据此制定生产计划，以使供给更好地适应市场需求的变化。

如果企业预测国民经济或某一区域经济会出现一段时期的不景气，居民的收入将有所下降，那么高档消费品的需求量会迅速下降，生活必需品的需求量不会有多大变化，而低档消费品的需求量反而可能会有所上升。企业应根据预期的不景气时间的长短，及时地采取相应措施，以避免不必要的损失。例如，汽车的需求收入弹性较大，当经济出现衰退时，消费者收入下降，影响最大的是汽车工业。汽车厂家必须提前应对可能到来的经济衰退。

第三节　需求的交叉弹性

一、交叉弹性的计算

许多商品的需求量会受相关商品价格变化的影响。例如，猪肉的价格变化会影响牛肉的需求量。如果猪肉提价，人们就会少买猪肉，多买牛肉，从而使牛肉的需求量增加。交叉弹性说明一种产品的需求量对另一种相关产品价格变化的反应程度。也就是说，如果另一种相关产品的价格变化百分之一，则这种产品的需求量将变化百分之几。

设有两种相关的产品 x 和 y，计算 y 产品交叉弹性的一般公式为

$$\text{交叉弹性}=\frac{y\text{ 产品需求量变动的百分比}}{x\text{ 产品价格变动的百分比}}=\frac{\Delta Q_y/Q_y}{\Delta P_x/P_x}=\frac{\Delta Q_y}{\Delta P_x}\times\frac{P_x}{Q_y}$$

具体计算时，交叉弹性也有两种计算方法：点弹性和弧弹性。

点交叉弹性计算公式为

$$E_{P_x}=\frac{\mathrm{d}Q_y}{\mathrm{d}P_x}\times\frac{P_x}{Q_y}$$

式中，E_{P_x} 为 y 产品的点交叉弹性。

弧交叉弹性计算公式为

$$E_{Px}=\frac{Q_{y_2}-Q_{y_1}}{P_{x_2}-P_{x_1}}\times\frac{P_{x_2}+P_{x_1}}{Q_{y_2}+Q_{y_1}}$$

式中，E_{Px} 为 y 产品的弧交叉弹性。

二、交叉弹性的经济含义

不同的交叉弹性的值，具有不同的经济含义。

1. 交叉弹性为正值（$E_{Px}>0$）

该种情况说明产品 x 价格的变动与产品 y 需求量的变动方向一致。例如，猪肉价格提高，会使牛肉需求量增加。这表明两种相关物品是替代品，即两种产品对消费者具有相似的效用，任何一种均可代替另一种使用，如大米与面粉、棉布与化纤布等。

2. 交叉弹性为负值（$E_{Px}<0$）

该种情况说明产品 x 价格的变动与产品 y 需求量的变动方向相反。例如，照相机价格提高，会使胶卷的需求量减少。这表明两种相关物品是互补品，即两种产品必须合并使用，才能对消费者产生更大的效用，如汽车与汽油、剃须刀刀架和刀片等。

3. 交叉弹性为零（$E_{Px}=0$）

该种情况说明产品 x 价格的变动对产品 y 需求量没有影响，从而表明这两种产品互相独立，互不相关。

三、交叉弹性应用举例

1. 企业制定正确的价格策略

企业如果生产多种产品，而且其中有替代品，那么在制定价格时就要考虑到替代品之间的相互影响。就某一种产品本身而言，提高价格可能对企业有利，但如果把它对相关产品的影响考虑进去，则可能导致企业总利润的减少。

在一个企业内，如果有两种产品，其交叉弹性为负值，则说明这两种产品互补。互补产品一般可以分为基本产品和配套产品两种，通常的定价策略是对基本产品定低价，对配套产品定高价。例如，美国生产吉列牌剃须刀的公司是一家很著名的公司，它的起家就是靠对刀片和刀架定不同的价格，而吉列牌的刀片必须使用吉列牌的刀架。它对刀架定低价，对刀片则定高价。顾客买了它的刀架，就必须购买它的刀片。主机和辅机、整机和零件、设备与所需的原料之间都存在着互补关系，大多可以采用这种定价策略。

案例 3-4

博士伦公司的定价策略

在隐形眼镜市场，出现了多家企业竞争的局面。博士伦是一个老字号的隐形眼镜企业。随着隐形眼镜工艺的标准化和熟练程度的提高，隐形眼镜的成本有所下降，尤其对于累计产量很大的博士伦企业更是如此。但另一方面，隐形眼镜的市场也日趋饱和。由于隐形眼镜长期佩戴容易伤害眼睛，因而对隐形眼镜的清洗显得尤为重要，隐形眼镜护眼液出现了高档化的趋势。由于护眼液是一次性经常消费品，其潜在的消费市场有待开掘。博士伦（中国）公司决定大幅降低隐形眼镜的价格。降价并没有带来隐形眼镜销量的显著增加，这当然会使博士伦隐形眼镜的销售收入下降。但是，这却促进了隐形眼镜的互补商品护眼液需求量的上升，从而从另一个方面提升了公司的销售收入，使公司的利润上升。

2. 识别竞争对手

如果替代品分别在不同的企业中生产，那么交叉弹性可用来分析产品之间的竞争关系。交叉弹性越大，说明两家企业产品之间的竞争越激烈，一家企业必须密切注视另一家企业的经营动向并及时采取相应的对策，不然就可能在竞争中陷于被动。例如，棉布和化纤布是替代品，假设这两种产品的交叉弹性数据如表 3-2 所示。

表 3-2 棉布和化纤布交叉弹性数据

替代品	交叉弹性	对方降价 10%会导致的销售量的变化
棉布	0.05	−0.5%
化纤布	1.74	−17.4%

表 3-2 中的数据说明，棉布制造厂不用担心化纤布降价。因为化纤布即使降价 10%，也只影响棉布销售量 0.5%。但交叉弹性并不是对称的。化纤布制造厂必须关注棉布价格的变动，后者如变动 10%会使化纤布销售量下降 17.4%。

案例 3-5

杜邦公司打赢反垄断官司

1956 年，杜邦公司被认为在美国玻璃包装纸市场上具有垄断地位而遭到政府起诉。然而经测算发现，玻璃包装纸与其他软包装材料的需求交叉弹性很大，所以法院认定相关产品市场包括所有的软包装材料。由于在美国销售的所有软包装材料中包括胶膜、蜡纸等，这样杜邦公司的玻璃包装纸在整个软包装材料市场中只占 18%的市场份额，因而不构成垄断，结果政府败诉。

3. 划分不同行业

在经济学中，交叉弹性还是从经济上划分不同行业的标志。交叉弹性的绝对值大，说明产品之间的相关程度很大，从而说明它们在经济上属于同一行业。交叉弹性的绝对值小，说明两种产品互不相关，因而在经济上属于不同的行业。

本章小结

需求弹性反映需求量对其影响因素变化的反应程度，它等于需求量变动率与影响因素变动率之比。需求弹性可以分为价格弹性、收入弹性和交叉弹性等。

价格弹性反映需求量对价格变动的反应程度，它等于需求量变动率与价格变动率之比。

点价格弹性是计算需求曲线上某一点的弹性，弧弹性是计算需求曲线上两点之间的平均弹性。

需求曲线按价格弹性的不同可以分为富有弹性、缺乏弹性、单元弹性、完全非弹性、完全弹性几种情况。

当价格弹性大于 1 时，价格的变动与销售收入的变动方向相反。当价格弹性小于 1 时，价格的变动与销售收入的变动方向一致。当价格弹性等于 1 时，价格变动时销售收入不变。

影响价格弹性的主要因素有：产品是必需品还是奢侈品、可替代物品的多少、购买该商品的支出在人们收入中所占的比重、时间因素等。

收入弹性反映需求量对消费者收入水平变化的反应程度，它等于需求量的变动率与消费者收入的变动率之比。

在经济学中，收入弹性为负值的称为低档货，为正值的称为正常货，大于 1 的称为高档货。

需求的交叉弹性反映一种产品的需求量对另一相关产品价格变化的反应程度。它等于一种产品的需求量变动率与另一种相关产品价格变动率之比。

不同的交叉弹性，有不同的经济含义：交叉弹性为正值，表明两种产品可以互相替代；

交叉弹性为负值，表明两种产品互补；交叉弹性为零，表明两种产品互不相关。

各种需求弹性对估计和分析价格和销售量的变化以及对企业制定经营决策和政府制定有关的政策都是很有用的。

重要名词术语

需求弹性	价格弹性	收入弹性	交叉弹性
点弹性	弧弹性	非弹性需求	弹性需求
富有弹性	缺乏弹性	单元弹性	
完全弹性	完全非弹性		
高档货	正常货	低档货	
替代品	互补品		

复习思考题

1. 价格弹性与销售收入之间存在什么关系？这一关系对企业的价格决策有什么意义？举例说明。

2. 请解释收入弹性和交叉弹性在企业经营决策中所起的作用并各举一例说明。

3. 哪些因素影响需求的价格弹性？在棉布、香烟、电视机、某企业生产的电视机（不是名牌）中，你认为哪种产品价格弹性最大？哪种最小？为什么？

4. 在优质大米、棉布、高级工艺品、盐中，哪种产品收入弹性最大？哪种产品收入弹性最小？为什么？

5. 假定某消费者认为物品A比任何其他物品都重要，他始终用全部收入购买这种物品，则对这个消费者来说，物品A的价格弹性是多少？收入弹性是多少？交叉弹性是多少？

作　业　题

1. 市场调查表明，目前我国市场上汽车的价格弹性为1.2，收入弹性为3，问：

① 如汽车价格下降3%，则市场上的汽车销售量会出现什么变化？

② 如居民收入提高2%，则市场上的汽车销售量会出现什么变化？

2. 胜利公司在决定扩大生产能力之前，对它的产品砂糖的需求进行了分析。初步的分析结果表明，每天的需求量Q（单位：吨）是价格P的函数。其方程式为

$$Q=f(P)=1000-3P$$

① 假定公司计划每天销售400吨，价格应定多少？

② 如果公司按每吨250元价格出售，每天能销售多少吨？

③ 按什么价格出售，销售量为零？

④ 如果价格为每吨200元，求点价格弹性。

3. 某纺织公司估计市场对化纤布的需求与居民收入之间的关系可用函数$Q=100+0.2I$来表示。这里，Q为需求量，I为居民收入。

① 求收入水平在4000元和6000元时的点收入弹性。

② 求收入范围在 2000～3000 元之间和 5000～6000 元之间时的弧收入弹性。

4. 甲公司生产皮靴，现价每双 60 元。2002 年它的销售量是每月约 10000 双。2003 年 1 月它的竞争对手乙公司把皮靴价格从每双 65 元降为 55 元，甲公司 2 月份的销售量跌到只有 8000 双。

问：

① 甲公司皮靴和乙公司皮靴之间的需求交叉弹性是多少？

② 假设甲公司皮靴的弧价格弹性是－2.0，若乙公司把皮靴价格保持在 55 元，甲公司想把销售量恢复到每月 10000 双的水平，则它每双需要降价到多少元？

5. 公司甲和公司乙是机床行业的两个竞争者。这两家公司现在的销售量分别为 100 个单位和 250 个单位。其产品的需求曲线分别为

公司甲 $P_{甲}=1000-5Q_{甲}$

公司乙 $P_{乙}=1600-4Q_{乙}$

① 求这两家公司当前的点价格弹性。

② 假定公司乙降价，使销售量增加到 300 个单位，这一行动导致公司甲的销售量下降到 75 个单位，则甲公司产品的交叉弹性是多少？

③ 假定公司乙的目标是谋求销售收入最大，你认为它降价在经济上是否合理？

第四章　生产决策分析

学习目标

1. 了解生产函数的概念、分类及形式。
2. 掌握边际报酬递减规律的内容、产生原因及适用范围。
3. 理解短期生产函数所表现出的生产的 3 个阶段。
4. 熟悉等产量曲线、等成本曲线的应用，把握最优投入组合的条件。
5. 理解边际技术替代率的含义，掌握规模报酬的几种情况及其判别。
6. 了解生产函数和技术进步的关系以及技术进步贡献的测定。

前面对市场供求机制和消费者需求的分析，主要是为企业制定生产什么、生产多少的决策提供理性思考的依据。那么面对市场的需求，企业应如何组织生产呢？生产决策分析就是要研究企业的行为，解决企业如何生产的问题。

本章从投入与产出的关系上对生产活动进行经济分析。首先，介绍生产函数的基本概念，研究生产函数的基本性质。然后，从实物的技术关系上分析各种投入要素的合理替代、组合问题，从价值上揭示要素及产品最佳组合的原理，即实现生产决策最优化的原则，为企业生产管理决策提供方向性的理论指导，为企业实现资源优化配置提供最基本的方法思路。

第一节　生产函数

一、生产函数的概念

生产是指把投入要素（原料、设备、劳动力、资金等）转变为市场需求的产出（产品或劳务）的过程。生产决策分析首要的任务就是要研究如何用最少的投入生产出同样多的产出，或用同样多的投入生产出最大的产出。企业管理者了解生产函数及优化原则，将为解决以上问题打下必要的理论基础。

生产函数是指在一定的技术条件下，各种生产要素投入量的组合与所能产出的最大产量之间的对应关系。因此，生产函数是联系投入生产要素的使用水平与可得产量之间的纽带。其一般函数表达式为

$$Q=f(x_1,x_2,\cdots,x_n)$$

式中，Q 为产量；x_1，x_2，…，x_n 为投入要素，如原材料、资金、劳动力等。

投入的生产要素可分为两类：一类叫不变投入，或者叫固定投入；一类叫可变投入，或者叫变动投入。固定投入是指在所考察期间，要素的使用量不随产量的改变而改变，如机器、厂房等。变动投入是指在所考察期间，要素的使用量随产量的改变而改变，如劳动、肥料、种子、原材料等。

在经济分析中，为了简化分析，通常假定生产中仅使用劳动和资本这两种要素。以 L 表示劳动投入数量，以 K 表示资本投入数量，则生产函数可写为

$$Q=f(L,K)$$

在理解生产函数概念时，应注意以下几个问题。

① 生产函数说明的是一特定时期的投入产出关系。时期不同，生产函数就可能不同。

② 生产函数以一定的生产技术水平为前提条件，不同的生产函数代表不同的技术水平。一旦生产体系中设备、原材料和劳动力等诸要素的技术水平发生变化，就会导致产生新的投入、产出关系，从而形成新的生产函数。

③ 生产函数中的产量指的是最大产量。这是因为我们假定生产函数中的所有投入要素都得到了有效的使用，没有丝毫浪费或闲置，所以这些投入要素所能产生的产量，在给定的技术条件下，是最大可能的产量。也就是说，这种函数关系是以企业经营管理完善、一切要素充分发挥效用为前提条件的。

④ 生产一定量的产品，各要素投入量的比例通常不是唯一固定的，而是存在多种组合。

⑤ 生产函数表示的生产中的投入量和产出量之间的依存关系普遍存在于各种生产过程之中。一家工厂必然具有一个生产函数，一家饭店也是如此，甚至一所学校或医院同样会存在着各自的生产函数。

生产决策分析就是通过对生产函数的分析，寻找最优的投入产出关系，以确定最优的投入要素的数量组合，使生产的成本最低或利润最大。

二、生产函数的分类

生产函数分为短期生产函数与长期生产函数，这是由投入要素在一定时期内所显示的静态与动态的特性决定的。时期的长短不是时间的物理概念，而是对于具体的生产过程，投入要素是否发生了变化。对于不同性质的生产过程，时间长短的尺度是不一样的。例如，汽车厂的生产模具可能要几年才会改变，而制鞋厂的生产模具可能只用几个月就要改变。可见，短期生产函数与长期生产函数的划分，是以全部投入要素是否发生变化为依据的，不在于日历时间的长短。不同行业的长短期是不一样的。

1. 短期生产函数

短期生产函数是指企业在此期间内，只有一种投入要素的数量是可变的，显示动态，如劳动力或原材料等。其他投入要素的数量不变，显示静态，如厂房、机器设备等。所以，短期生产函数又称为单变量生产函数。短期生产函数主要研究产出量与投入的可变要素之间的关系，即确定单一可变要素的最佳投入量。

2. 长期生产函数

长期生产函数是指企业在此期间内，所有投入要素的数量都可能发生变化，不存在固定不变的要素。所以，长期生产函数又称为多变量生产函数。长期生产函数主要研究产出量与所有投入要素之间的数量关系，以确定多种要素之间的最优化组合及对生产规模的大小进行经济性分析。

管理经济学中运用生产函数分析问题时，先假定其他生产要素投入量不变，单独考察一种生产要素的投入变动对产出的影响，然后再考察两种或两种以上的生产要素投入量的变动对产出的影响。

第二节 单一可变投入要素的最优利用

假定其他投入要素的投入量不变，只有一种投入要素的数量是可变的，研究这种投入要

素的最优使用量（即这种使用量能使企业的利润最大）就属于单变量生产函数要研究的问题。这类问题在短期决策中经常遇到。例如，在短期内现有企业的厂房、设备都无法变更，要增加产量，只有增加劳动力，那么增加多少劳动力才是最优的呢？这就属于单一可变投入要素的最优利用问题。

一、总产量、平均产量和边际产量的相互关系

1. 总产量、平均产量和边际产量的含义

(1) 总产量　指在一定技术条件下，可变投入（如劳动量 L）与某种固定要素（如资本 K）相结合所能生产的最大产量，用 TP（total product）表示。

通常情况下，在可变投入要素量刚开始增加时，总产量增加得比较快，以后随可变投入要素量的继续增加，总产量增加速度会越来越慢，到后来可能停止增加，甚至下降。

假定某印刷车间拥有 4 台印刷机。如果该车间只有 1 名工人，这名工人的产量一定有限，因为他不能利用他的全部时间来操纵印刷机，他还必须亲自做许多辅助工作，如取原料、搬运制成品、打扫卫生等。现假定这时他的日产量为 13 个单位。如果车间增加到 2 名工人，尽管第 2 名工人的才干与第 1 名工人相同，但增加这名工人所增加的产量一定会超过第 1 名工人原来的产量。这是因为有了两个人就可以进行协作，协作可以产生新的生产力。现假定增加第 2 名工人所增加的日产量为 17 个单位，此时总产量从每天 13 个单位提高到 30 个单位。同理，假定增加到 3 名工人时，总产量达到每天 60 个单位。增加到 4 名工人时，即每人操纵 1 台印刷机时，总产量上升到每天 104 个单位。如果车间工人数增加到 5 名，总产量将继续上升，因为新增的第 5 名工人可以专做搬运等辅助工作，但第 5 名工人增加的产量会少于第 4 名工人增加的产量。现假定第 5 名工人使日产量增加 30 个单位，使总产量达到 134 个单位。如果工人数目增加到 6 名，第 6 名工人可能是个替换工，即当其他工人需休息或有病时由他来替代，这样，也能增加产量，但增加的量更少了。如果工人继续增加下去，可以设想一定会达到这样的阶段，即增加工人不仅不会增加产量，而且还会使产量减少。例如，当工人太多，许多工人无活可干、到处闲逛，以致影响生产正常进行时，就会产生这种情况。见表 4-1。

(2) 平均产量　指在一定技术条件下，其他投入要素均保持不变，平均每单位可变投入要素的产量，用 AP（average product）表示。平均产量在数值上等于总产量除以可变投入要素的数量。劳动的平均产量 AP 可表示为

$$AP=\frac{TP}{L}$$

可以看出，平均产量随投入要素的数量及总产量的变动而变动。如表 4-1 所示，工人人数为 3 人时，平均产量为 20；工人人数为 5 人时，平均产量为 26.8；工人人数为 10 人时，平均产量为 18。

表 4-1　某印刷车间的总产量、平均产量和边际产量

工人人数	总产量	边际产量	平均产量	工人人数	总产量	边际产量	平均产量
0	0			6	156	22	26
1	13	13	13	7	168	12	24
2	30	17	15	8	176	8	22
3	60	30	20	9	180	4	20
4	104	44	26	10	180	0	18
5	134	30	26.8	11	176	−4	16

(3) 边际产量　指在一定技术条件下，其他投入要素均保持不变，每增加一个单位变动

投入要素所引起总产量的变化量，用 MP（marginal product）表示。如表 4-1 所示，工人人数由 5 人增加到 6 人时，总产量由 134 增加到 156，此时边际产量为 22。如果已知总产量函数关系方程，则边际产量就是总产量函数的变化率，可用求函数一阶导数的方法求出（详见第一章第二节）。

2. 总产量、平均产量和边际产量的相互关系

总值、平均值和边际值是管理决策评价标准的一个有机整体，因此了解它们之间的相互关系是十分重要的。将总产量曲线、平均产量曲线和边际产量曲线置于同一个坐标图中（图 4-1），可以反映出短期生产的各种产量曲线相互之间的关系，借此可以分析这 3 个产量之间的关系。

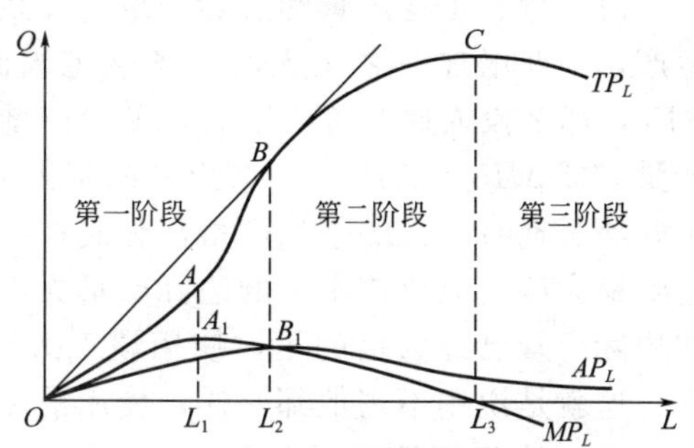

图 4-1　总产量曲线、平均产量曲线和边际产量曲线

（1）总产量和平均产量的关系　由 TP_L 曲线上任何一点，可以得到这一点上的相应的 AP_L 值。根据 $AP_L=\dfrac{TP_L}{L}$ 可知，连接总产量 TP_L 曲线上任何一点和坐标原点的线段的斜率，就是该点对应的平均产量 AP_L 值。如图 4-1 中 TP_L 曲线上 A 点所对应的 AP_L 值，就是线段 OA 的斜率 $\dfrac{AL_1}{OL_1}$。正是由于这种关系，当 AP_L 曲线在 B_1 点达最大值时，TP_L 曲线必然有一条从坐标原点出发的最陡的切线，相切 TP_L 曲线于相应的 B 点。

（2）总产量和边际产量的关系　由 TP_L 曲线上任何一点，还可以得到这一点上相应的 MP_L 值。根据 $MP_L=\dfrac{\mathrm{d}TP_L}{\mathrm{d}L}$ 可知，过总产量 TP_L 曲线上任何一点的切线的斜率，就是该点相应的边际产量 MP_L 值。如图 4-1 所示，过 TP_L 曲线上 A 点切线的斜率，就是该点上的 MP_L 值。

当总产量在开始时随着可变要素投入量的增加而增加时，总产量 TP_L 曲线的切线斜率为正且不断增大，对应的边际产量 MP_L 为正值且不断递增。在到达总产量曲线拐点 A 时，切线的斜率最大，此时对应的边际产量 MP_L 达到最大值 A_1 点。若继续增加可变要素的投入，总产量 TP_L 曲线的切线的斜率就要减小，对应的边际产量 MP_L 也就会逐渐减小。当切线的斜率为零时，对应的边际产量 MP_L 也等于零，这时总产量 TP_L 达到最大值 C 点，对应的 MP_L 曲线在 L_3 点与横轴相交。当总产量在以后随着可变要素投入量增加而减少时，TP_L 曲线的斜率就会变为负值，对应的边际产量 MP_L 也就会为负值。以上这种关系也可以反过来说，只要边际产量是正的，总产量总是增加的，总产量曲线呈上升趋势（斜率为正值）；只要边际产量是负的，总产量总是减少的，总产量曲线呈下降趋势（斜率为负值）；当边际产量为零时，总产量为最大（斜率为零）。

总产量和边际产量的关系可以归纳为 3 条：边际产量大于零，总产量递增（$MP_L>0$ 时，TP 上升）；边际产量等于零，总产量最大（$MP_L=0$ 时，TP 为最大值）；边际产量小于零，总产量递减（$MP_L<0$ 时，TP 下降）。

（3）平均产量和边际产量的关系　从图 4-1 可以看出，当边际产量曲线在平均产量曲线之上时，平均产量曲线呈上升趋势；当边际产量曲线在平均产量曲线之下时，平均产量曲线呈下降趋势；当边际产量曲线与平均产量曲线相交时，平均产量为最大。不管是上升还是下降，边际产量曲线的变动都快于平均产量曲线的变动，即边际产量的变动都快于平均产量的

变动。图 4-1 中总产量 TP_L 曲线上 B 点的切线和其与原点的连接线重合，所以在这一点上平均产量等于边际产量，平均产量曲线和边际产量曲线相交于 B_1 点（平均产量曲线最高点）。

平均产量和边际产量的关系可以归纳为 3 条：边际产量大于平均产量，平均产量递增（$MP_L>AP_L$ 时，AP_L 上升）；边际产量等于平均产量，平均产量最大（$MP_L=AP_L$ 时，AP_L 为最大值）；边际产量小于平均产量，平均产量递减（$MP_L<AP_L$ 时，AP_L 下降）。

总产量、平均产量和边际产量的关系可以用下面这个简单的例子来说明。一个企业组织生产，当新增加一名工人时，若该工人的边际产量高于现有工人的平均产量，即 $MP_L>AP_L$，那么投入这名工人以后，平均产量会上升；若该工人的边际产量低于现有工人的平均产量，即 $MP_L<AP_L$，那么投入该工人以后，平均产量就必然下降；若该工人的边际产量正好等于现有工人的平均产量，无疑在投入该工人前后，平均产量不会发生变化，平均产量达到最大值。只要该工人的边际产量大于零，投入该工人以后，总产量总会上升；若该工人的边际产量已经为负的了，使用该工人以后，总产量必然会下降；若该工人的边际产量为零，这就是说用不用他都一样，使用前后的总产量不会发生变化，总产量达到最大值。

二、边际报酬递减规律

上面印刷车间的例子说明，只要印刷机、车间面积等生产要素固定不变，那么随着劳动力数量的增加，开始时，劳动力能与大量丰富的固定生产要素相结合，所以，其边际产量是递增的。但随着劳动力数量的继续增加，能与新增劳动力结合的固定生产要素越来越少，这时，边际产量就会递减。需要指出的是，这不是一种偶然现象，而是各行各业存在的一个普遍规律，人们称之为边际产量递减规律，又叫边际报酬递减规律。具体表述如下：如果技术不变，只增加生产要素中某个要素的投入量，而其他要素的投入量保持不变，那么增加的要素投入量起初会使该要素的边际产量增加，增加到一定量以后，若再继续增加该要素的投入，该要素的边际产量会逐步减少。

边际报酬递减规律是短期生产的一条基本规律。其成立的原因在于：在任何产品的生产过程中，可变生产要素投入量和固定生产要素投入量之间都存在着一个最佳的数量组合比例。开始时，由于可变要素的投入量为零，而不变要素的投入量总是存在的，因此，生产要素的组合比例远远没有达到最佳状态。随着可变要素投入量的逐渐增加，生产要素的组合越来越接近最佳组合比例，相应的可变要素的边际产量必然呈递增的趋势。一旦生产要素的组合达到最佳组合比例，可变要素的边际产量达最大值。在这之后，随着可变要素投入量的继续增加，生产要素的组合将越来越偏离最佳组合比例，可变要素的边际产量便呈递减的趋势了。

在理解这个规律时，要注意以下两点。①边际报酬递减规律是以其他生产要素的投入固定不变，只变动一种生产要素的投入为前提的。报酬递减的原因在于增加的生产要素只能与越来越少的固定生产要素相结合。②这一规律是以技术不变为前提的。如果技术条件发生了变化，就不再适用。

边际报酬递减规律揭示了投入与产出之间的客观联系，因而对研究投入和产出之间的关系是很重要的。边际报酬递减规律告诉我们，并不是任何投入都能带来最大的收益，更不是投入越多，产出一定越大。边际报酬递减规律的启示是：在一定的技术条件下，生产要素的投入量只有按照一定的比例进行优化组合，才能充分发挥各生产要素的效率。片面地追加某一种生产要素的投入量，只能导致资源的浪费和生产报酬的减少。正因为如此，尊重这一规律，对企业的投入数量和组合进行科学地分析，对企业改革措施的配套性、相关性加以研究，对提高经济效益和进行正确决策是十分必要的。

案例 4-1

三季稻不如两季稻

1958 年“大跃进”是个不讲理性的年代，时髦的口号是“人有多大胆，地有多高产”。于是，有些地方把传统的两季稻改为三季稻。结果总产量反而减少了。从经济学的角度看，这是因为违背了一个最基本的客观经济规律：边际产量递减规律。

边际产量递减规律在各部门、各行业都存在，但在农业中最突出。三季稻不如两季稻正说明了这一点。在农业仍为传统生产技术的条件下，土地、设备、水利资源、肥料等都是固定生产要素。两季稻改为三季稻并没有改变这些固定生产要素，只是增加了可变生产要素：劳动力与种子。两季稻是农民长期生产经验的总结，它行之有效。说明在传统农业技术下固定生产要素已经得到充分利用。改为三季稻后，土地过分利用引起肥力下降，设备、肥料、水利资源等由两次使用改为三次使用，每次使用的数量不足。这样，三季稻时的总产量就低于两季稻时的总产量。

四川省把三季稻改为两季稻之后，粮食产量反而增加了。江苏省邗江县 1980 年的试验结果表明，两季稻每亩总产量达 2014 斤，而三季稻只有 1310 斤。更不用说两季稻还节省了生产成本。群众总结的经验是“三三见九，不如二五一十”。这就是对边际产量递减规律的形象说明。

三、生产三阶段

基于边际报酬递减规律在起作用，经济学家根据可变投入要素投入数量的多少，将生产划分为 3 个阶段，如图 4-1 所示。

(1) 第一阶段　可变投入要素的投入量小于 L_2（OL_2 段）。这一阶段生产函数的特征是可变要素的边际产量开始递增，然后递减。在这一阶段，总产量 TP_L、平均产量 AP_L 均呈上升趋势，且平均产量达到最大。

(2) 第二阶段　可变投入要素的数量在 L_2 和 L_3 之间。这一阶段生产函数的特征是可变要素的边际产量是递减的，但仍为正值，不过要小于平均产量。平均产量呈递减趋势，总产量仍呈上升趋势。

(3) 第三阶段　可变投入要素的数量大于 L_3。这个阶段生产函数的特征是边际产量为负值，总产量和平均产量均呈递减趋势。

在这 3 个阶段中，第一阶段和第三阶段在经济上是不合理的，只有第二阶段才是合理的。其原因可以从分析这 3 个阶段的成本看出。

第一阶段由于总产量呈上升趋势，所以，单位产品中的固定生产要素成本（固定成本）呈下降趋势。又由于平均产量呈上升趋势，所以，单位产品中的可变投入要素的成本（变动成本）也呈下降趋势。两者都呈下降趋势，说明在这一阶段，增加可变投入要素的数量能进一步降低成本。所以，可变投入要素的数量停留在这一阶段在经济上是不合理的。从管理决策角度，重点是增加可变要素投入量，以不断提高产量。所以，可称为管“量”阶段。

第二阶段由于总产量呈上升趋势，所以单位产品的固定成本呈下降趋势。又由于平均产量呈下降趋势，故单位变动成本呈上升趋势。固定成本和变动成本的运动方向相反，说明在这一阶段有可能找到一点使两种成本的变动恰好抵消。在这一点上再增加或减少投入要素的数量都会导致成本的增加。所以，第二阶段是经济上合理的阶段。因为最优的可变投入要素的投入量只能在第二阶段中选择。从管理决策角度，重点是依据有关管理理论确定最优点。所以，可称为管“理”阶段。

第三阶段由于总产量呈下降趋势，所以单位产品的固定成本呈上升趋势。又由于平均产量呈下降趋势，所以单位产品的变动成本也呈上升趋势。两者都呈上升趋势，说明可变投入要素的数量不能超过 L_3，否则就会使成本增加。企业在这个阶段组织生产是十分不利的，可变要素投入量过多，物极必反，效益下降。要改变这种不经济的状况，从管理决策角度，重点是改变前提条件，如生产技术条件、其他要素投入量等。这些条件发生变化，边际收益递减规律就不适用了。所以，可称为管“条件”阶段。

生产三阶段理论说明，在企业里，不变要素和可变要素之间应当始终保持合理的比例，不变要素量相对过多（第一阶段）或可变要素量相对过多（第三阶段），都会导致经济效益的下降。

案例 4-2

企业资产重组和生产三阶段

我国国有企业改革在 1992 年之前主要是政府向企业放权让利，扩大企业的经营自主权和市场调节范围，尚未涉及改革企业制度的问题。这时，国企计划经济的人事分配制度遗留下来的企业人员“臃肿”现象十分突出，设备老化，人浮于事，劳动效率十分低下，非常类似于生产函数的第三阶段。

1992 年，党的十四大明确地提出了建设社会主义市场经济体制的改革目标，国有企业改革进入了建设现代企业制度的新阶段。到 2000 年底，全国 520 家国家重点企业中有 430 家进行了公司制改革，其中 282 家企业整体或部分改制为有限责任公司或股份有限公司。大量国企剥离非优质资产，成功上市，一些大型企业按照国际惯例进行资产重组后，还在国际市场成功上市。

以中国石油天然气集团为例，1999 年进行内部重组、改制上市后的中油股份，吸收了原集团 60%的优质资产，人员仅为原集团公司总职工的 30%，“减肥” 106 万人，占原集团公司总人数的 70%，使中油股份的设备和劳动的投入处于较佳生产阶段，劳动效率和资本效率都得到了提高。

四、单一可变要素最优投入量的确定

在生产的第二阶段，管理决策的重点是要具体确定出可变要素的最优投入量。下面就对此进行分析。

1. 两个概念

假如企业的其他投入要素（如厂房设施、设备等）的投入量是固定的，只有一种投入要素（如劳动力）的投入量是可变的。要确定这种可变投入要素究竟投入多少才是最优，需要首先弄清两个概念：可变投入要素的边际产量收入和可变投入要素的边际支出。

（1）可变投入要素的边际产量收入　边际产量收入是指在可变投入要素一定投入量的基础上，再增加一个单位的可变要素投入量给企业带来的总收入增量。如果 MRP_L 为可变投入要素 L 的边际产量收入，则

$$MRP_L=\frac{\Delta TR}{\Delta L}$$

式中，ΔTR 为可变投入要素 L 的投入量因 ΔL 变化而引起的总（销售）收入的变化。

容易证明，投入要素 L 的边际产量收入等于它的边际产量乘以企业的边际收入，即

$$MRP_L=\frac{\Delta TR}{\Delta L}=\frac{\Delta TR}{\Delta Q}\times\frac{\Delta Q}{\Delta L}=MR\times MP_L$$

式中，ΔQ 是企业产量的变化；$\frac{\Delta TR}{\Delta Q}$是该企业的边际收入（$MR$）；$\frac{\Delta Q}{\Delta L}$是投入要素 L 的边际产量（MP_L）。

（2）可变投入要素的边际支出　指在可变投入要素一定投入量的基础上，再增加一个单位的投入量给企业带来的总成本增量。假定 ME_L 为可变投入要素 L 的边际支出，则

$$ME_L=\frac{\Delta TC}{\Delta L}$$

式中，ΔTC 为可变投入要素 L 的投入量因 ΔL 变化而引起的总成本的变化。

2. 单一可变要素最优投入量的确定规则

如果 $MRP_L>ME_L$，说明此时企业的利润不是最大，因为再增加 L 的投入，还能增加利润；如果 $MRP_L<ME_L$，说明此时企业的利润也不是最大，因为减少 L 的投入量，反而能再增加利润。因此，企业应当使

$$MRP_L=ME_L$$

这时企业的利润为最大，可变投入要素 L 的投入量为最优。因此，单一可变要素最优投入量的确定规则是：边际产量收入＝边际支出

如果在企业诸多投入要素中，确实只有 L 是唯一的可变投入要素，那么 ME_L 就是投入要素 L 的价格。但在实际生活中，往往随着一种可变投入要素投入量的变化，也伴随着其他要素投入量的变化（例如，随着劳动力的增加，也会带来原材料的增加）。这时，L 的边际支出（ME_L），除了包括 L 要素的价格外，还应包括增投一个单位 L 而引起的其他要素支出的增加额。

【例 4-1】 假定某印染厂进行来料加工，其产量随工人人数的变化而变化。两者之间的关系可用方程表示为：$Q=98L-3L^2$。这里，Q 指每天的产量，L 指每天雇用的工人人数。又假定成品布不论生产多少，都能按每米 20 元的价格出售，工人每天的工资均为 40 元，而且工人是该厂唯一的可变投入要素（其他要素投入量的变化略而不计），则该厂为谋求利润最大，每天应雇用多少工人？

解：因成品布不论生产多少，都可按 20 元/米的价格出售，所以边际收入（MR）为 20 元。

成品布的边际产量为

$$MP_L=\frac{\mathrm{d}Q}{\mathrm{d}L}=\frac{\mathrm{d}(98L-3L^2)}{\mathrm{d}L}=98-6L$$

根据判别标准 $MRP_L=ME_L$，有

$$20\times(98-6L)=40$$
$$L=16$$

即该厂为实现利润最大，应雇用 16 名工人。

【例 4-2】 某印刷车间在资本投入量固定时，总产量、平均产量和边际产量如表 4-1 所示。印刷品的价格为每单位 0.30 元，工人的日工资率为 2.4 元。假定工人是该车间唯一的可变投入要素，则该车间应雇用多少工人？

解：假定工人是唯一可变投入要素时，该车间各种工人人数的边际产量收入和边际支出计算如表 4-2 所示。

根据表 4-2，当 $MRP_L=ME_L=2.4$ 元时，工人人数为 8 人，所以应雇用 8 人。

表 4-2 某印刷车间的边际产量收入和边际支出

项目	数据										
工人人数(1)	0	1	2	3	4	5	6	7	8	9	10
边际产量(MP_L)(2)		13	17	30	44	30	22	12	8	4	0
边际产量收入(MRP_L)(3)=0.30×(2)		3.9	5.1	9.0	13.2	9.0	6.6	3.6	2.4	1.2	0
边际支出(ME_L)(4)		2.4	2.4	2.4	2.4	2.4	2.4	2.4	2.4	2.4	2.4

第三节 多种投入要素的最优组合

只要管理决策考察的时限足够长，就可能不只是一种，而是两种、多种，甚至全部投入要素都是可变的。在实际生产中，特别是在长期规划中，多种投入要素之间往往是可以互相替代的。例如，兴建一定规模的工厂，既可采用先进的自动化设备与少量劳动力相组合，也可采用便宜的普通设备与较多劳动力相组合。人与机器在一定程度内是可以互相替代的。既然投入要素之间可以互相替代，这里就有一个投入要素最优组合的问题。这就是说，在一定的成本下，投入要素应怎样组合，才能使产量最大；或者在一定的产量下，投入要素怎样组合，才能使成本最低。

为了寻找投入要素的最优组合，需要利用等产量曲线和等成本曲线。

一、等产量曲线

1. 等产量曲线的概念

由于投入要素之间可以互相替代，所以，同一个产量可以通过不同比例的投入要素来生产。假定两种投入要素 K 和 L 组合共同生产产品。如果 $K=3$，$L=8$；$K=4$，$L=6$；$K=6$，$L=4$；$K=8$，$L=3$ 等都可以生产 40 单位产品，那么把这些点连接起来的曲线就是产量为 40 的等产量曲线，如图 4-2 所示。

等产量曲线是指，在这条曲线上的各点代表投入要素的各种组合比例，其中的每一种组合比例所能生产的产量都是相等的。

2. 等产量曲线的性质

等产量曲线代表了各种特定产量下要素 K 和 L 的不同数量的组合。等产量曲线有如下特征。

① 等产量曲线是从左上向右下倾斜的。这是因为要保持等产量，两个要素相互替代，一种要素投入的增加是以另一种要素投入减少为前提的。

② 等产量曲线有无数条。一组等产量曲线组成等产量图，同一平面坐标上的任意两条等产量曲线互不相交。

图 4-3 中的 Q_1、Q_2 和 Q_3 是无数条等产量曲线中的 3 条。Q_1 表示产量为 100 时所有资

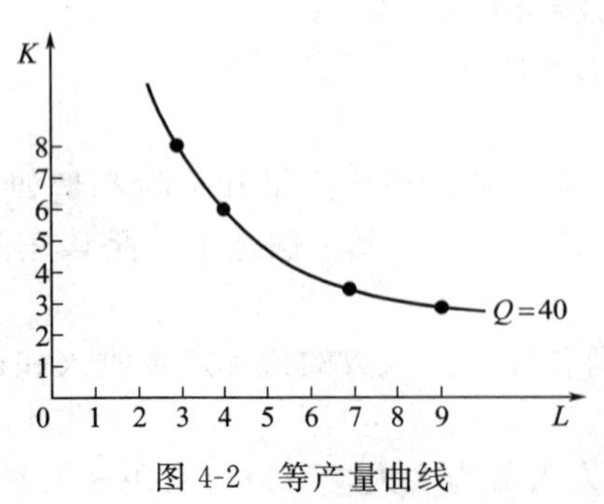

图 4-2 等产量曲线

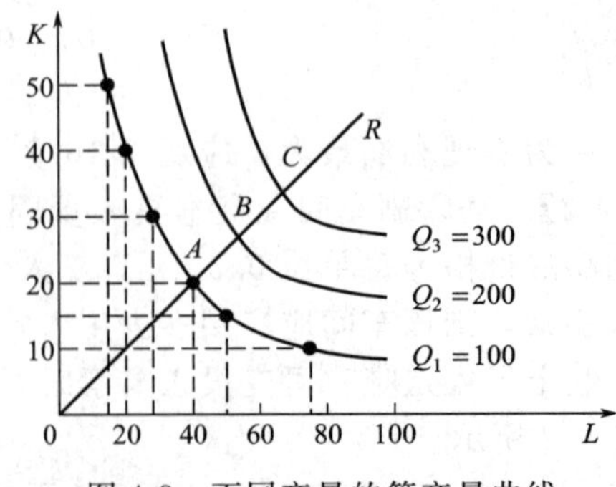

图 4-3 不同产量的等产量曲线

本和劳动的组合。生产 100 个单位产品需要使用 10 个单位资本和 75 个单位劳动，或 50 个单位资本和 15 个单位劳动，或者在 Q_1 上表示的任何一种组合。类似地，等产量线 Q_2、Q_3 分别表示产量为 200、300 时的所有资本和劳动的可能组合。

③ 等产量曲线与坐标原点的距离的大小表示产量水平的高低。离原点越近的等产量曲线代表的产量水平越低；离原点越远的等产量曲线代表的产量水平越高。

在图 4-3 中，等产量曲线 Q_2 的位置高于等产量曲线 Q_1。这表明 Q_2 的产量一定大于 Q_1 的产量，即 $Q_2 > Q_1$。这是因为较高的等产量曲线上投入要素 L 和 K 的投入量必然要大于（至少是等于）较低的等产量曲线上投入要素的投入量。由于假设较大的投入量一定会取得较大的产量，所以较高的等产量曲线一定代表较大的产量。

④ 等产量曲线是凸向原点的。

3. 等产量曲线的分类

生产投入要素在既定生产过程中可以被另一种投入要素替代的程度是不同的。按照投入要素之间能够相互替代的程度，可以把等产量曲线划分为 3 种类型。

（1）投入要素之间完全可以替代　例如，在许多场合下的汽油和天然气是完全可替代的，在动物饲料生产中使用的大豆和麦子是可完全替代的。这种等产量曲线由一系列平行的直线组成，如图 4-4 所示。在这里，两种投入要素的替代比例是一个常数。

（2）投入要素之间完全不能替代　两种投入要素完全不可替代，而必须互补使用。彼此可以完全互补的投入要素的等产量线由一系列直角线组成，如图 4-5 所示。

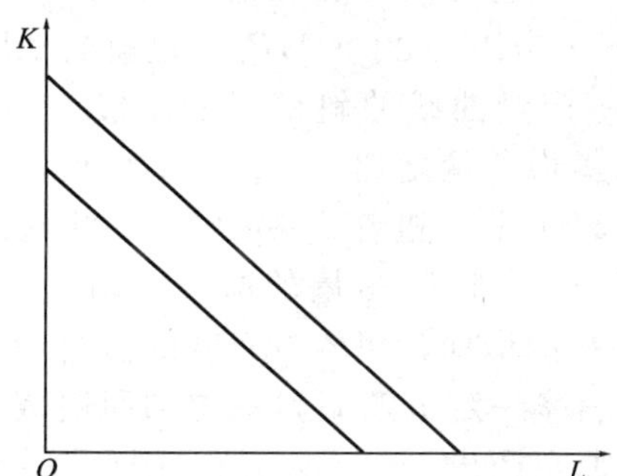

图 4-4　投入要素可完全替代的等产量曲线

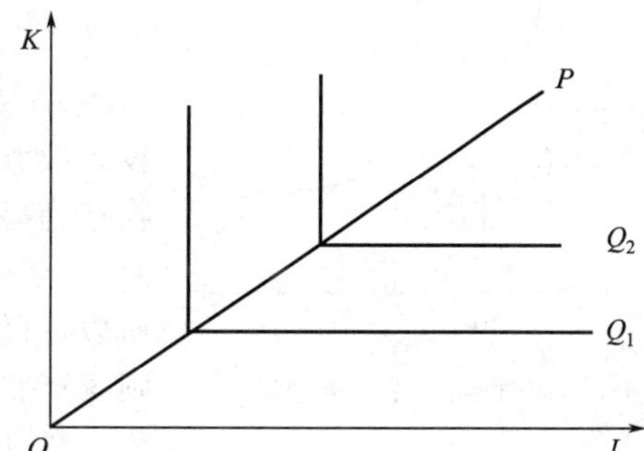

图 4-5　投入要素完全不能替代的等产量曲线

完全不能替代的投入要素之间的投入比例是固定的。例如，化工生产合成氨，只有使氮气与氢气按 1∶3 的比例投入，才能使投入的氮气与氢气完全反应生成氨。又如，必须以固定比例组装的零配件、汽车的车轮和车身、自行车的车架和车轮、眼镜的镜片和镜框等，这些都可以被看作是完全互补的情况。

在直角顶上表示两种投入要素的最佳组合比例，在每条直角边上都表示有一种投入要素存在剩余。

（3）投入要素之间部分替代　大多数生产投入要素都处于完全互补和完全替代这两个极端情况之间的替代不完全的情况。这种等产量曲线的形状一般为向原点凸出的曲线，如图 4-6 所示。例如，在生产中，设备和劳动力能互相替代，但设备不可能替代所有的劳动力，劳动力也不能把所有的设备都替代下来。

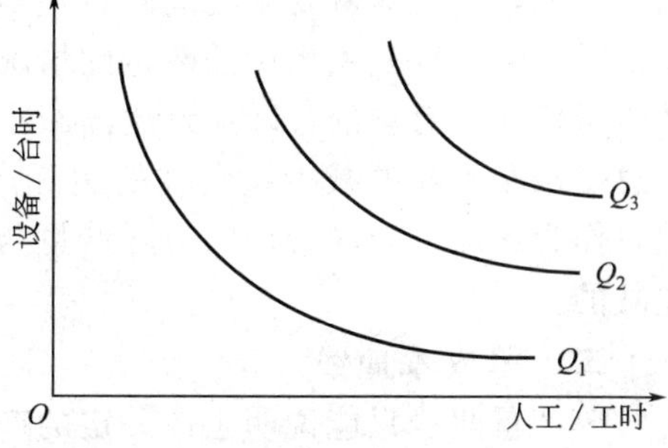

图 4-6　投入要素不完全替代的等产量曲线

上面介绍了 3 种等产量曲线的形状和性质。在这 3 种等产量曲线中，如属于第二种情况，则不必作投入要素最优组合的决策，因为它们的组合比例是固定的。例如，为了生产自行车，一个车把只能与两个车轮相结合，没有其他选择。如属于第一种情况，即两种投入要素可以完全替代，做决策也很容易，只要找出哪一种投入要素最便宜就行。例如，1000 立方米的天然气和一桶石油产生的能量相同，前者价格为 30 元，后者的价格为 36 元，则应选择天然气为能源。

上述两种情况决策过程比较简单。下面探讨多种投入要素的最优组合问题，主要是第三种情况，即投入要素之间不完全替代的情况。这种情况在实际生活中大量存在。

4. 边际技术替代率

等产量曲线的形状是由两种投入要素的替代性决定的。两种投入要素替代程度的大小，可以用边际技术替代率（$MRTS$）表示。

如果劳动力（L）和资本（K）是两种可以互相替代的投入要素，那么，L 的边际技术替代率是指当 L 取某值时，增加 1 个单位的投入要素 L，可以替代多少单位的投入要素 K。用公式表示为

$$MRTS_{LK}=\frac{\Delta K}{\Delta L}$$

式中，ΔK 和 ΔL 分别为资本投入量的变化量和劳动投入量的变化量。

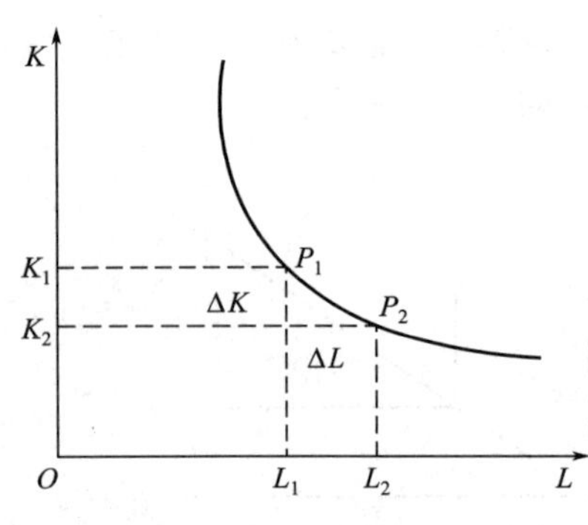

图 4-7 边际技术替代率递减

在图 4-7 中，假定投入要素 L 的边际实物产量为 MP_L；投入要素 K 的边际实物产量为 MP_k。由于沿等产量曲线从 P_1 到 P_2（这时 L 增加 ΔL，K 减少 ΔK）产量不变，所以，$\Delta K \cdot MP_K=\Delta L \cdot MP_L$，也就是 $\Delta K/\Delta L=MP_L/MP_K$，即等产量曲线的斜率（$\Delta K/\Delta L$）等于两种投入要素的边际实物产量之比（$MP_L/MP_K$）。由于边际收益递减规律在起作用，随着 L 相对于 K 的量的增加，MP_L 会递减；K 相对于 L 的量的减少，MP_K 会递增。所以，随着 L 的量的增加，MP_L/MP_K 的值会趋于减少，则等产量曲线的斜率一定也随 L 量的增加而递减。这样，等产量曲线就向原点凸出。

等产量曲线的斜率递减，说明这种类型的替代有一个重要的特性，即投入要素 L 的边际技术替代率总是随着 L 的量的增加而递减的。

在维持产量不变的前提下，两种生产要素在相互替代的过程中，当一种生产要素的投入量不断增加时，每单位的这种生产要素所能替代的另一种生产要素的数量是递减的。一种生产要素替代另一种生产要素的边际技术替代率不断下降的现象称作边际技术替代率递减规律。

边际技术替代率递减的原因如下。任何一种产品的生产技术都要求各要素投入之间有适当的比例，这意味着要素之间的替代是有限的。在劳动要素投入增加到相当多的数量和资本要素投入量减少到相当少的数量的情况下，再用劳动去替代资本就会很困难。随着投入的劳动总量增加，劳动的边际产量逐渐减小。此外，由于资本这一生产要素不断被替代，则资本的总使用量不断的减少，资本的边际产量也会相应变大。因此，随着劳动对资本的不断替代，作为逐渐下降的劳动的边际产量与逐步上升的资本的边际产量之比的边际技术替代率是递减的。

二、等成本曲线

等产量曲线只能说明生产一定的产量可以有哪些不同的投入要素组合方式，两种可变生产要素的生产经济区只是给出了组织生产的合理范围，还不能说明哪一种组合方式是最优

的。为了求最优解，就要考虑成本因素，即要看哪一种组合方式成本最低。为此，在等产量曲线的基础上有必要引进等成本曲线。

等成本曲线是指，在这条曲线上，两种投入要素的各种组合方式，都不会使成本发生变化。假定既定的成本支出为 C；要素市场上既定的劳动的价格，即工资率为 w；既定的资本的价格，即利息率为 r，则成本方程为

$$C=wL+rK$$

由成本方程可得

$$K=-\frac{w}{r}L+\frac{C}{r}$$

根据上式，在成本固定和要素价格已知的条件下，便可以得到等成本线，如图 4-8 所示。

等成本曲线是一条直线，斜率为 $-\frac{w}{r}$。由于成本方程是线性的，所以等成本曲线必定是一条直线。它表示在总投入成本不变的前提下，资本和劳动的各种可能组合。组合的极端情况是既定的全部投入都购买劳动（图 4-8 中横轴上的 A 点，购买劳动的数量为 $L=\frac{C}{w}$）和既定的全部投入都购买资本（图 4-8 中纵轴上的 B 点，购买资本的数量 $K=\frac{C}{r}$）。

等成本曲线斜率的绝对值正好是劳动价格与资本价格的比 $\frac{w}{r}$。所以，如果投入要素的总成本发生变化，而两种投入要素的价格比例保持不变，那么，曲线仅仅发生平行移动，因为它的斜率未变。位置较高的等成本曲线代表较高的成本。

等成本曲线上的点，表示用既定的全部投入能刚好购买到的劳动和资本的组合。等成本线以内区域中的任何一点，表示既定的全部投入在用来购买该点的劳动和资本的组合以后还有剩余，说明企业没有充分利用现有资源，生产没有达到应有的规模。等成本线以外的区域中的任何一点，表示用既定的全部投入购买该点的劳动和资本的组合是不够的。

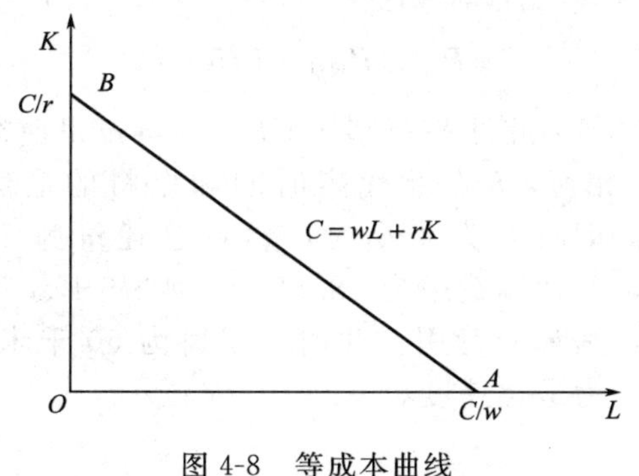

图 4-8 等成本曲线

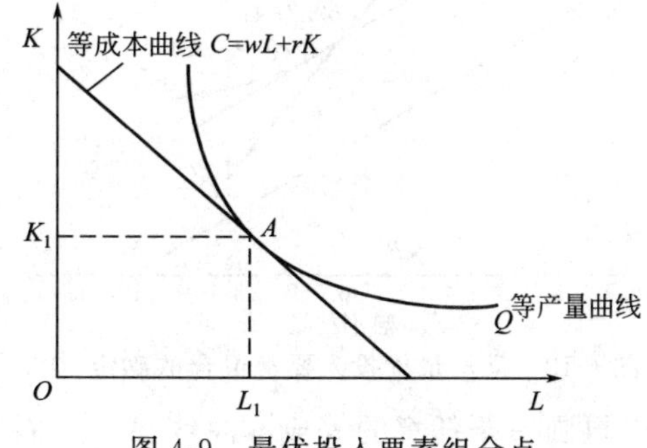

图 4-9 最优投入要素组合点

三、多种投入要素最优组合的确定

确定多种投入要素的最优组合，可以使用图解法，也可以根据最优组合的一般原理来计算。前者只适用于两种投入要素的情况，后者适用于两种以上，即多种投入要素的情况。

1. 两种投入要素最优组合

对于只有两种投入要素的情况，可以用图解法来求解最优的投入要素组合。方法是把等产量曲线与等成本曲线画在一起，如图 4-9 所示。等产量曲线与等成本曲线的切点，就是投入要素的最优组合点。

在图 4-9 中，等成本曲线 C 与等产量曲线 Q 相切于 A 点，说明最优投入要素组合为 (L_1, K_1)。等产量曲线 Q 上的其他各点都与较高的等成本曲线相交，说明产量 Q 的任何其他可能的组合方式的成本都要比等成本曲线 C 所代表的成本高。另外，等成本曲线 C 上的其他各点，都与较低的等产量曲线相交，说明尽管除 A 点以外的点所代表的组合的成本未变，但产量均小于 Q。所以，A 点代表了产量为 Q 时，成本最低的组合，或成本为 C 时，产量最大的组合。

【例 4-3】 某厂生产汽车零件，每周要用卡车把零件运往 100 千米以外的汽车装配厂供组装用。卡车运输费用是根据所需时间和所用的燃料（汽油）数量来决定的。这里，时间和燃料是两种可以互相替代的投入，即如果高速行车，可以节省时间，但要花费更多燃料。有关卡车的速度、所需时间和燃料等的数据如表4-3 所示（按往返 200 千米计算）。

表 4-3 有关卡车的相关数据

速度/(千米/小时)(1)	汽油消耗/(升/千米)(2)	时间/小时[(3)=200/(1)]	汽油总消耗量/升[(4)=200/(2)]
40	40	5	5
50	35	4	5.71
60	29	3.33	6.90
70	23	2.86	8.70

① 请在以时间为纵轴、汽油总消耗量为横轴的坐标图上画出 $Q=200$ 千米的等产量曲线。

② 如果汽油价格为每升 5 元，司机工资为每小时 5 元，则按哪种速度开车，可使运输费用最低？此时运输费用是多少？

③ 如果司机工资增加到每小时 10 元，汽油价格不变，则应按哪种速度开车最为合算？

解：① 根据上述资料，画出等产量曲线，如图 4-10 所示。

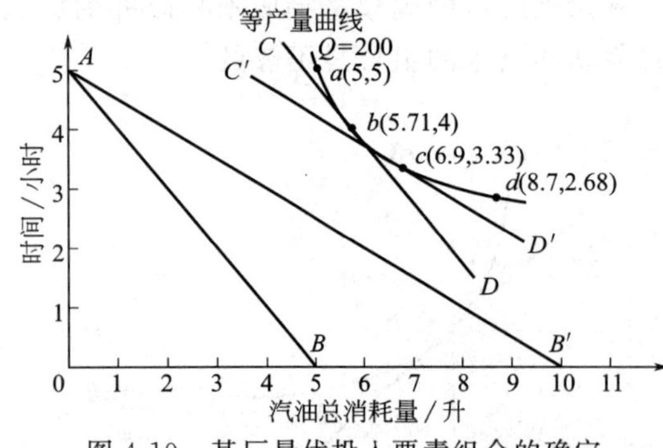

图 4-10 某厂最优投入要素组合的确定

② 再画一条任意的等成本曲线 AB，斜率为

$$P_{汽油}/P_{司机}=5/5=1$$

然后将之平行移至 CD，与等产量曲线在 b 点相切，b 点就代表时间和燃料的最优组合，即时间为 4 小时，燃料总耗量为 5.71 升，总运输费用为 48.55 元（4×5+5.71×5），为最低费用。此时，车速为 50 千米/小时，为最优速度。

③ 再画一条任意的等成本曲线 AB'，斜率为

$$P_{汽油}/P_{司机}=5/10=1/2$$

然后将之平行移动至 $C'D'$，与等产量曲线在 c 点相切。在切点 c 得最优组合，时间为 3.33 小时，总油耗 6.9 升，总运输费用为 67.8 元（3.33×10+6.9×5）。此时，速度为 60 千米/小时，为最优速度。

只选择两个主要变量用图解寻优的方法，在管理决策中具有重要意义。因为管理决策与技术决策不同，很多情况下，并不要求必须得到精确的最优解，而是要求掌握优化决策的思路与方向。从这个意义上讲，两个变量的图解法就足够了。

2. 多种投入要素最优组合

多种投入要素最优组合的一般原则是：在多种投入要素相结合以生产一种产品的情况下，当各种投入要素每增加 1 元所增加的产量都相等时，各种投入要素之间的组合比例为最优。其数学表达式为

$$\frac{MP_{X_1}}{P_{X_1}}=\frac{MP_{X_2}}{P_{X_2}}=\cdots=\frac{MP_{X_n}}{P_{X_n}}$$

式中，P_{X_1}，P_{X_2}，…，P_{X_n} 为相应要素的价格；MP_{X_1}，MP_{X_2}，…，MP_{X_n} 为相应要素的边际产量。

这个一般原则之所以成立，是因为如果各种投入要素每多投 1 元所增加的产量不等，那么，从每元边际产量较小的投入要素上抽出资金，用来增加每元边际产量较大的投入要素的投入量，就能在成本不变的情况下，使产量增加。既然有可能增加产量，就说明这时的投入要素组合不是最优的。

【例 4-4】 某出租汽车公司现有小轿车 100 辆，大轿车 15 辆。如再增加一辆小轿车，估计每月可增加营业收入 10000 元；如再增加一辆大轿车，每月可增加营业收入 30000 元。假定每增加一辆小轿车每月增加开支 1250 元（包括利息支出、折旧、维修费、司机费用和燃料费用等），每增加一辆大轿车每月增加开支 2500 元。该公司这两种车的比例是否最优？如果不是最优，应如何调整？

解：因 $MP_{小}=10000$，$P_{小}=1250$，则

$$\frac{MP_{小}}{P_{小}}=\frac{10000}{1250}=8\text{（元）}$$

而 $MP_{大}=30000$，$P_{大}=2500$，则

$$\frac{MP_{大}}{P_{大}}=\frac{30000}{2500}=12\text{（元）}$$

可见，大轿车每月增加 1 元开支，可增加营业收入 12 元，而小轿车只能增加营业收入 8 元。两者不等，说明两种车的比例不是最优。如想保持总成本不变，又要使总营业收入增加，就应增加大轿车，减少小轿车。需要注意的是：在本例中，$P_{大}$、$P_{小}$ 不应是大轿车和小轿车的购置价格，而应是因投入这两种车而引起的每月开支的增加额，因为营业收入也是指每月的增加额。

案例 4-3

石化企业减员增效的研究分析

石油石化工业属于资本密集型、技术密集型产业，因此决定了企业应采用较多的资本要素与较少的劳动要素的配置，以达到较高的劳动生产率并实现成本最小化。通过对 2000 年世界 40 家最大石油和化工公司的统计（包括中国石油天然气集团公司），中国石化与中国石油的营业收入之和占这 40 家大公司营业收入总和的 6.94%，资产总额占到 8.16%，利润之和占利润总和的 2.33%，而两大集团公司的职工数之和占这 40 家大公司职工总数的 60.18%。Exxon-Mobil 石油公司的营业收入是中石化的 3.9 倍，利润额是 17.7 倍，而职工总数只为中石化的 9.04%。这 40 家公司的职工平均数为 112678 人，而石化集团为 117.22 万人，石油集团约为 154 万人。国际大公司的人工成本占总成本费用的百分比平均为 5%，而石化集团却占到 9.2%。我们创造 1 元利润需要投入的管理费和销售费约为 6 元，而国外

同类型的石油公司仅为0.7元。若按照人均生产能力来计算，石化集团的油气田企业人均原油年产量为250吨，国外同类石油公司平均每人为12～15千吨/年；石化集团的炼油企业平均每人每年加工原油1322吨。国外炼油企业平均每人每年加工量已超过10千吨；国内油品销售企业年人均销售量是500吨左右，而国际同行的数字是10千吨以上；国内化工企业人均乙烯生产能力为24吨/年，而国外大公司的平均水平为200～300吨/年。可见，国内石油石化企业的生产要素资源配置的不优化必将导致劳动生产率的过低和人工成本的不堪重负，严重影响了我国石化企业的国际竞争力。

四、投入要素最优组合的影响因素

1. 投入要素的价格比例

如果投入要素的价格比例发生变化，人们就会更多地使用比以前便宜的投入要素，较少使用比以前价格高的投入要素。投入要素的价格比例的变化必然要改变等成本曲线的位置和斜率，从而破坏了原有的优化选择，形成新的优化选择。

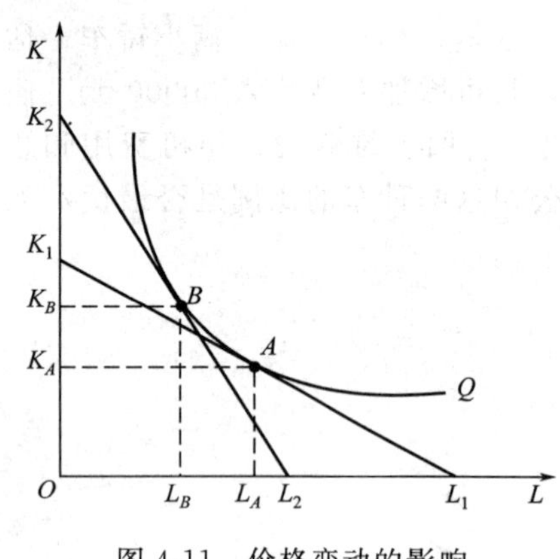

图4-11 价格变动的影响

在图4-11中，假定等产量曲线为Q，等成本曲线为K_1L_1。它的斜率代表原来的投入要素的比例。这时，成本最低的投入要素组合在切点A，由投入要素K_A和L_A组成。如果劳动力的价格提高了或资本的价格下降了，就会使投入要素价格比例发生变化，从而使等成本曲线的斜率也发生变化。这样，等成本曲线变为K_2L_2，它与等产量曲线切于B点，即最优投入要素组合从A点移到了B点。在B点，投入资本量K_B比原来增加了，劳动力投入量L_B比原来减少了。可见，劳动力价格提高或资本价格下降，会导致最优组合的比例发生变化。

这个道理可以解释以下问题。① 如果从纯经济观点考虑，对发达国家适宜的先进技术对发展中国家不一定适宜。因为发展中国家工人工资低，采用一般技术反而更为经济。② 土地便宜而劳动力昂贵的国家采取广种薄收的方式，土地昂贵而劳动力相对便宜的国家则采取精耕细作的方式。

2. 生产规模

如果投入要素的价格不变、技术不变，随着生产规模的扩大（增加产量），投入要素最优组合比例也会发生变化。这种变化的轨迹，称为生产扩大路线。

生产扩大路线可以分为长期生产扩大路线和短期生产扩大路线。如果随着生产规模的扩大，各种投入要素的投入量都是可变的，这时投入要素最优组合的变化轨迹，称为长期生产扩大路线。如果随着生产规模的扩大，至少有一种投入要素的投入量是不变的，这时的投入要素最优组合变化轨迹，称为短期生产扩大路线。

在图4-12中，Q_1、Q_2、Q_3、Q_4分别为不同产量的等产量曲线；C_1、C_2、C_3、C_4分别为与上述等产量曲线相切的等成本曲线；其切点分别为a、b、c、d。连接这些点，就是当投入要素投入量均可变动的情况下，最优组合的变化轨迹，即长期生产扩大路线。

如果企业的资本（K）不变，那么随着产量从Q_1分别增加到Q_2、Q_3、Q_4，投入要素的组合分别在a、b'、c'、d'点上。连接这些点，就构成短期生产扩大路线。

需要指出的是，在图4-12中，除了产量为Q_1时外，短期生产扩大路线表明，在各种产量水平上，短期成本都要比长期成本高。例如，当产量为Q_3时，短期成本为C_3'，高于同样产量的长期成本C_3。

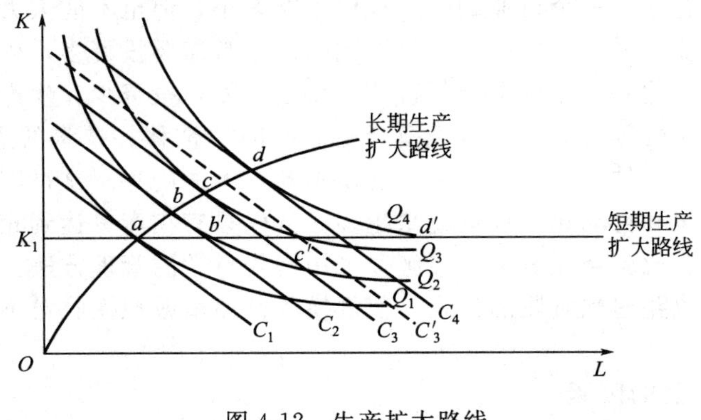

图 4-12　生产扩大路线

第四节　规模经济性分析

以上对生产函数的分析，一直限于投入要素组合比例的变化会对产量产生什么影响。规模经济性分析则主要研究当所有投入要素的使用量都按同等比例增加时对总产量有什么影响。假定 L 单位的劳动力和 K 单位的资本相结合可以生产 Q 单位产品，即 $L+K \rightarrow Q$。规模经济性分析要探讨的是，如果 L 和 K 都增加 a 倍，产量 Q 将发生什么变化，即 $aL+aK \rightarrow ?$。

一、规模收益的 3 种类型

假定 $aL+aK=bQ$，那么根据 b 值的大小，我们可以把规模收益分为 3 种类型。

① 第一种类型：$b>a$，即产量增加的倍数大于投入要素增加的倍数。例如，劳动力和资本增加 1 倍，能使产量增加 2 倍。这种类型叫做规模收益递增。

② 第二种类型：$b=a$，即产量增加的倍数等于投入要素增加的倍数。例如，劳动力和资本增加 1 倍，产量也增加 1 倍。这种类型叫做规模收益不变。

③ 第三种类型：$b<a$，即产量增加的倍数小于投入要素增加的倍数。例如，劳动力和资本增加 2 倍，却只能使产量增加 1 倍。这种类型叫做规模收益递减。

【例 4-5】 假定生产函数为：$Q=10K+8L-0.2KL$。若投入要素 $K=10$，$L=20$ 分别增加 1 倍，判断生产函数在此范围内的规模收益类型？

解：当 $K=10$，$L=20$ 时，

$$Q=10\times10+8\times20-0.2\times10\times20=220$$

如果投入量加倍，即 $K=20$，$L=40$，则可求得

$$Q_1=10\times20+8\times40-0.2\times20\times40=360$$

由于 $Q_1/Q=1.64$，产量增加了 64%，但投入量却增加了 1 倍，投入量的增加大于产量的增加，说明该生产函数在该投入量范围内规模收益递减。

随着生产规模从小到大，一般会先后经历规模收益递增、规模收益不变、规模收益递减 3 个阶段。由于大规模生产带来的生产效率和收益的提高，称为规模经济；由于规模太大引起生产效率和报酬的下降，称为规模不经济；可以使收益达到最大值的规模，称为经济规模。

由此可见，一个企业、一个行业的生产规模不能太小，但也不能太大，即要有一个适度的规模。对不同的行业，适度规模的大小是不同的。通常需要投资多，生产过程复杂，适度规模也就大，如汽车、化工、家用电器等行业。反之，需要投资少，生产过程简单，适度规模也就小，如服装、制鞋等行业。适度规模会随着时间的推移、技术的进步而不断的变化。重工业行业中普遍存在这种规模经济的生产规模不断扩大的趋势。这是因为，这些行业的设备日益大型化、复杂化和自动化，投资越来越多，从而只有在产量达到相当大数量时，才能实现规模经济。一个企业应当注意采取措施，采用现代科学的管理方法，努力减小规模不经济的影响，延缓规模收益递减阶段的出现，使规模收益递增或规模收益不变尽可能延续一个较长的阶段。

二、影响规模收益的因素

1. 规模收益递增的原因

（1）生产规模经济　随着生产规模的扩大，分摊到单位产品上的厂房、设备折旧费、管理费等固定成本就会减少。例如，一个年产 10 万辆汽车的企业的成本，一般不会等于两个年产 5 万辆汽车的企业的成本。生产规模扩大以后，企业能够利用更先进的技术和设备等生产要素，而较小规模的企业可能无法利用这样的技术和生产要素。大型企业可以把生产某种产品的不同阶段连在一起实现连续生产，从而提高产量、降低成本。比如，一个大型钢铁企业可以从炼铁开始，到炼钢，一直到钢材，一气呵成，无需多次冷却、多次加温，大大提高了生产效率。过去，我国的钢铁生产是很分散的，不同的生产阶段是分割的，成本自然就高。

（2）交易规模经济　一次大规模的采购或销售比分几次的小规模交易的总和更节省时间、出差费、运输费等，更可得到批量折扣价的优惠。

（3）专业化分工效益　劳动分工是人类进步的动因，也是造成规模收益递增的原因之一。大量生产就可以使用专门化的设备、技术，同时工人分工较细，熟能生巧，有利于劳动生产率的提高。

（4）生产要素的不可分割性　有的生产工具，特别是大机器，是有一个生产产量的起点的，不到这个起点就开动它，从经济上看是不合算的。例如，一座 1000 吨的高炉，由于不可分割，除非产量达到 1000 吨，否则就不能充分利用。

（5）大机器的生产效率高　相同的投入用大机器与小机器分别生产，其效率是不同的。大机器的产出可能较多，而小机器的产出可能较少。比如，一个工人可能只能照看一台机器，无论是小机器，还是大机器，两者的劳动投入都是一样的，但大机器的产出要比小机器多得多。在化工生产中，大型化肥设备生产每吨化肥所耗用的电力要比小化肥设备节约得多。

2. 规模收益不变的原因

规模收益递增的趋势不可能是无限的，当生产达到一定规模之后，促使规模收益递增的因素会逐渐不再起作用。例如，工人分工如果过窄，就会导致工人工作单调，影响工人的积极性。设备生产率的提高，最终也要受当前技术水平的限制。所以，通常企业总会有一个最优规模。对企业来说，当工厂达到最优规模时，再扩大生产，它就采用建若干个规模基本相同的工厂的办法。这时，规模收益基本处于不变阶段。这个阶段往往可以经历相当长的时期，但最终它要进入规模收益递减阶段。

3. 规模收益递减的原因

导致规模收益递减的因素主要是管理问题。企业规模越大，对外与市场的协调、对内部各种业务的协调难度就会越大，使管理效率大大降低，促使规模收益递减。专业化分工的结果使工人长期从事单一重复性工作，容易使工人熟而生烦，从而缺乏工作的积极性和主动性。从这个角度来讲，规模过大导致生产效率下降。

案例 4-4

电信行业的规模报酬

上海移动和上海联通的竞争愈演愈烈。上海移动自 2002 年 8 月推出“积分兑换”活动以后，2003 年 4 月又推出“来话畅听”，用户每月支付 25 元，可免费听网内来话 625 分钟。2003 年 5 月 19 日上海联通以“畅听更多”应对，用户每月支付 26 元，可免费听移动电话 800 分钟。之后，上海移动推出“越打越便宜”，2003 年 6 月 20 日上海联通又推出“便宜更多”。

两家公司纷纷降价吸引顾客，可以用规模报酬来解析。

运营商在运营初期，投入了大量的资本，构建了庞大的网络，但这时使用的人并不多，因而设备利用率不高，收益也不高。为了使这些设备得到充分的利用，运营商纷纷降价，吸引更多的人入网。这时，随着需求的增加，设备得到更充分的利用，移动业务量会迅速上升，运营商的收益会增加，这一阶段存在着规模报酬递增。但当网络的流量超过一定值，设备已得到充分利用以后，再增加人力的投入，业务量就不会有较大的增长，会出现规模报酬递减现象。

三、柯布-道格拉斯生产函数

柯布-道格拉斯（Cobb-Douglas）生产函数是由美国数学家柯布和经济学家道格拉斯于 20 世纪 30 年代初共同提出来的。柯布-道格拉斯生产函数被认为是一种很有用的生产函数，因为该函数以其简单的形式描述了经济学家所关心的一些性质。它在经济理论的分析和应用中都具有一定的意义。该函数为幂函数形式。其一般形式为

$$Q=AK^{\alpha}L^{\beta}$$

式中，Q 为产量；L 和 K 分别为劳动力和资本投入量；A、α、β 为 3 个需估计的参数，$0<\alpha<1$，$0<\beta<1$。此生产函数具有很多优点和多种用处。

1. 柯布-道格拉斯生产函数的优点

① 此函数的对数形式是一个线性函数。其对数形式为

$$\log Q=\log A+\alpha\log K+\beta\log L$$

设 $\log Q=Q'$，$\log A=A'$，$\log K=K'$，$\log L=L'$，

则可表示为 $Q'=A'+\alpha K'+\beta L'$

这样，就可以使用回归分析对生产函数的参数 A、α 和 β 进行估计。

② 每种投入要素的边际产量，取决于所有投入要素的投入量，这是与实际相符的。例如，劳动力的边际产量 $MP_L=\dfrac{\partial Q}{\partial L}=A\beta K^{\alpha}L^{\beta-1}$。这里，$MP_L$ 的值不仅取决于 L，也取决于 K 的值。假如 K 的值固定，$\alpha<1$，那么 MP_L 的值就会随 L 投入量的增加而递减，这是符合边际报酬递减规律的。

2. 柯布-道格拉斯生产函数的应用

① 对生产函数规模收益类型进行判定。对于柯布-道格拉斯生产函数 $Q=AK^{\alpha}L^{\beta}$，根据 $\alpha+\beta$ 的大小，可以很容易判定这个函数规模收益的类型。当 $\alpha+\beta>1$ 时，表明该函数为规模收益递增；当 $\alpha+\beta=1$ 时，表明该函数为规模收益不变；当 $\alpha+\beta<1$ 时，表明该函数为规模

收益递减。

柯布和道格拉斯两人对美国1899～1922年期间有关经济资料进行分析，用经验估计方法得出美国这一期间的生产函数为

$$Q=1.01K^{0.25}L^{0.75}$$

式中，Q为国民生产总值；L为劳动力人数；K为资本数。

这个函数表明，在这一期间美国经济的增长属于规模收益不变类型。

② 根据K和L的变化来测算Q的变化。对于柯布-道格拉斯生产函数$Q=AK^{\alpha}L^{\beta}$来说，它的变量K、L的指数α和β正好分别是K和L的产量弹性。也就是说，如果K增加1%，产量将增长α%；如果L增加1%，产量将增长β%。这样，只要把参数α和β估计出来，就能很容易地根据K和L的变化来测算Q的变化。

第五节　生产函数与技术进步

前面对生产函数的分析，都是假设在技术水平不变的前提下，研究投入和产出的关系。而在现实社会中，技术进步日新月异、突飞猛进，已经成为第一生产力。技术进步在经济发展中所起作用的大小，是衡量一个生产单位（一个国家、一个部门或一个企业）发展水平的重要标准。

一、技术和技术进步的概念

技术是知识在生产中的应用。从广义上说，它不仅包括技术本身的发明、创造、模仿和扩散等硬技术知识，也包括组织、管理、经营等方面的软技术知识。技术进步就是技术知识及其在生产中的应用有了进展。

在管理经济学中，技术进步主要表现为用较少的投入能够生产出与以前同样多的产品或同样多的投入能够生产出比以前更多的产品。所以，技术进步导致生产函数的改变。这种改变可用等产量曲线的位移来表示。

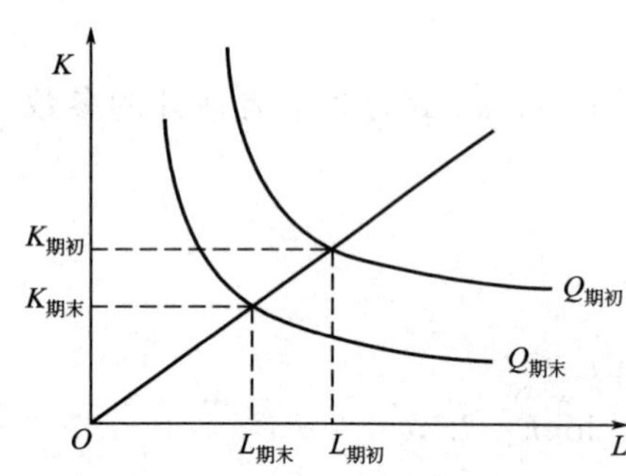

图4-13　技术进步引起生产函数改变

在图4-13中，两条等产量曲线的产量均为Q，一个为期初，一个为期末。期末的等产量曲线表明，用比期初较少的资本（K）和劳动力（L）可以生产出与期初同样的产量，这说明在这期间技术进步了。等产量曲线的位移程度说明技术进步的程度。位移越大，说明技术进步越快。

二、技术进步的类型

技术进步必然要引起投入要素的边际产量的变动，而不同要素边际产量变动的比例不一定相同。在可变投入是资本和劳动力的情况下，根据资本边际产量和劳动力边际产量变动的不同，将技术进步分为劳动节约型技术进步、资本节约型技术进步和中立型技术进步。

劳动节约型技术进步表示，技术进步能够使资本的边际产量比劳动力的边际产量增加更快，因此，人们就会相对多用资本而少用劳动力，从而导致劳动力的节约大于资本的节约。因此，有时又把劳动节约型技术进步称作资本使用型技术进步。

资本节约型技术进步表示，技术进步能够使劳动力的边际产量比资本的边际产量增加更

快。因此，为了提高经济效益，人们就会相对多用劳动力而少用资本，从而导致资本的节约大于劳动力的节约。因此，有时又把资本节约型技术进步称作劳动使用型技术进步。

中立型技术进步表示，技术进步引起的劳动力的边际产量的增长率与资本的边际产量的增长率相等，因而人们节约劳动力和节约资本的比例相等。这种技术进步导致资本量和劳动量都按同一比例减少，从而并不影响资本和劳动力的投入比例。

三、技术进步在经济增长中所起作用的测定

经济增长的方式基本上可以分为两种：一种是主要依靠增加投入；一种是主要依靠技术进步。前者称为粗放型经济增长方式，后者称为集约型经济增长方式。当前，我国的经济建设要求经济增长方式从粗放型向集约型转变。为了衡量一个生产单位（一个国家、一个部门或一个企业）在多大程度上实现了集约型的经济增长方式，需要有一种能够测定技术进步在经济增长中所起作用的方法。

假定某生产单位期初的生产函数为

$$Q=AK^{\alpha}L^{\beta}$$

则
$$MP_K=A\alpha K^{\alpha-1}L^{\beta}，MP_L=A\beta K^{\alpha}L^{\beta-1}$$

假定在这一期间，该单位增加的全部产量为 ΔQ。

$$\Delta Q=MP_K\Delta K+MP_L\Delta L+\Delta Q'$$

式中，$MP_K\Delta K+MP_L\Delta L$ 为因增加投入而引起的产量的增加；$\Delta Q'$ 为因技术进步而引起的产量的增加。

两边均除以 Q，得

$$\frac{\Delta Q}{Q}=\frac{MP_KK}{Q}\times\frac{\Delta K}{K}+\frac{MP_LL}{Q}\times\frac{\Delta L}{L}+\frac{\Delta Q'}{Q}$$

因为
$$\frac{MP_KK}{Q}=\frac{A\alpha K^{\alpha-1}L^{\beta}K}{AK^{\alpha}L^{\beta}}=\alpha$$

$$\frac{MP_LL}{Q}=\frac{A\beta K^{\alpha}L^{\beta-1}L}{AK^{\alpha}L^{\beta}}=\beta$$

所以
$$\frac{\Delta Q}{Q}=\alpha\frac{\Delta K}{K}+\beta\frac{\Delta L}{L}+\frac{\Delta Q'}{Q}$$

式中，$\Delta Q/Q$ 为全部产量增长率，记为 G_Q；$\Delta K/K$ 为资本增长率，记为 G_K；$\Delta L/L$ 为劳动力增长率，记为 G_L；$\Delta Q'/Q$ 为因技术进步引起的产量增长率，记为 G_A。

则又可写为

$$G_Q=\alpha G_K+\beta G_L+G_A$$

或
$$G_A=G_Q-(\alpha G_K+\beta G_L)$$

【例 4-6】 假定某企业期初的生产函数为 $Q=5K^{0.4}L^{0.6}$。后来，该企业资本投入增加了10%，劳动力投入增加了15%，到期末总产量增加了20%。问：

① 在此期间该企业因技术进步引起的产量增长率是多少？

② 在此期间，技术进步在全部产量增长中所起的作用是多大？

解：① 因技术进步引起的产量增长率为

$$20\%-0.4\times10\%-0.6\times15\%=7\%$$

即在全部产量增长率20%中，因技术进步引起的产量增长率为7%。

② 技术进步在全部产量增长中所起的作用为

$$\frac{7\%}{20\%}\times 100\%=35\%$$

即在全部产量增长中，有35%是由技术进步引起的。

本章小结

生产函数是生产中投入和产出之间关系的数学表达式。它说明了各种投入要素的一定组合，最大可能生产多少产量。单变量生产函数主要研究其最佳投入量的确定，多变量生产函数主要研究它们之间的最优组合及规模效益问题。

总产量、平均产量和边际产量之间存在着一定的联系，运用边际值判别总值和平均值的变化趋势是管理经济学的重要特点。“三值一体”有利于提高管理决策思维框架的水平。

边际报酬递减规律可表述如下：如果技术不变，增加生产要素中某个要素的投入量而其他投入要素的投入量不变，增加的投入量起初会使边际产量增加，增加到一定点之后，再增加投入量就会使边际产量递减。这个规律提示我们物极必反，管理决策中必须注意对科学组合的研究。

根据可变投入要素投入数量的多少，可把生产划分为3个阶段。在这3个阶段，管理决策的重点不同。单一可变要素的最优投入量只能在第二阶段中进行选择。选优的标准是：当$MRP=ME$时，可变投入要素的投入量为最优。

等产量曲线是指这样一种曲线，即在这条曲线上的各点，代表投入要素的各种组合比例，其中每一种组合比例所能生产的产量都是相等的。等产量曲线可分为3种类型，其中经常遇到的一类等产量曲线的形状总是向原点凸出的。投入要素x的边际技术替代率是指一个单位的x能够替代另一种投入要素y多少单位，它的值与它们所对应的投入要素边际产量之比成反比。等成本曲线是指这样一条曲线，即在这条曲线上的各点代表投入要素x和y的各种组合，它们的总成本都是相等的。等产量曲线与等成本曲线的切点代表两种投入要素的最优组合，其条件是$MP_x/P_x=MP_y/P_y$，这一最优组合的条件也可以推广用于寻找两种以上多种投入要素的最优组合。其数学表达式为

$$\frac{MP_{X_1}}{P_{X_1}}=\frac{MP_{X_2}}{P_{X_2}}=\cdots=\frac{MP_{X_n}}{P_{X_n}}$$

投入要素的价格变动会影响它的最优组合比例，即人们会更多地使用降了价的投入要素，少使用涨了价的投入要素。随着生产规模的扩大，投入要素的最优组合比例也会发生变化，其变化的轨迹称为生产扩大路线。

规模收益所要探讨的问题是，如果所有投入要素的投入量都按同样的比例增加，这种增加会对产量有什么影响。根据这种影响的不同，可把规模收益分为3种类型：规模收益递增、规模收益不变和规模收益递减。对生产函数规模收益类型的判定，有助于确定企业的最优规模。

最常用的生产函数形式为柯布-道格拉斯生产函数。它的形式为：$Q=AK^{\alpha}L^{\beta}$，这种生产函数有许多优点，可利用回归分析方法求解。

技术是指知识在生产中的应用。技术进步的速度可以用一定时期内等产量曲线位移的大小来说明。

重要名词术语

生产函数	短期生产函数	长期生产函数
不变投入要素	可变投入要素	总产量
平均产量	边际产量	边际报酬递减规律
生产三阶段	等产量曲线	等成本曲线
边际技术替代率	边际技术替代率递减规律	规模收益递增
规模收益递减	规模收益不变	劳动节约型技术进步
资本节约型技术进步	中立型技术进步	柯布-道格拉斯生产函数

复习思考题

1. 对生产函数的理解应当注意哪些问题？
2. 总产量、平均产量和边际产量之间的关系有何特点？
3. 举例说明边际收益递减规律对企业管理决策的影响？
4. 边际收益递减规律和规模收益递增原理是否矛盾？为什么？
5. 生产三阶段原理对提高管理的有效性有什么启示？
6. 什么是单一可变投入要素的最优利用问题？怎样确定单一可变投入要素的最优投入量？
7. 什么是多种投入要素的最优组合问题？怎样确定多种投入要素的最优组合比例？

作　业　题

1. 请填满下面的表格。假设公司处于短期情况，L 是唯一的可变要素。

L	TP_L	AP_L	MP_L	L	TP_L	AP_L	MP_L
0	0	—	—	4	340		
2		80		6			70

2. 已知生产函数为 $Q=f(K,L)=KL-0.5L^2-0.32K^2$，$Q$ 表示产量，K 表示资本，L 表示劳动力。$K=10$。

① 求劳动的平均产量 AP_L 函数和边际产量 MP_L 函数。

② 求总产量达到最大时的使用劳动数和总产量。

3. 某出租汽车公司有小轿车 20 辆、大轿车 3 辆。当司机人数分别为 15 人、20 人、25 人、30 人、35 人时，每月营业收入分别为 110000 元、117500 元、122500 元、125000 元、126000 元。如果司机每月平均工资为 400 元，因增加一名司机而引起的其他支出（如燃料费等）为 100 元。试问：该公司应聘用多少司机，才能使公司利润最大？

4. 假定某企业的生产函数为：$Q=10K^{0.5}L^{0.5}$，其中：劳动力（L）的价格为 50 元，资本（K）的价格为 80 元。

① 如果企业希望生产 400 个单位的产品，则投入 L 和 K 各多少，才能使成本最低？此时成本是多少？

② 如果企业打算在劳动力和资本上总共投入 6000 元，它在 L 和 K 上各投入多少，才能使产量最大？最大产量是多少？

5. 请指出以下各生产函数表明了规模收益递增、递减还是不变？

① $Q=100000+500L+100K$

② $Q=0.01K^{1/2}L^{1/2}$

③ $Q=15K+0.5KL+30L$

④ $Q=AK^{1-\alpha}L^{2\alpha}$，$\alpha>0$

6. 假定某国在1960～1980年期间，国民生产总值每年增长6%，资本（生产基金）每年增加9%，劳动力每年增加3%。又据测算，在该国，资本的产量弹性（α）为0.2，劳动力的产量弹性（β）为0.8。试问：在此期间，技术进步使国民生产总值增长了多少？它在国民生产总值的增长中起多大的作用？

第五章　成本利润分析

学习目标

1. 理解管理经济学中几个重要成本概念以及它们之间的区别与联系。
2. 掌握短期成本函数及短期成本曲线，理解短期成本曲线与短期产量曲线的关系。
3. 掌握长期成本函数及长期成本曲线，理解长期成本与短期成本的关系。
4. 了解规模经济和规模不经济的情况。
5. 熟悉贡献分析法的应用。
6. 熟悉盈亏分界点分析法的应用。

任何企业的生产都是在一定成本水平上进行的，成本水平的高低，对企业的利润有直接的影响，成本是管理决策的重要经济指标之一。本章将首先介绍管理决策中几个重要的成本概念，进而研究企业的成本函数，最后学习进行成本利润分析的科学方法。

第一节　管理决策中几个重要的成本概念

成本是企业为获得所需要的各项资源而付出的代价，但它的具体内涵的确定取决于是出于会计目的还是决策目的。本节从决策的需要出发，探讨必须弄清的几个基本的成本概念。

由于管理经济学主要研究企业管理决策问题，所以管理经济学对成本的认定标准，主要看成本是否与管理决策有关。凡是与决策有关的成本称为相关成本，反之称为非相关成本。从不同的角度出发，成本有着不同的含义。在管理经济学中主要涉及的成本有以下几组。

一、相关成本与非相关成本

凡是与决策有关的成本称为相关成本，反之称为非相关成本。例如，一台机器从账面上看折旧已经提完，其残值为零。但实际上这台机器还能使用，如果出售还可以卖 100 元。在决策时应该选用什么价格？显然，应当按照 100 元计算，而不是按零元计算，所以 100 元是这台机器的相关成本，零元是这台机器的非相关成本。在管理决策中，正确区分相关成本和非相关成本是十分重要的，因为在决策中，如果误把非相关成本当成相关成本作为决策的依据，就会导致错误的决策。

二、会计成本与机会成本

关于会计成本和机会成本的概念，在第一章已经做了介绍，这里不再重复。由于在管理决策中我们使用的是机会成本，而不是会计成本、历史成本，所以前者属于相关成本，后者属于非相关成本。会计成本虽不直接用于决策，但它是确定机会成本的基础。决策用的机会成本往往是通过会计数据的调整来求得，所以，会计数据的准确性也很重要。

三、增量成本与沉没成本

增量成本和沉没成本也是管理经济学的重要概念。

增量成本是因做出某一特定决策而引起的全部成本的变化。它是企业进行短期决策时最重要的成本概念。如果决策前的成本是 C_1，决策后的成本是 C_2，那么增量成本 ΔC 就等于 C_2-C_1。这里强调的是“因做出某一特定决策而引起的”成本变化。

与此相对应，如果有的成本不因决策而变化（如决策前已经支出的成本或已经承诺支出的成本，决策对它没有影响，即与决策无关的成本），那么，这种成本就是沉没成本。

在管理决策中，增量成本属于相关成本，是在决策时必须考虑的；沉没成本属于非相关成本，是在决策时不予考虑的。

运用增量成本进行决策的方法是：把增量成本与增量收入相比较（这里，增量收入是指因做出某一特定决策而引起的全部收入的变化），如果增量收入大于与增量成本，说明这一方案会导致总利润的增加，因而是可以接受的。否则，就是不可以接受的。

下面举例说明增量成本和沉没成本的应用。

【例 5-1】 某安装工程公司投标承包一条生产线，其工程预算如表 5-1 所示。安装工程公司报价为 1200000 元，可是投标后，发包方坚持只愿出 600000 元，而该安装公司目前能力有富余。它应不应该接受承包这项工程？

表 5-1 某安装工程公司工程预算 单位：元

项目	金额
投标准备费用	200000
固定成本(不中标也要支出的费用,如折旧、管理人员工资等)	200000
可变成本(中标后为了完成合同需要增加的支出,如材料费、工人工资等)	500000
总成本	900000
利润(33%)	300000
报价	1200000

解：投标准备费用（200000 元）和固定成本（200000 元）都是在投标前已经支出了的，承不承包这项工程，都已无法收回，所以它们是沉没成本，与决策无关，在决策中不应考虑。承包这项工程的增量收入为 600000 元，增量成本为 500000 元（可变成本）。增量收入大于增量成本，可以带来增量利润 100000 元（600000－500000），所以可以接受这项承包工程。

【例 5-2】 某企业原生产产品 A1000 件，单位可变成本 1 元，总固定成本为 500 元（单位固定成本为 0.5 元），单位全部成本为 1.5 元，单位价格为 2 元。现有人只愿以 1.3 元价格订购 400 件，如企业生产能力有富余，该企业是否应接受这笔订货？

解：500 元固定成本是沉没成本，因为它不受企业接受订货后产量增加的影响。增量成本为 400 元（1×400），增量收入为 520 元（1.3×400），增量收入大于增量成本 120 元（520－400），即可以使企业增加利润 120 元。因此，可以接受这笔订货，尽管 1.3 元的价格低于产品全部成本 1.5 元。

四、显性成本与隐性成本

显性成本是指企业在生产要素市场上购买或租用所需要的生产要素的实际支出。它是记在账面上的、看得见的实际支出，是偿付资金的实际现金流出量，主要是指企业向供给其产品或劳务的对方支付现金的那些成本，如支付的原材料费用、工资费用等。显性成本是企业必须按照合同或某种契约进行支付的，大多数人提到成本时所指的都是显性成本。会计成本就是显性成本。

例如，某企业雇用了一定数量的工人，从银行取得了一定数量的贷款并租用了一定数量的土地。为此，这个企业就需要向工人支付工资，向银行支付利息，向土地出租者支付地租，这些支出便构成了该企业的显性成本。

与显性成本相对的是隐性成本，在进行经营决策时应予考虑。它往往是指企业自有的资源，实际上已经投入，但在形式上没有按合同支付报酬的义务。例如，企业使用自己所拥有的专利进行生产，那么该项专利也应该列入隐性成本之列。可以设想，如果企业不是用自己所拥有的专利进行生产，而是购买别人的专利进行生产，那么它所支出的是一笔实实在在的成本。这种以自己拥有的资源投入，从表面上看没有列入账户，不是显性成本，但它是隐性成本，相当于自有资源的机会成本，应该被看作是实际生产成本的一部分，在进行经营决策时必须加以考虑。

以上几种成本之间有以下关系。

机会成本＝显性成本＋隐性成本
＝会计成本＋隐性成本

案例 5-1

隐性成本与家庭决策

我们说过，使用自有要素的机会成本等于将其出租或者卖掉再投资获取的最佳报酬。生产者决定资源的使用量基于资源的机会成本，而不考虑它是显性或隐性的问题，不应该将机会成本特别是隐性成本看作只与生产决策有关。各种决策人，包括家庭决策人，也要考虑隐性成本或显性成本，以便从有限要素中获取最大收益。

设想户主预先支付了房产抵押。假设他中了奖券，决定将 100000 元用于支付房产抵押。付抵押贷款后，户主不再需要按月支付抵押金（一项显性成本）。忽略维修成本和市场价值的变化，拥有这房子的成本现在为零吗？当然不为零。通过使用他或她的金融要素支付抵押金，户主必须放弃将 100000 元投资于其他方面的收益。假设户主将其存入银行可以获利 7.5%，交清抵押金的隐性成本（机会成本）就是每年 7500 元。如果投资的利息高于抵押利息，聪明的中奖者是不会付清抵押金的，他会在不增加风险的前提下将其存入银行。反之，亦然。

另一个说明隐性成本影响家庭决策的例子是，一个来自佛罗里达州的 11 岁男孩儿杰米·莱士布鲁克在一场比赛中得到了 2 张免费去 Super Bowl XXV 的票，杰米很快就发现这 2 张“免费”票实际是有机会成本的。得奖后的一天内他的父亲已经收到了一打以上的愿为每张票支付 1200 美元的请求。这孩子几乎无成本地得到票，而使用票则引入了隐性成本——如果杰米卖掉它们的话就会有收益。虽然我们不知道最后结果如何，但是这个 11 岁的小孩就知道使用要素时不能忽视隐性成本。

五、个体成本与社会成本

个体成本是从生产者角度所考虑的成本。一般人对于个体成本的概念，都受囿于会计成本，即生产者按市场价格支付的一切费用。其实它还应当包括生产者的自有要素的投入成本，即还应包含隐性成本，隐性成本也是从生产者角度所考虑的成本。

社会成本从全社会的角度来考虑的成本，它不仅包括生产者为生产经营活动所必须投入的成本，还应包括整个社会为此付出的代价，这种代价称为社会的外在成本，当然也包括全社会从中所获得的利益。

因此，站在全社会的角度看，若 C_P 为个体成本，C_X 是社会外在成本，B_X 是社会外在利益，那么社会成本 C_S 为

$$C_S = C_P + C_X - B_X$$

最典型的社会成本是对环境污染的治理费用。例如，一个企业在生产经营过程中，对环

境造成了污染。也许，企业已支付了一部分排污费，但往往还不够，社会必须为此支付一笔费用来治理这些污染，以维护广大群众的健康。但有些生产经营过程，也可能给社会带来某些利益。例如，集成电路的发展，除了本行业得益以外，还使家用电器、通讯器材业从中得益，这就是社会外在利益。

做决策时，尤其是重大决策时，要考虑社会成本。

六、边际成本与总成本

关于边际成本与总成本的关系，第一章已做了介绍，这里不再过多重复。

企业生产产品的总成本是随产量的变化而变化的。边际成本是指在一定产量水平上，产量增加一个单位给总成本带来多大的变化。

七、变动成本和固定成本

在管理决策中，常把成本分为变动成本和固定成本。

变动成本是企业在可变投入要素上的支出，是随产量变化而变化的成本，如一线工人的工资、产品原材料的费用等。

固定成本是指企业在固定投入要素上的支出，是不受产量变化影响的成本，如机器设备和厂房的费用、折旧费、借款利息、管理人员的工资等。

把成本划分为固定成本和可变成本，是为了便于分析产量变化和成本变化之间的关系，便于确定相关成本，以进行决策分析。

第二节 成本函数

成本函数是在生产函数的基础上建立起来的，反映产品的成本与产量之间的变化关系。用数学式表示为

$$C=f(Q)$$

式中，C 为成本；Q 为产量。

一、成本函数与生产函数

企业产品的成本函数取决于产品的生产函数与投入要素的价格。投入要素的价格只决定成本水平，不决定成本变化规律。因此，为了研究问题方便，一般假设价格不随产量变化而变化。成本函数曲线的形状是由生产函数曲线的形状决定的。因为成本函数与生产函数反映的是同一生产过程发生的相关经济数量关系。

假如在整个时期投入要素的价格不变，而生产函数属于规模收益不变，即产量的变化与投入量的变化成正比关系，那么，它的成本函数，即总成本和产量之间的关系也是正比关系。见图 5-1。

如果投入要素价格不变，而生产函数属于规模收益递增，即产量的增加速度随投入量的增加而递增，那么，它的成本函数是：总成本的增加速度随投入量的增加而递减。见图 5-2。

如果投入要素价格不变，而生产函数属于规模收益递减，即产量的增加速度随投入量的增加而递减，那么，它的成本函数是：总成本的增加速度随投入量的增加而递增。见图 5-3。

由此可见，成本函数源于生产函数，只要知道某种产品的生产函数以及投入要素的价格，就可以得出成本函数来。

二、成本函数的分类

在决策过程中，成本函数分为两种：短期成本函数和长期成本函数。在这里，短期和长期并不是以日历时间的绝对长度来划分的。

所谓短期，是指这个期间很短，以至于在各种投入要素中，至少有一种或若干种投入要

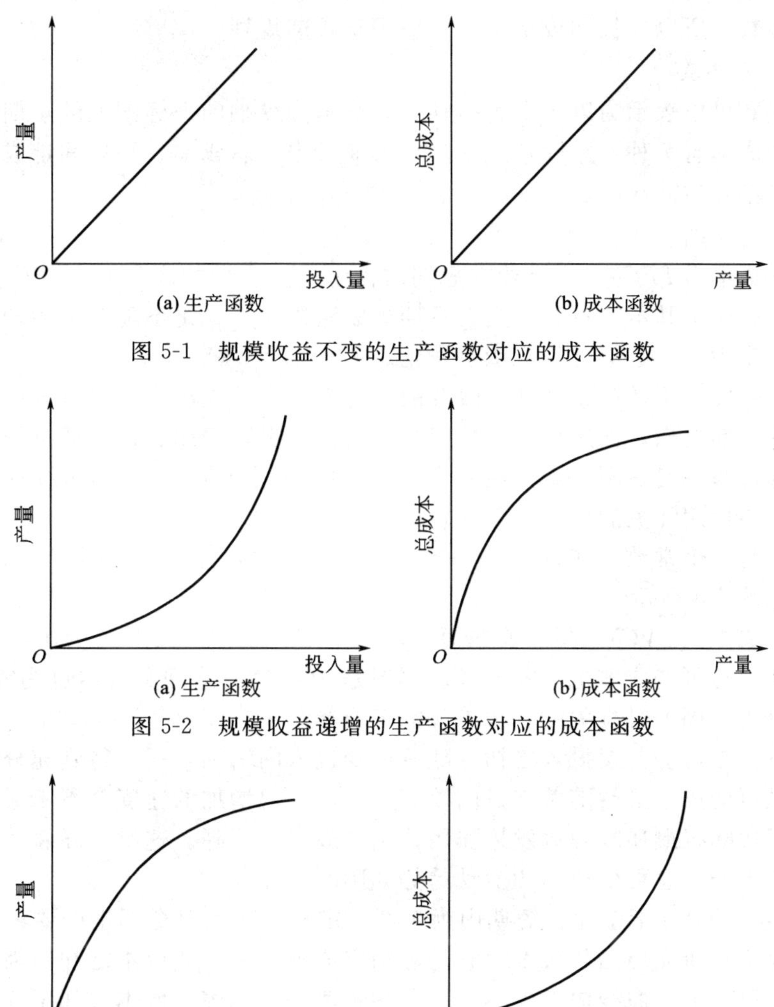

图 5-1 规模收益不变的生产函数对应的成本函数

图 5-2 规模收益递增的生产函数对应的成本函数

图 5-3 规模收益递减的生产函数对应的成本函数

素的数量固定不变。这样形成的产量和成本之间的关系，称为短期成本函数。例如，对一家已经建成的钢铁厂来说，在短期内，无论产量如何变化，厂房和设备都不大可能变化，可变的只是劳动力和原材料的数量。在这种条件下形成的产量和成本之间的关系就是短期成本函数，它的图形就是短期成本曲线。

所谓长期，是指这个期间很长，以至于所有要素的投入数量都是可变的。例如，一家已经建成的钢铁厂，打算规划 30 年后的企业产量和成本。在这 30 年内，企业可以通过技术改造和扩建，使各种投入要素的投入量都发生所需要的变化。又如，计划新建一座钢铁厂，这个厂用什么样的设备、建多大的规模，在设计时也都是可以选择的。在各种要素投入量都是可变的情况下，企业有可能在各种产量水平上选择最优的投入组合，在这样条件下形成的产量和成本之间的关系，就是长期成本函数，它的图形就是长期成本曲线。

在短期成本中，因为有一部分投入要素固定不变，所以，它除了包括变动成本外还包括固定成本。在长期成本中，因为所有投入要素都是可变的，因而没有固定成本，都是变动成本。短期成本函数通常用来反映现有企业中产量与成本的关系，所以，它主要用于日常经营决策。长期成本函数，是指从长期看，企业在有可能调整它的各种资产、寻求最优要素组合条件下的成本函数。所以，长期成本函数一般用于长期规划。

三、短期成本函数

短期成本函数可以表示为以产量为横轴，以成本为纵轴的坐标图上的短期成本曲线。

企业的短期成本有 7 种：总固定成本、总可变成本、总成本、平均固定成本、平均可变成本、平均总成本和边际成本。

1. 总成本

(1) 总固定成本（TFC） 指企业在短期内为生产一定量的产品对不变生产要素所支付的总成本。它具有两个基本特点：一是在短期内无法避免；二是不随产量的增减而改变，即使暂时停产，产量为零，这部分投入依然发生。

总固定成本主要是不随产量增减而改变的经常性费用的支出。它可以分成两大类。一类是与产量无关的当期支出，如厂房设备的租金、资产的保险费用、债券或抵押品的利息、管理人员的工资等。另一类是不一定当期支出，但最终必须支付，因而需要加以分摊的成本，如与时间有关而与使用无关的厂房设备的折旧等。

总固定成本是一个常数。在以 Q 为横轴，C 为纵轴的坐标中，总固定成本 TFC 曲线是一条水平线，如图 5-4 所示。

(2) 总可变成本（TVC） 指企业在短期内为生产一定的产品对可变生产要素支付的总成本。产量增加，总可变成本也不断增加。当产量为零时，总可变成本也为零。如原材料、生产用燃料、电力、同产量有关的一线工人的工资等。

通常情况下，在可变要素投入之初，随着可变投入的增加，投入得到充分利用，生产效率不断提高。总可变成本虽然随着产量的提高而增加，但增加的速度会不断减慢，到一定的程度以后，由于边际报酬递减规律发挥作用，生产效率会下降。这时，随着产量的提高，总可变成本会急剧上升。总可变成本的变动趋势如图 5-4 所示。

(3) 总成本（TC） 指企业在短期内为生产一定量的产品对全部生产要素（不变生产要素和可变生产要素）所支出的总成本。它是总固定成本与总可变成本之和。因此，总成本曲线就相当于将总可变成本曲线向上平移，平移的距离等于总固定成本，如图 5-4 所示。

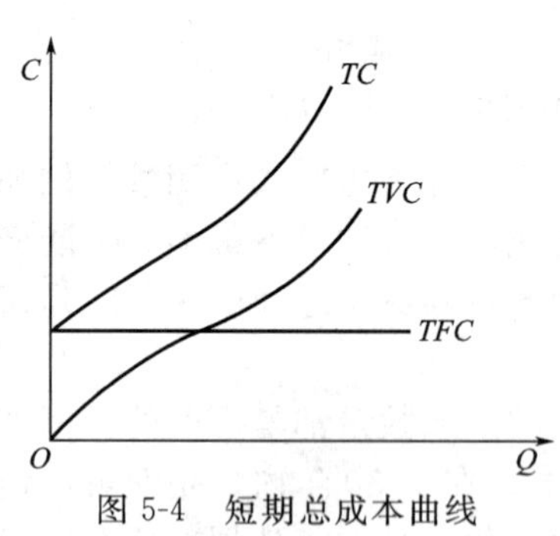

图 5-4 短期总成本曲线

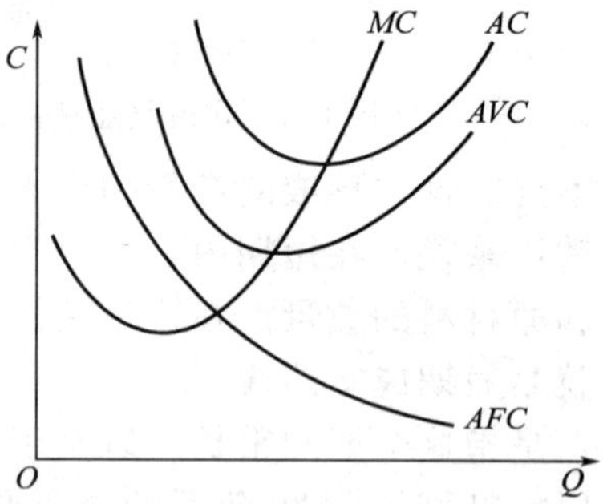

图 5-5 平均成本曲线和边际成本曲线

2. 平均成本和边际成本

(1) 平均固定成本（AFC） 等于总固定成本除以产量，是企业在短期内平均每生产一单位产品所消耗的固定成本。其函数形式为

$$AFC(Q)=\frac{TFC}{Q}$$

平均固定成本曲线由左上方向右下方伸展，渐渐与横轴接近，是一条以横轴为渐进线的曲线，表明随着产量的增加，平均固定成本越来越小，如图 5-5 所示。

（2）平均可变成本（*AVC*） 等于总可变成本除以产量，是企业在短期内平均每生产一单位产品所消耗的可变成本。其函数形式为

$$AVC(Q)=\frac{TVC(Q)}{Q}$$

起初平均可变成本随着产量的增加投入要素的效率逐渐得到发挥而不断减少。但产量增加到一定程度后，由于边际报酬递减规律在显著地起作用，平均可变成本会随产量的增加而增加。因此，平均可变成本曲线呈 U 形，如图 5-5 所示。

（3）平均总成本（*AC*） 或称平均成本，等于总成本除以产量，是企业在短期内平均每生产一单位产品所消耗的全部成本。它等于平均固定成本和平均可变成本之和。其函数形式为

$$AC(Q)=\frac{TC(Q)}{Q}=AFC(Q)+AVC(Q)$$

平均成本曲线由平均固定成本曲线和平均变动成本曲线叠加得出，因此，平均总成本曲线呈 U 形。随着产量的增加，平均固定成本向零接近，平均总成本曲线和平均可变成本曲线也趋于接近。如图 5-5 所示。

（4）边际成本（*MC*） 指企业在短期内每增加一单位产量时所增加的总成本。其函数形式为

$$MC(Q)=\frac{\Delta TC(Q)}{\Delta Q}$$

或者

$$MC(Q)=\lim_{\Delta Q\to 0}\frac{\Delta TC(Q)}{\Delta Q}=\frac{\mathrm{d}TC}{\mathrm{d}Q}$$

可见，边际成本 *MC* 就是相应的总成本曲线 TC 的切线的斜率。由于总成本曲线的斜率是由大变小，又由小变大，所以边际成本曲线呈 U 形，而且它还通过平均可变成本曲线和平均成本曲线的最低点，如图 5-5 所示。

（5）边际成本与平均可变成本、平均总成本之间的关系 当增加单位产品时，边际成本若低于当时的平均可变成本，这单位产品生产后会使平均成本降低；当增加单位产品的边际成本高于当时的平均可变成本，这单位产品生产后，平均可变成本就会提高。因此，*MC* 与 *AVC* 的关系为：$MC<AVC$，*AVC* 处于下降阶段；$MC>AVC$，*AVC* 处于上升阶段；$MC=AVC$，*AVC* 为最小（*MC* 曲线与 *AVC* 曲线交于 *AVC* 曲线的最低点）。

同理可得 *MC* 与 *AC* 的关系为：$MC<AC$，*AC* 处于下降阶段；$MC>AC$，*AC* 处于上升阶段；$MC=AC$，*AC* 为最小（*MC* 曲线与 *AC* 曲线交于 *AC* 曲线的最低点）。

【例 5-3】 $TC=200+5Q-0.4Q^2+0.001Q^3$，$MC=5-0.8Q+0.003Q^2$。要求：

① 确定固定成本和 *AVC* 函数；② 找出平均可变成本最低点；③ 如果 *TFC* 上升 500 元，最低平均可变成本怎样？

解：① 由于 $TC=TFC+TVC$，而 *TFC* 不随产量变化而变化，当 $Q=0$ 时，$TVC=0$，此时，$TC=TFC=200$。

$$TVC(Q)=5Q-0.4Q^2+0.001Q^3$$

而 $AVC(Q)=\frac{TVC\ (Q)}{Q}=5-0.4Q+0.001Q^2$

② 当 $\frac{\mathrm{d}AVC}{\mathrm{d}Q}=0$ 时，*AVC* 最小。由①得到

$$\frac{dAVC}{dQ}=-0.4+0.002Q=0$$

则 $$Q=200$$

所以，当 $Q=200$ 时，平均可变成本最小。

③ 尽管 TFC 上升 500 元，但因为 AVC 不变，所以最低平均可变成本不变。

四、长期成本函数

长期成本函数可以表示为以产量为横轴，以成本为纵轴的坐标图上的长期成本曲线。从长期看，企业各种投入要素都是可变的。因此，在长期中，企业所有的成本都是可变的，没有固定成本和可变成本之分。企业的长期成本可分为长期总成本、长期平均成本、长期边际成本。许多经营决策都会涉及长期成本分析。

1. 长期总成本（LTC）

长期总成本曲线说明，如果企业能够选择最优企业规模（即可以自由选定自己所需的投入要素组合比例），在各个产量水平上，可能的最低的总成本是多少。长期总成本曲线可以根据生产扩大路线得到。见图 5-6(a)。

随着生产规模的扩大，企业可以选定不同的最优规模。生产扩大路线上的每一个均衡点都表示企业通过选择最优生产要素组合所实现的生产每一个既定产量时的最小总成本。

在所有可能的产量水平上，可以由生产扩大路线得到每一产量水平上的最小成本，将所有这些产量与相应的最小成本的组合描绘出来，便可得到长期总成本曲线。图 5-6(a) 说明，如果随着生产规模的扩大，企业可以选定不同的最优规模，那么，产量为 Q_1、Q_2、Q_3、Q_4 时，可能的最低总成本将分别为 C_1、C_2、C_3、C_4。据此，可以画出长期总成本曲线，见图 5-6(b)。

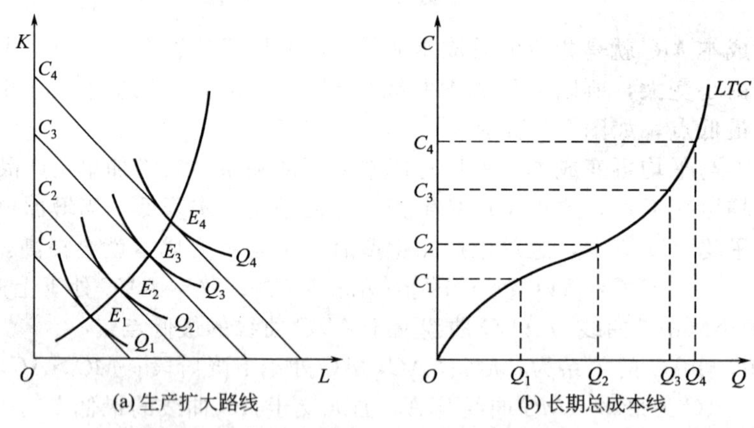

图 5-6 长期总成本曲线与生产扩大路线的关系

2. 长期平均成本（LAC）

长期平均成本等于长期总成本除以产量。长期平均成本函数可以表示为

$$LAC(Q)=\frac{LTC(Q)}{Q}$$

长期平均成本曲线一般呈 U 形，是由规模收益递增——不变——递减的规律决定的。在规模收益递增阶段，平均成本呈下降趋势，这时生产具有规模经济性。在规模收益不变阶段，平均成本曲线呈水平状，这时企业大体达到最优规模。在规模收益递减阶段，平均成本呈上升趋势，这时生产具有规模不经济性。

长期平均成本曲线（LAC）可视为许多短期平均成本曲线（SAC）的外包线。其形状与短期平均成本曲线也相似，也呈U形，但较平坦。见图5-7。

图5-7表明，如果企业估计它的产量（消费者的需求）为Q_1，它就会选择SAC_1所代表的企业规模，因为任何其他规模都会导致较高的生产成本。如果企业的需求量增加到Q_2，这时虽然SAC_1也能生产这个产量，但其成本要高于SAC_2所代表的规模，因此从长期看，企业会选择SAC_2。同理，如果消费者的需求再增加到Q_3，企业就会选择SAC_3所代表的规模。在所有企业规模中，能使平均成本最低的是与长期平均成本曲线最低点相切的短期成本曲线所代表的规模，这一规模称为最优规模。在图5-7中为SAC_4，其产量为Q_4。

要指出的是，LAC曲线并不是与SAC曲线的最低点相切（最优规模的SAC_4曲线除外）。当LAC曲线呈下降趋势时，LAC曲线与SAC曲线相切于SAC的最低点的左侧。因此，当产量小于Q_4时，如产量为Q_2，不应选择SAC_1（尽管SAC_1曲线最低点的产量是Q_2），而应选择规模稍大一点的SAC_2（尽管由SAC_2来生产Q_2，生产能力有点利用不足）。同理，当LAC曲线呈上升趋势时，LAC和SAC曲线相切于SAC曲线最低点的右侧。因此，当产量大于Q_4时，企业规模应选择得稍小一些（尽管由它来生产所需要的产量，生产能力会负荷稍重）。

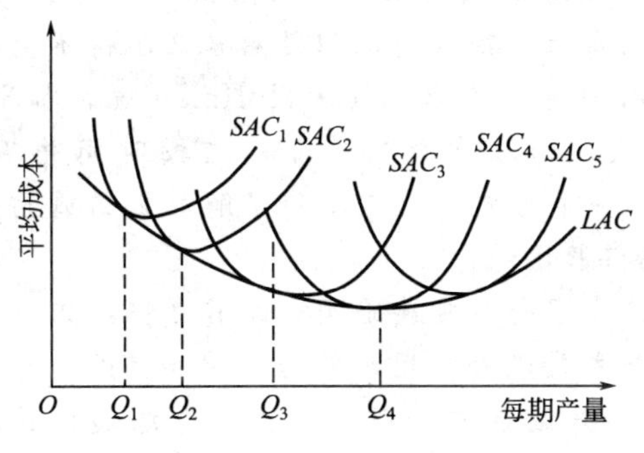

图5-7 长期平均成本曲线与短期平均成本曲线的关系

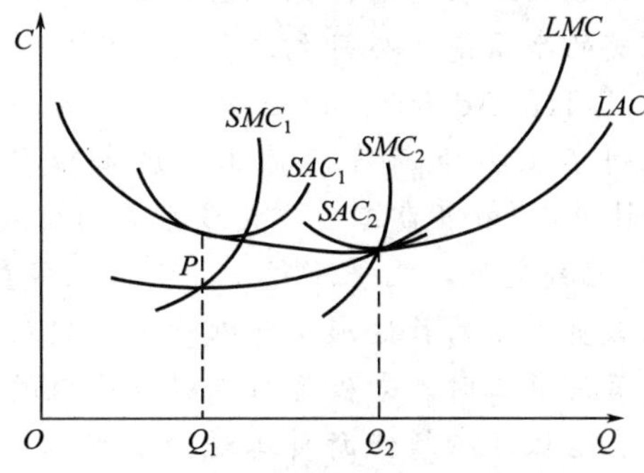

图5-8 长期边际成本曲线与短期边际成本曲线

3. 长期边际成本（LMC）

长期边际成本曲线表示，假如企业能够改变所有投入要素的投入量，在每一个产量上，再增加一个单位产量，会使总成本增加多少。$LMC=\Delta LTC/\Delta Q$。根据边际值和平均值之间的关系，LMC曲线在LAC下降时，位于LAC曲线的下面；在LAC上升时，位于LAC曲线的上面；LMC曲线通过LAC曲线的最低点。见图5-8。

图5-8还显示，长期边际成本曲线呈U形，它不是短期边际成本曲线的包络线。长期边际成本曲线与长期平均成本曲线相交于长期平均成本曲线的最低点。在最低点，$LMC=SMC_2=SAC_2=LAC$。

案例5-2

裁员的短期成本和长期成本

通常，当财务状况艰难时，企业会采用裁员这样一个简便的方法以期改善财务状况。砍掉一些管理费用以图回报，对吗？不一定。根据一家人力资源顾问公司的创立人Bill Bliss的看法，裁员通常并不能有所回报，他说："裁员实际上最终将付出更大的代价。"

一个公司该如何评估裁员所涉及的所有短期和长期成本，从而确保其是一项正确的措施呢？从短期来看，公司将发生遣散费和福利费用，其他间接和直接的费用也随之出现，这些成本将使得解雇变得不那么吸引人了。而从长远看，一旦公司业务再次转暖，较之企业主将要花在重新招募员工上的费用，所节省的成本就太微不足道了。

"执行解雇的公司发现，要想降低成本，在短期内会付出一定的代价。"Center for Workforce Effectiveness 的合伙创始人 N. Fredric Crandall 这样说。除了遣散费和福利费，还要付应计的休假和新职介绍费。

根据 Bliss 的看法，还有其他短期成本需要考虑。他说："辞退员工需要花费时间。"经理们不得不花费时间坐下来，委婉地把坏消息告诉给员工、整理书面工作、重新安排工作给留下的员工并培训他们如何完成新分配的工作，而且还要处理其他与解雇直接有关的员工问题。所有这些既费时，又费钱。

裁员对幸运留下的员工的影响不是很明显，但仍有很重要的短期财务影响。"士气直接影响生产率" Bliss 说。他估计，每个被解雇员工每周将花费公司该空缺职位薪酬和福利的50%，即便有人在行使这些职责。如果该职位完全空缺的话，这个比例会上升到 100%。其他间接的成本包括损失知识、技能、联络人以及顾客。这些都很难量化，但是在决定解雇员工的短期成本方面却是真实的因素。

长期成本从长远看，一个企业最初节省的成本可被随之发生的费用所抵消。"我所见到的最可笑的事情是，公司也许在短期内使得平衡表看上去很漂亮，但是后来又不得不重新雇用员工。"HR Advice. com 公司的负责人、高级人力资源专家 Bob • Hoffman 说。本质上，只有公司不需要重新雇用员工，成本节约才真实。而在多数情况下，这段时间并不长。Crandall 说："解雇员工后，大多数公司发现，在 18 个月内他们又回到了解雇员工前的用工水平。"他补充说，几乎没有公司可以从裁员上获得长远的利益。

从裁员产生的长远影响可以看出，它对公司产生了一些重要费用，尤其是当组织决定需要重新雇用员工时。老板将为吸引有价值的人才而支付额外费用，包括招聘和筛选应聘人员的成本。老板还必须使新员工适应新的工作环境，并且在这些新员工变得老练起来的过程中，还得让主管人员提供其他指导和支持。

根据 Crandall 的看法，这就产生了经济-机会成本，即"如果公司保留已解雇员工可获得的生产率与新人在熟悉工作中的生产率之间的差额。该费用可以达到 2 倍或者 3 倍于被解雇人员的年薪，是新人年薪之外的一项额外费用。"他补充道。所以，裁员真的值得一试吗？乍一看，裁员似乎是个简便的解决办法，但是从长期看，其实不是一个合算的战略性决议。

五、规模经济与规模不经济

1. 规模经济与规模不经济

由于长期中所有要素都是可变的，所以企业会对所有的投入要素做出调整。当企业改变所有的生产要素时，生产规模就会发生改变。它与短期中只改变某种或几种生产要素是不同的。生产规模的改变会带动生产效率的改变，使生产表现出规模经济和规模不经济。

规模经济是指随着产量增加，长期平均成本减少，表现为平均成本曲线的下降趋势曲线段。这时，生产具有规模经济性，也就是此时扩大生产规模能使产品的单位成本下降。规模不经济是指随着产量增加，长期平均成本增加，表现为平均成本曲线的上升趋势曲线段。这时，生产具有规模不经济性，表示企业规模已经过大。规模经济不变是指随着产量增加，长期平均成本不变，表现为平均成本曲线的水平状曲线段。这时，企业达到最优规模，产品成本为最低。由以上分析可知，规模经济性是选择企业规模时必须考虑的重要因素。长期平均成本与规模经济的关系如图 5-9 所示。

在进行最适宜企业生产规模的选择决策时，不仅要考虑规模经济性，而且还要兼顾需求，即产品的销路问题。例如，建一座钢厂，虽然100万吨的规模可使单位产品成本最低，但如果市场需求只有50万吨，建100万吨的工厂就会使生产能力利用不足，造成很大的浪费。

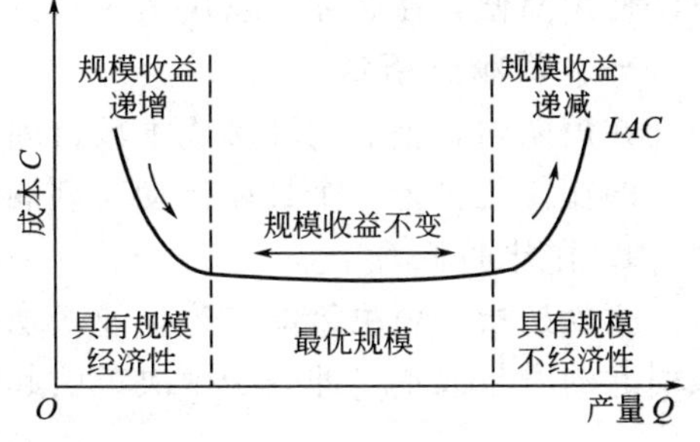

图 5-9 长期平均成本与规模经济的关系

2. 规模经济与规模报酬的关系

规模经济与规模报酬概念有着紧密的联系。规模报酬递增表现为产量增加的速度大于投入要素增加的速度。在要素价格不变的条件下，这会导致 LAC 下降，出现规模经济。反之，规模报酬递减将引起规模不经济。而规模报酬不变时，若要素价格不变，则 LAC 保持不变，既不存在规模经济，也不存在规模不经济。

规模经济与规模报酬递增（规模不经济与规模报酬递减）并不等价。规模经济与规模报酬的区别是：规模报酬要求投入要素同时按相同的比例增加，而规模经济则允许企业在改变产量水平时改变投入要素组合的比例。规模报酬指的是生产函数的一种特性，因此隐含有生产技术水平不变的假设，而规模经济则没有这一假设。

案例 5-3

塑胶大王王永庆的成功之路

20世纪50年代，我国台湾急需发展纺织、水泥、塑胶等工业。当时名不见经传的王永庆像吃了豹子胆似的，竟筹措50万美元，创建了台湾第一家塑胶公司。塑胶原料生产出来了，但是日本同类产品物美价廉，充斥着台湾市场。王永庆的产品严重滞销，仓库爆满，股东们心灰意冷。王永庆几乎陷入绝境。

王永庆对失败有自己独特的见解，他认为失败并不可怕，只要从失败中找出失败的原因，就可能取得成功。

王永庆认为自己的塑胶粉粒PVC卖不出去，是因为自己的产品售价高。售价高又是因为产品成本过高，而成本高是因为企业的产量太少。当时王的企业每月产量只有100吨，是世界上规模最小的，所以成本高。

王永庆敏锐地发现，这实际上是一种恶性循环。产量越低成本越高，竞争力就越低，就越打不开市场。王永庆冒着产品大量积压和破产的风险，以常人所没有的胆识，采取了以毒攻毒的策略，把月产量一下子扩大到1200吨，使用最先进的设备和技术，使产品成本大幅度下降，具备了与世界大企业竞争的实力，以低价格迅速占领了市场，最终使他的公司进入世界化学工业的50强。事实表明，王永庆的决策是正确的。但是，不是说大就是好，合适才好。

第三节 贡献分析法及其应用

在企业决策分析中，成本分析是做出有效决策的基础。在此基础上，才能进行价格和产量等各种决策。企业决策分析中常用的成本利润分析方法是贡献分析法和盈亏分界点分析法。这两种方法都用于对现有企业的经营决策，因而要运用短期成本进行分析。这两种分析方法使用简便，在企业经营决策中得到了广泛的应用。

一、贡献分析法

在短期内，企业的许多成本项目固定不变，从而与增加产品产销量的决策无关。企业所关心的往往是决定一个具体行动对利润的影响，这可以通过贡献分析法来进行分析。

1. 贡献的概念

贡献是指一项决策能够为企业增加的利润。它等于由这项决策引起的增量收入减去由决策引起的增量成本，即等于由决策引起的增量利润。

$$贡献(增量利润)=增量收入-增量成本$$

或者

$$\Delta\pi=\Delta R-\Delta C$$

式中，$\Delta\pi$ 为贡献；ΔR 为增量收入；ΔC 为增量成本。

在产量决策中，常常使用单位产品贡献的概念，即增加一个单位产量能为企业增加的利润。如果产品的价格不变，增加单位产量的增量收入就等于价格，增加单位产量的增量成本就等于可变成本。此时，单位产品贡献就等于价格减去单位可变成本。

$$单位产品贡献=价格-单位可变成本$$

即

$$CM=P-AVC$$

式中，CM 为单位产品贡献；P 为产品的价格；AVC 为单位可变成本。

在短期内，固定成本保持不变，则

$$贡献=销售收入-可变成本$$
$$利润=销售收入-(可变成本+固定成本)$$

由上述两式可得

$$贡献=利润+固定成本$$

因此，贡献等于固定成本加利润，意思是企业得到贡献，首先用来补偿固定成本的支出，剩下的部分就是企业利润。当企业不亏不盈（利润为零）时，贡献与固定成本的值相等。

2. 贡献分析法的基本原则

通过贡献的计算和比较，可以判断一个方案是否可以被接受，这种分析方法称为贡献分析法。贡献分析法实质上是增量分析法在成本利润分析中的应用。

如果贡献大于零（或者 $\Delta R>\Delta C$），说明这一决策能使利润增加，因而是可接受的。反之，则不可接受。

如果有两个以上的方案，它们的贡献都是正值，则贡献大的方案就是较优的方案。

贡献分析法主要用于短期决策。用贡献分析法进行决策分析时，不必考虑固定成本的大小。因为即使企业不生产，固定成本也仍然要支出，属于沉没成本，在决策中不应考虑。在短期决策中，决策的准则应当是贡献（增量利润），而不是利润。

贡献是短期决策的根据，但这并不等于说利润就不重要了，利润是长期决策的根据。

二、贡献分析法的应用

贡献分析法为探讨各种不同的价格、产量决策提供了方便，它在企业短期决策中有着非常广泛的用途。下面介绍企业运用贡献分析法进行决策的几种情况。

1. 自制还是外购

企业经常会面临产品中的某个零部件需要自制还是外购的决策。在这种决策中，通常需要比较零部件的自制和外购的成本来做出选择。

【例 5-4】 宏远公司需要一种零件，过去一直依靠外购，购入单价 500 元，现该厂车间有剩余生产能力。经测算，自制每个零件单位成本如表 5-2 所示。同时，自制还需增加专用机器一台，固定成本为 16000 元。问：

① 若产量为 100 件，采用自制还是外购？

② 在什么产量下采用自制，什么产量采用外购？

解：① 比较两个方案的增量成本，看看哪个方案的增量成本低。

自制的增量成本＝(180＋120＋120)×100＋16000＝58000（元）

外购的增量成本＝500×100＝50000（元）

由于 58000＞50000，所以外购方案较优，应予以选择。

② 两个方案的增量成本公式如下。

外购的增量成本＝500Q

自制的增量成本＝16000＋(180＋120＋120)Q

求增量成本平衡点，即外购增量成本＝自制增量成本

$$500Q=16000+(180+120+120)Q$$

得到

$$Q=200\ （个）$$

因此，当需要量大于 200 个时，采用自制方案；当需要量小于 200 个时，采用外购方案。

2. 是否接受订货

如果企业面临一笔订货，其价格低于单位产品的全部成本，企业是否接受订货？在这种决策中，需要考虑企业有无剩余生产能力、新的订货是否会影响企业的正常销售、定价是否高于产品的单位可变成本等来确定所接受的订货能否增加企业的利润。

表 5-2 自制零件的单位成本 单位：元

项　目	数　据
直接材料	180
直接人工	120
变动制造费用	120
固定制造费用	130
单位成本	550

表 5-3 两个型号计算器的成本、价格比较 单位：元

项　目	X1-9 型	X2-7 型
材料费	1.65	1.87
直接人工	2.32	3.02
变动间接费用	1.03	1.11
固定间接费用	5.00	6.00
利润	2.00	2.40
批发价格	12.00	14.40

【例 5-5】 某企业生产各种计算器，一直通过它自己的销售网进行销售。最近有一家大型百货商店愿意按每台 8 元的单价向它购买 20000 台 X1-9 型计算器。该公司现在每年生产 X1-9 型 160000 台，如果这种型号的计算器再多生产 20000 台，就要减少生产更先进的 X2-7 型计算器 5000 台。与这两个型号有关的成本、价格数据见表 5-3。

该公司很想接受百货商店的这笔订货，但又不太愿意按 8 元的单价出售（因为在正常情况下，这种计算器的批发价是 12 元）。可是，百货商店坚持只能按 8 元单价购买。问：该仪器公司要不要接受这笔订货？

解：如果接受 20000 台 X1-9 型的订货，则增产 20000 台 X1-9 型和减产 5000 台 X2-7 型

计算器的总增量成本为

$$(1.65+2.32+1.03)\times 20000-(1.87+3.02+1.11)\times 5000=70000\ (元)$$

增产 20000 台 X1-9 型计算器和减产 5000 台 X2-7 型计算器的总增量收入为

$$8\times 20000-14.40\times 5000=88000\ (元)$$

所以，总的贡献为

$$88000-70000=18000\ (元)$$

有贡献就应当接受这笔订货，这能为企业增加利润 18000 元。可见，增产 20000 台 X1-9 型计算器，同时减产 5000 台 X2-7 型计算器的方案是较优方案。

3. 生产何种新产品

当企业有剩余生产能力可以增加生产新产品时，应该选择贡献大的产品，而不应选择看起来利润大的产品。

【例 5-6】 某公司原来只生产产品 A，现有 B、C 两种新产品可以上马，但因剩余生产能力有限，只允许将其中之一投入生产。公司每月总固定成本为 50000 元，并不因上新产品而需要增加。新、老产品的有关数据如表 5-4 所示。这种情况下，该企业应增加哪种新产品？

表 5-4 新、老产品的有关数据 单位：元

项 目	A 产品	B 产品	C 产品
产销数量(月平均)/件	20000	10000	50000
单价	5	10	3
单位可变成本	2	5.4	2

解：分别计算增加产品 B 或增加产品 C 的贡献。

$$产品\ B\ 的总贡献=(10-5.4)\times 10000=46000\ (元)$$
$$产品\ C\ 的总贡献=(3-2)\times 50000=50000\ (元)$$

显然，产品 C 的贡献比产品 B 的贡献大 4000 元，因此应当选择增加新产品 C，这比增加产品 B 多得利润 4000 元。

这个决策的正确性可通过比较生产产品 A、B 与生产产品 A、C 这两个方案的利润来证明。

$$\begin{aligned}生产产品\ A、B\ 的总利润&=5\times 20000+10\times 10000-(2\times 20000+5.4\times 10000)-50000\\&=56000\ (元)\end{aligned}$$

$$\begin{aligned}生产产品\ A、C\ 的总利润&=5\times 20000+3\times 50000-(2\times 20000+2\times 50000)-50000\\&=60000\ (元)\end{aligned}$$

增加生产新产品 C 比新产品 B 可多得利润 4000 元。这个答案与前面计算贡献的答案相同，但不如贡献分析法简捷。

4. 亏损产品是否继续经营或转产

如果企业生产几种产品，其中有的产品是亏损的，则企业会面对两个问题：一是亏损产品是否继续生产；二是亏损产品是否需要转产。对于这两类问题的决策，需要通过计算亏损产品的贡献和转产产品的贡献来解决。

【例 5-7】 某公司生产 A、B、C 3 种产品，其中产品 C 是亏损的。每月的销售收入和成

本利润数据如表 5-5 所示。

① 产品 C 是否应该停产？

表 5-5　企业每月销售收入和成本利润　　单位：元

项　　目	A	B	C	总　　计
销售收入	1000000	1500000	2500000	5000000
成本				
可变成本	700000	1000000	2200000	3900000
固定成本	200000	300000	500000	1000000
利润	100000	200000	－200000	100000

② 如果把产品 C 的生产能力转产生产产品 D，产品 D 每月的销售收入为 2000000 元，每月可变成本为 1500000 元。试问是否需要转产生产产品 D?

③ 如果产品 C 停产后，可以把部分管理人员和工人调往他处，使固定成本下降 80000 元，腾出的设备可以出租，租金收入预计每月 250000 元。问此时产品 C 是否应该停产?

解：① 产品 C 是否停产，不是看生产产品 C 是否亏损，而是看生产产品 C 能否为企业提供贡献。如果提供贡献，就应该继续生产；如果贡献为负值，就不应该继续生产。

产品 C 的贡献＝2500000－2200000＝300000（元）

因此，产品 C 不应该停产，否则就会使企业减少利润 300000 元。

② 是否需要将产品 C 转产生产产品 D，需要比较产品 C 和产品 D 贡献的大小来决定。

产品 D 的贡献＝2000000－1500000＝500000（元）

500000＞300000，所以转产生产产品 D 更合算，这能为企业增加利润 200000 元。

③ 在计算生产产品 C 的贡献时，需要包括停产节省的固定成本 80000 元和腾出设备的租金收入 250000 元这两笔机会成本。

产品 C 的增量收入＝2500000 元

产品 C 的增量成本＝2200000＋80000＋250000＝2530000（元）

产品 C 的贡献＝2500000－2530000＝－30000（元）

可见，生产产品 C 的贡献为负值。因此，产品 C 应该停产。

第四节　盈亏分界点分析法及其应用

盈亏分界点分析法也叫本-量-利分析法，或盈亏平衡分析法，也是一种在企业里得到广泛应用的决策分析方法。

一、盈亏分界点分析法

盈亏分界点分析原理阐明了产量、成本、利润三者之间的内在联系。这种分析方法所具有的功能和分析步骤如下。

1. 确定产量变化、成本变化和利润变化之间的关系

通过运用盈亏分界点分析法，可以分析产量或销售量（在盈亏分界点分析中，假定产量等于销售量，称为产销量）、成本、价格等因素的变化对利润的影响，从而为决策提供依据。

2. 确定盈亏平衡点产量——保本产量

运用盈亏分界点分析法进行决策的关键是确定盈亏分界点。盈亏分界点也称为盈亏平衡点或保本点，是指使企业销售收入与总成本相等的一点。在此点上，利润为零，既无盈利也无亏损。这一点是盈利与亏损的转折点。高于此点则盈，低于此点则亏。掌握这一分界点，对管理决策是十分重要的。

3. 确定企业的安全边际

运用盈亏分界点分析法可以确定出企业的安全边际，从而判断企业的经营安全性问题。企业的安全边际是指企业预期或实际销售量与盈亏分界点销售量之间的差额。差额大，则企业经营比较安全，风险较小。

二、盈亏分界点分析法的具体方法

在实际决策中，盈亏分界点分析法常常采用线性函数替代微观经济理论研究中的非线性的收益-产量关系和成本-产量关系。线性盈亏分界点分析法既可以采用图解法，也可以采用代数法，还可以两者综合使用。

1. 图解法

盈亏分界点分析法的图解法就是用图形来分析产量、成本等各种变量和利润之间的关系。假定产品价格和单位可变成本都不随产量的变化而变化，那么销售收入曲线、总可变成本曲线和总成本曲线都是直线。

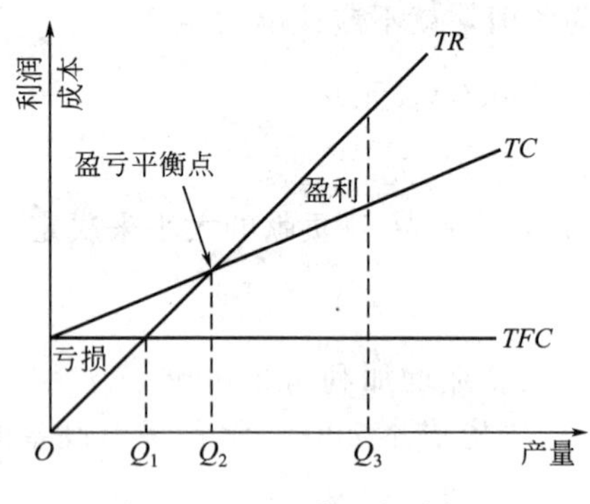

图 5-10 盈亏分界点分析图

用图解法确定盈亏分界点过程如图 5-10 所示，可分为 3 个步骤。

① 从原点画一条斜率为 P 直线，得到总收益曲线 TR（销售收入曲线）。

② 画一条截距为 TFC、斜率为 AVC 的直线，得到总成本曲线 TC。

③ 确定总收益曲线 TR 和总成本曲线 TC 的交点，得到盈亏分界点。

如果企业的产量水平低于这个盈亏分界点，即 $TR<TC$，就会出现经营亏损；如果企业的产量水平高于这个盈亏平衡点，即 $TR>TC$，就可实现经营利润。

运用盈亏分界点分析法，可以得到一系列的分析结果，供决策分析使用。这些分析结果包括：盈亏分界点产量、各个产量上的总收益、各个产量上的总成本、各个产量上的总利润、各个产量上的总可变成本、安全边际。

用图解法进行盈亏分界点分析的优点是能够形象地看到产量、成本、收益和利润之间的相互关系。但在很多情况下，用代数法也较为方便。

2. 代数法

盈亏分界点分析法的代数法就是用代数式来表示产量、成本和利润之间的关系，并通过计算得到所需要的数据。

设 P 为单位产品价格；Q 为销售量（或产量）；F 为总固定成本；V 为单位可变成本；π 为总利润；C 为单位产品贡献。

（1）产量计算

① 盈亏分界点产量公式。用代数法确定盈亏分界点，必须使总收益与总成本函数相等，解方程求出盈亏平衡产量。

总收益为

$$TR=PQ$$

总成本为

$$TC=F+VQ$$

由 $TR=TC$ 求解，则

$$PQ=F+VQ$$

得到盈亏分界点产量为

$$Q=\frac{F}{P-V}=\frac{F}{C}$$

② 保目标利润产量公式。

总利润为

$$\pi=PQ-(F+VQ)$$

由此得到保目标利润的产量为

$$Q=\frac{F+\pi}{P-V}=\frac{F+\pi}{C}$$

③ 因素变动后盈亏分界点产量公式。当固定成本、价格、单位可变成本分别发生 ΔF、ΔP、ΔV 的变化时，盈亏分界点的产量为

$$Q=\frac{F\pm\Delta F}{(P\pm\Delta P)-(V\pm\Delta V)}$$

④ 因素变动后保目标利润产量公式。当固定成本、价格、单位可变成本分别发生 ΔF、ΔP、ΔV 的变化及相应的目标利润发生 $\Delta\pi$ 的变化时，保目标利润的产量为

$$Q=\frac{(F\pm\Delta F)+(\pi+\Delta\pi)}{(P\pm\Delta P)-(V\pm\Delta V)}$$

（2）利润计算

$$\pi=(P-V)Q-F$$

（3）安全边际计算　从盈亏分界点分析得到的信息可用于评估企业所承担的经营风险，即可求出安全边际和安全边际率。

安全边际＝实际（或预期）销售量－盈亏分界点销售量

安全边际率＝安全边际/实际（或预期）销售量

安全边际率是反映企业决策水平的一个重要标准。有关判断标准，参照表 5-6 所示的经验数据。由于企业经营受多种因素的影响，所以不能认为只要产量超过了盈亏分界点就万事大吉了。

表 5-6　安全边际率经验数据

安全边际率	30%以上	25%～30%	15%～25%	10%～15%	10%以下
经营安全状况	安全	较安全	一般	要警惕	危险

【例 5-8】 某厂生产机床，每台销售价 8 万元，单位产品可变成本为 4 万元，计划期固定成本为 40 万元。若该厂拟生产 11 台，试对企业经营安全边际率进行评价。

解：① 计算盈亏分界点产量。

$$Q=\frac{F}{P-V}=\frac{40}{8-4}=10\text{（台）}$$

② 计算安全边际率。

$$安全边际率=\frac{计划产量-分界点产量}{计划产量}\times 100\%=\frac{11-10}{11}\times 100\%$$
$$=9\%$$

③ 评价。根据经验判断标准，企业处于危险状况，应努力扩大生产，降低单位产品可变成本，节约计划期固定成本等，以求经营安全率有所提高。

三、盈亏分界点分析法应用举例

1. 保本和保目标利润销售量的计算

【例 5-9】 某企业生产某种产品，固定成本 60000 元，平均可变成本每件 1.8 元，产品价格每件 3 元。求：

① 该产品销售多少件才能保本？

② 该企业要想获得 60000 元利润，至少要销售多少件产品？

③ 该企业目前销售量为 80000 件，安全边际是多少？

解：$F=60000$（元），$C=3-1.8=1.2$（元）

① 保本点销售量

$$Q=\frac{F}{P-V}=\frac{F}{C}=\frac{60000}{1.2}=50000\ （件）$$

② $\pi=60000$ 元时的销售量

$$Q=\frac{F+\pi}{P-V}=\frac{F+\pi}{C}=\frac{60000+60000}{1.2}=100000\ （件）$$

③ 安全边际

$$安全边际=实际销售量-保本点销售量$$
$$=80000-50000=30000\ （件）$$

$$安全边际率=\frac{安全边际}{实际销售量}\times 100\%=\frac{30000}{80000}\times 100\%=37.5\%$$

2. 技术方案的选择

【例 5-10】 某企业为提高竞争能力，提出了 3 种不同的技术方案（表 5-7）。若产品单价为 40 元，试对各方案进行评价。

表 5-7 3 种不同的技术方案 单位：元

方案＼费用	单位可变成本(V)	固定成本(F)
半机械化(A)	20	20000
机械化(B)	10	45000
自动化(C)	5	70000

解：① 求出 3 个方案的盈亏平衡点产量。

$$Q_A=\frac{F_A}{P-V_A}=\frac{20000}{40-20}=1000$$

$$Q_B=\frac{F_B}{P-V_B}=\frac{45000}{40-10}=1500$$

$$Q_C=\frac{F_C}{P-V_C}=\frac{70000}{40-5}=2000$$

② 计算在各种预测销售量下 3 种方案的目标利润。当预测销售量为 1500 个单位时，3 个方案的目标利润分别为

$$\pi_A=(P-V_A)Q-F_A=(40-20)\times1500-20000=10000\ (元)$$
$$\pi_B=(P-V_B)Q-F_B=(40-10)\times1500-45000=0\ (元)$$
$$\pi_C=(P-V_C)Q-F_C=(40-5)\times1500-70000=-17500\ (元)$$

同样可以计算出其他预测销售量下各方案的目标利润，列于表 5-8 中。

表 5-8 不同预测销售量下各方案的目标利润 单位：元

预测销售量	目标利润		
	半机械化(A)	机械化(B)	自动化(C)
1000	盈亏平衡	−15000	−35000
1500	10000	盈亏平衡	−17500
2000	20000	15000	盈亏平衡
3000	40000	45000	35000
4000	60000	75000	70000
5000	80000	105000	105000
6000	100000	135000	140000

③ 进行方案评价。从表 5-8 中可以看出，随着预测销售量的增大，根据目标利润的大小，方案选择由 A 转为 B，再转为 C。设各方案之间转折预测销售量为 Q。

对于 A、B 两方案之间的转折预测销售量，有

$$A方案目标利润=B方案目标利润$$
$$(40-20)Q-20000=(40-10)Q-45000$$

得到
$$Q=2500$$

对于 B、C 两方案之间的转折预测销售量，有

$$B方案目标利润=C方案目标利润$$
$$(40-10)Q-45000=(40-5)Q-70000$$

得到
$$Q=5000$$

当预测销售量小于 2500 个单位时，应选择方案 A；当预测销售量在 2500～5000 个单位之间时，应选择方案 B；当预测销售量大于 5000 个单位时，应选择方案 C。这样，结合市场预测就可以选择出盈利最多的生产方案。

3. *产品价格的确定*

【例 5-11】 某公司生产产品单位可变成本 40 元，固定成本总额 10000 元。现在销售部经理为参加洽谈会，要求会计人员提供：

① 销售量 500～1000 件之间，每隔 100 件的保本价格报价单；

② 为获得 20000 元利润，销售量 500～1000 件之间，每隔 100 件的保利价格报价单。

解：① 保本报价。

总收益为

$$TR=PQ$$

总成本为

$$TC=F+VQ$$

由 $TR=TC$ 求解，则

$$PQ=F+VQ$$

一定销售量下的保本价格为

$$P=\frac{F+VQ}{Q}$$

当 $Q=500$ 件时

$$P=\frac{10000+40\times500}{500}=60\ (元)$$

同理可得其他产量下的保本价格，列于表 5-9 中。

② 保利价格。

总利润公式为 $$\pi=PQ-(F+VQ)$$

为达到一定目标利润，某一销售量下的保利价格为

$$P=\frac{\pi+F+VQ}{Q}$$

当 $\pi=20000$ 元，$Q=500$ 件时，

$$P=\frac{20000+10000+40\times500}{500}=100\ (元)$$

同理可得其他产量下的保利价格，列于表 5-9 中。

表 5-9 不同销售量下的保本价格和保利价格 单位：元

项 目	销售量/件					
	500	600	700	800	900	1000
保本价格	60	56.67	54.29	52.5	51.11	50
保利价格	100	90	82.86	77.5	73.33	70

4. 各种因素变动对利润影响的分析

【例 5-12】 某酒楼目前每月平均就餐人数为 5000 人，每人平均就餐费为 15 元。该酒楼的各项成本数据如表 5-10 所示。求：(1) 该酒楼目前的利润是多少？(2) 假定该酒楼打算采取以下措施来提高自己的服务质量和声誉。①重新装修酒楼（将使固定成本每月增加 2000 元）。②增加广告费支出（每月增加 1000 元）。③增加 5 名服务员（每人每月工资 200 元），以提高服务质量。④提高价格，使就餐费用平均增加到 18 元。则采取这些措施后，该酒楼每天至少应多吸引多少顾客，才能使利润增加 50%？

表 5-10 某酒楼的各项成本数据 单位：元

成 本	数 据
可变成本	
平均每人每餐食品成本	4.5
平均每人每餐餐具、器皿费(每月平均 1500 元)	0.3
固定成本	
职工工资(40 人×200 元)	8000
广告费(每月平均)	2000
其他固定成本(每月平均)	8000

解：(1) 目前每月利润为

$$\pi=(P-V)Q-F$$

$=(15-4.5-0.3)\times 5000-(8000+2000+8000)$

$=33000$（元）

（2）采取措施后的就餐人数为

$$Q=\frac{(F\pm\Delta F)+(\pi+\Delta\pi)}{(P\pm\Delta P)-(V\pm\Delta V)}$$

$$=\frac{(18000+2000+1000+5\times 200)+33000\times(1+50\%)}{18-(4.5+0.3)}$$

$=5416$（人）

应多吸引的人数为

$$5416-5000=416\text{（人）}$$

即如每月能多吸引顾客 416 人（每天约 14 人），即可使酒楼利润增加 50%。

本章小结

企业的生产成本通常被看成是企业对所购买的生产要素的货币支出。从不同的角度出发，成本有着不同的含义。在管理经济学中主要涉及的成本概念有：机会成本与会计成本、显性成本与隐性成本、增量成本与沉没成本、个体成本与社会成本、边际成本与总成本、可变成本和固定成本。

机会成本是指一定生产要素被用于生产某种产品后所放弃的、用于生产另一种产品时可能获得的最大收益。在管理决策中使用机会成本，而不使用会计成本。机会成本是经济学中最有闪光点的思想之一。

显性成本是指企业在生产要素市场上购买或租用所需要的生产要素的实际支出。它是记在账面上的、看得见的实际支出，是偿付资金的实际现金流出量。会计成本就是显性成本。隐性成本是指企业本身自己所拥有的且被用于该企业生产过程的那些生产要素的总价格。隐性成本不是实际支出，但在进行经营决策时应予以考虑。

增量成本是指因做出某一特定决策而引起的全部成本的变化。沉没成本则是指不因决策而变化的成本。在管理决策中，增量成本是在决策时必须考虑的，而沉没成本是在决策时不予考虑的。

边际成本是指在一定产量水平上，产量增加一个单位给总的成本带来的变化。固定成本是指企业在固定投入要素上的支出，不随产量变化而变化。可变成本是指企业在可变投入要素上的支出，随产量变化而变化。

成本函数反映产品的成本与产量之间的变化关系。成本函数与生产函数存在紧密的联系，成本函数取决于产品的生产函数和投入要素的价格。根据是否含有固定成本，将成本函数分成短期成本函数和长期成本函数。

短期成本函数，是指在企业各种投入要素中，至少有一种或若干种投入要素的数量固定不变，在这种情况下形成的产量和成本之间的关系，主要用于日常经营决策。短期成本函数主要研究总成本、总固定成本、总可变成本、平均成本、平均固定成本、平均可变成本、边际成本之间的关系。边际成本曲线一定分别通过平均可变成本曲线和平均成本曲线的最低点。短期中生产与成本之间的关系表现为：当边际产量（平均产量）递增时，边际成本（平均可变成本）递减；当边际产量（平均产量）递减时，边际成本（平均可变成本）递增；当边际产量等于平均产量时，平均产量达到最大值；当边际成本等于平均可变成本时，平均可变成本达到最小值。

长期成本函数，是指在企业各种投入要素的数量都是可变条件下，产量与可能的最低成本之间的关系，一般用于长期规划。长期成本函数主要研究总成本、平均成本和边际成本之间的关系。长期总成本曲线是短期总成本曲线的外包络线，长期平均成本曲线是短期平均成本曲线的外包络线。

当企业改变所有的生产要素时，生产规模就发生了改变。生产规模的改变会带动生产效率的改变，使生产表现出规模经济和规模不经济。规模经济是指产量增加而长期平均成本减少。规模不经济是指随着产量增加，长期平均成本增加。

贡献分析法主要用于短期决策。有贡献的方案是可以接受的。在两个以上的方案中，贡献大的方案就是较优的方案。

盈亏分界点分析法主要研究产量或销售量、成本和经营利润之间相互关系，重点在于盈亏分界点产量的确定，还可以确定出企业的安全边际，判断企业的经营安全性。

重要名词术语

相关成本和非相关成本	会计成本和机会成本
显性成本和隐性成本	增量成本和沉没成本
固定成本和可变成本	社会成本和个体成本
短期成本函数	长期成本函数
短期总固定成本曲线	短期总可变成本曲线
短期总成本曲线	短期平均固定成本曲线
短期平均可变成本曲线	短期平均总成本曲线
短期边际成本曲线	边际成本递增规律
长期总成本曲线	长期平均成本曲线
长期边际成本曲线	规模经济和规模不经济
贡献分析法	盈亏分界点分析法

复习思考题

1. 联系实际，列举出几种隐性成本，并分析其对管理决策的影响？
2. 试述各种短期成本曲线的变动趋势，并说明受什么经济规律的制约？
3. 试述各种长期成本曲线的变动趋势，并说明受什么经济规律的制约？
4. 简述生产函数和成本函数之间的关系。
5. 简述 AC 曲线、AVC 曲线与 MC 曲线的关系。
6. 利润与贡献这两个概念有什么区别？在管理决策中应如何正确使用？

作 业 题

1. 假定某企业的短期成本函数是 $TC(Q)=Q^3-10Q^2+17Q+66$。

① 指出该短期成本函数中的可变成本部分和固定成本部分。

② 写出下列相应的函数：$TVC(Q)$、$AC(Q)$、$AVC(Q)$、$AFC(Q)$、$MC(Q)$。

2. 某企业的长期总成本函数为 $LTC=180Q-3Q^2+0.02Q^3$，求：

① 长期边际成本方程和长期平均成本方程。

② LAC 曲线是否有最小值？如有，最小值为多少？如没有，解释其原因。

③ 针对问题②的答案，说明企业的规模收益情况如何？

3. 剪草机制造公司出售剪草机系列产品。该公司现在生产能力是年产 400000 架剪草机。第二年的销售量估计为 360000 架，但该公司刚接到国外一家公司设备推销商要求订货 100000 架的订货单。在国内市场上，每家剪草机售价为 50 元，而外商出价 40 元。剪草机的单位成本见下表。问：如果接受这笔订货，利润是增加还是减少？要不要接受这笔订货？

4. 假定某公司制造 A 零件 20000 个，其成本如表所示。

剪草机的单位成本　单位：元

项　目	单位成本
原材料	15
直接人工	12
变动间接费用	6
固定间接费用	2
全部单位成本	35

某公司制造 A 零件的成本　单位：元

费用＼成本	20000 个的总成本	单位成本
直接材料	20000	1
直接人工	80000	4
变动间接费用	40000	2
固定间接费用	80000	4
合　计	220000	11

如果外购，每个零件的价格为 10 元，可以节省固定间接费用 20000 元（因为不制造这种零件，班长可以调做其他工作，从而可以节省班长工资 20000 元）。同时，闲置的设备可以出租，租金收入 35000 元。问：该公司是自制还是外购这种零件？

5. 长城公司生产和销售圆珠笔。现在价格是每罗（1 罗＝12 打＝144 支）5 元，每罗的贡献是 2 元。由于圆珠笔的销售量不太理想，该公司打算用提高产品质量的办法来扩大销路。提高质量的费用为每罗 0.25 元，为了宣传质量提高还要多支出广告费 25000 元。现在的利润为 25000 元，销售量为 200000 罗。问：

① 现在的总固定成本是多少？

② 产品质量提高后，必须使销售量增加多少，才能使长城公司的利润加倍？

6. 有一种产品，市场价格 4 元，可用 3 种不同的技术方案进行生产。A 方案技术装备程度最低，所以固定成本较低，为 20000 元，但单位可变成本较高，为 2 元。B 方案技术装备程度中等，固定成本为 45000 元，单位可变成本为 1.0 元。C 方案技术水平最高，固定成本为 70000 元，单位可变成本为 0.5 元。问：

① 若预计销售量为 12000 件，则应选择哪个方案？

② 3 种方案各适合什么产量范围？

7. 案例题

IBM 公司的总成本函数

IBM 是世界上最重要的电子计算机制造厂家。根据该公司内部的备忘录，IBM 公司生产不同数量的 370/168 计算机。这种计算机的长期总成本函数为 $TC=28303800+460800Q$，其中 TC 是总成本，Q 是产量。

① 如果整个市场对此种计算机的需求量为 1000 台，且所有计算机厂家有相同的长期总成本函数，那么，一个拥有 50%市场的厂家与一个拥有 20%的厂家相比，它在成本上所占的优势有多大？

② 生产该种计算机的长期边际成本是怎样的？边际成本的大小依赖于产量大小吗？

③ 是否存在规模经济？

第六章 市场结构与企业行为

学习目标

1. 了解市场结构的基本概念、划分标准及其基本类型。

2. 熟悉并掌握完全竞争市场、完全垄断市场、垄断竞争市场和寡头垄断市场的主要特征。

3. 深刻理解并掌握完全竞争市场的短期产量决策、停产条件、长期均衡及其竞争策略。

4. 深刻理解完全垄断市场的短期和长期价格、产量决策；了解垄断企业的弊端和政府对垄断企业的干预。

5. 熟悉并掌握垄断竞争市场的短期和长期价格、产量决策及其竞争策略。

6. 理解并掌握寡头垄断市场几种主要决策模型的基本内容。

在前面几章中，讨论了一般企业在需求、生产和成本等情况已知的条件下进行决策的原理和方法，但是没有把企业的外部环境考虑进去。本章将考察不同的市场环境对企业行为的影响。

在分析不同的市场时，经济学通常把市场类型按其竞争程度不同分为 4 类：完全竞争、垄断竞争、寡头垄断和完全垄断。不同市场类型（市场结构），对企业的行为会有不同的影响。例如，完全竞争市场条件下的企业对定价无能为力，价格完全由市场决定。但在其他市场结构中，由于存在不同程度的垄断，企业对价格就有不同程度的控制能力。可见，市场结构的类型对企业的行为影响甚大。下面，按不同的市场结构分别探讨它们对企业决策和竞争行为的影响。

第一节 市场结构

一、市场结构分类

市场结构即组成市场的要素及相互关系，也叫做市场类型，是反映竞争程度不同的市场状态。

1. 分类标准

市场竞争程度的强弱是管理经济学划分市场类型的标准。影响市场竞争程度的具体因素主要有以下 4 点：①市场上企业的数目；②企业所生产的产品的差别程度；③单个企业对市场价格控制的程度；④企业进入或退出一个行业的难易程度。

2. 市场结构类型和特征

根据影响市场竞争程度的 4 个方面的因素，经济学通常将市场类型按其不同的竞争程度分为 4 类：完全竞争、完全垄断、垄断竞争、寡头垄断。

（1）完全竞争市场　在完全竞争市场中，有许多生产企业，每个企业的生产规模相对市场总的交易规模都很小，没有一家企业能够显著地影响市场价格；企业生产的产品没有什么差异，只有价格才是消费者主要关心的因素；生产的投资规模相对较小，技术并不复杂，企业进入和退出该市场都比较容易。

（2）完全垄断市场　在完全垄断市场中，整个市场由一家企业完全控制，该企业的市场占有率达到（或接近）100%，如自来水和电力供应等。

（3）垄断竞争市场　垄断竞争市场与完全竞争市场非常相像，所不同的只是企业生产的产品有显著的差异。大多数消费者能够区别出产品的差异，不同消费者对不同的产品有明显的偏好。

（4）寡头垄断市场　在寡头垄断市场中，市场由少数几家企业控制着。例如，汽车制造业就是一个典型的寡头垄断行业。中国的汽车制造业，最多时有150多家汽车总装厂，但是上海的大众、长春的一汽和湖北的二汽是国内生产规模最大、技术水平最高的三巨头，其产量和销售额都超过了整个行业的50%。

这4个市场类型的划分及相互之间的差别见表6-1。

根据市场竞争程度，完全垄断市场、垄断竞争市场和寡头垄断市场被统称为非完全竞争市场，这是相对于完全竞争市场而言的。其中，完全垄断的垄断程度最高，寡头垄断居中，垄断竞争最低。

表6-1　市场类型的划分和差别

市场结构类型	企业数目	产品差异程度	对价格的控制程度	进出难易程度	售卖方式	典型行业
完全竞争	很多	完全无差别	完全不能控制	非常容易	市场交易	农业
完全垄断	一个	没有合适替代品的独特产品	很大程度控制，经常受到管制	非常困难	广告宣传、加强服务	公用事业、电力、自来水
垄断竞争	很多	有一定差别	一定程度控制	比较容易	广告宣传、质量竞争、调整价格	香烟、纺织、保健品
寡头垄断	几个	有一定差别或完全无差别	较大程度控制	比较困难	广告宣传、质量竞争、调整价格	汽车、钢铁、家电

总体来看，完全竞争与完全垄断是两个极端状况。前者表现为充分竞争，任何一家企业都没有任何的垄断能力；后者则表现为充分垄断，市场上毫无竞争可言。大量情况是介于两者之间的垄断竞争和寡头垄断市场。垄断竞争的市场表现比较接近于完全竞争，企业凭借着自身产品差异化作为垄断力量，力争在市场上取得更大的份额或更高的价格与利润；寡头垄断的市场表现则接近于完全垄断。

不同结构的市场有不同的运行方式，对企业的行为也会有不同程度的影响。市场结构通过市场内的卖者（企业）之间、买者之间及卖者与买者之间的行为和相互关系体现出来，影响企业的生产与定价决策。

市场结构分析是企业行为分析的出发点。在市场经济中，无论企业做什么，都必须先认真分析自己所处的市场环境特点，再采取相应的对策。处于不同市场结构中的企业，其管理决策的行为，如产量、定价、广告等均应不同。

二、市场运行规则

为了保证市场主体行动的规范性和市场运行的有序性，参与市场活动的各方都必须共同遵守一定的市场运行规则。规则的核心内容是，任何市场主体只能在不损害公众利益的前提下追求和实现自身的利益。市场运行规则大致包括以下3方面的内容。

1. 市场进出规则

市场进出规则需要市场主体遵循一定的法规和具备一定的条件，要满足技术和规模标准的要求、生态环境和卫生标准的要求等。对于不同的行业，这些要求有所不同。

2. 市场竞争规则

市场竞争规则是保证各市场主体能够在平等的基础上充分竞争的准则。市场主体之间的平等竞争，意味着它们机会均等地按照统一的市场价格取得生产要素和出售商品，能够公平地承担各种税负。为了实现平等竞争，政府必须制定一系列竞争规则来保护合法竞争，防止市场垄断和不正当竞争，排除超经济行政权力的不正当干涉，消除对市场的分割、封锁以及对部分市场主体的歧视性待遇等。

3. 市场交易规则

市场的交易规则主要包括两项内容。

(1) 交易必须公开　除涉及商业秘密以外，一般交易活动都要在市场上公开进行。

(2) 交易必须平等　一切交易都必须在自愿、等价、互惠的基础上进行，严禁欺行霸市和强买强卖的行为。

第二节　完全竞争市场的企业行为模式

完全竞争是不受外来阻碍和干扰，没有外力控制的自由市场情况，是一种极端的竞争状况。完全竞争又称为纯粹竞争。

一、完全竞争市场的特征

在完全竞争的市场条件下，产品的价格完全由市场决定，企业只是价格的接受者。在这个市场里，每个企业都采用市场既定价格销售产品。企业决策的范围缩小为对生产数量的决策，即在市场决定的产品价格下，无论企业生产多少，都能在市场上实现销售。完全竞争市场具有以下 4 项特征。

1. 买者和卖者都很多

相对于市场需求，存在大量的卖者。每一个卖者的供应数量在总的市场供应量中所占比例足够小，以致没有一家卖者可以以高于现行市场价格的水平出售其商品。同样，相对于市场供给，存在大量买者。每一个买者的规模足够小，使得他不能以低于市场价格的水平进行购买。显然，在完全竞争市场中，每个消费者或每个企业对市场价格没有任何的控制能力，只能被动地接受既定的市场价格。在单个消费者或生产者眼里，市场价格是一个常数。只有在众多小买主或卖主联合行动影响市场供给或需求时，市场均衡才会打破。

2. 产品是同质的

同一行业中的每个企业所生产的产品都与其他企业完全相同，即都是同质的、无差异的产品。无论是在原料、加工、包装、服务，还是规格等方面，都是一样的，没有一点区别。消费者购买哪个企业的产品完全是随机的。只有这样，企业才无力控制市场价格，不同的生产者之间才可以进行完全平等的竞争。在这种情况下，如果有一个企业提价，那么他的产品会完全卖不出去。当然，单个企业也没有必要降价。因为，在一般情况下，单个企业总是可以按照既定的市场价格实现属于自己的那一份相对来说是很小的销售份额。

3. 企业自由进入和退出该行业

在完全竞争的市场结构下，新企业进入该行业与原有企业退出该行业都不存在任何重要的法律、社会及经济方面的障碍。各种类型的资源投入都可以随需求变化很容易地从一种用途移至另一种用途。任何一种资源都可以及时地投向能获得最大利润的生产，并及时地从亏损的生产中退出。这意味着从长期看，生产要素可以随需求的变化在不同行业之间自由流动。

4. 信息充分

所有的消费者和企业都具有充分的市场信息和商品知识，完全掌握现在和将来的市场情况和可能的变动，因而能在确定性的条件下做出合理的消费选择和生产决策，确定自己的最优购买量或最优生产量，从而获得最大的经济利益。在这种情况下，不会有任何消费者会受欺骗而用高于市场的价格进行购买，也不会有任何企业会以低于市场的价格进行销售。大家都互相知道买卖什么产品、价格是多少，信息充分。

经济学理论意义上的完全竞争市场，必须全部满足以上四个条件，缺一不可。但现实生活中，连一个条件都不能充分满足。例如，企业的数目不可能无穷地多；不同企业的产品不可能绝对同质；企业进出行业不可能完全没有困难（例如，生产要素资源、熟练劳动力要从一个行业转移到另一个行业不是没有困难的）；消费者不可能完全掌握市场的信息等。所以，完全竞争的市场结构是一种纯理论的模式，在现实生活中是不存在的，通常只是将一些农产品市场和股票市场看成是比较接近完全竞争市场的。

完全竞争市场是一个理想的市场，是分析、研究市场运行机制及其他市场结构的理论基础。在理论上，它的资源配置最优，经济效益最高。这就为衡量现实世界中各式各样的市场提供了一个标准。通过这样一个标准，我们可以了解现实中的市场离理想的市场还差多远以及如何使它们向理想的标准靠拢。

案例 6-1

股票市场和完全竞争

应该说，规范运作的股票市场是一个接近完全竞争的市场。在这里，每种特定股票的价格都是由供需双方的市场力量所决定的。单个买者和卖者都无法对价格施加足够大的影响（也就是说，他们都是价格的接受者）。同一个公司所有的股票，都是同质的。股票经常被买进和卖出，频率很高，说明在这个市场里，资源在行业和地区间的流动和转移是很容易的。特别在目前信息技术很发达的时代，有关股票价格和公司信息的传递和获得是很方便的。因而，在这样的市场里，股票价格就能比较充分地反映企业的价值，它能够对人们在国民经济中有效的充分投资起到一定的引导作用。不过，也要看到，在现实生活中，在股票市场里，大户的存在和不同程度的欺诈和操纵行为，损害了股票市场的正当竞争，干扰了市场在配置资本资源方面应起的作用。

二、完全竞争市场结构下企业的短期决策

1. 企业的价格决策

在完全竞争市场中，由于商品同质，消费者和生产者信息充分，市场上又有许许多多企业生产该产品，因而，商品的价格是由市场供求关系决定的，见图 6-1(a)。因此，产品的价格对企业来讲是不可控因素，任何一个企业都只能是市场价格的被动接受者，所以，企业不存在价格决策问题。企业所面临的需求曲线是一条由既定市场价格水平出发的水平线，如图 6-1(b) 所示。这是一条完全弹性的需求曲线。

2. 企业的产量决策

虽然在完全竞争条件下价格由市场决定，企业无须做价格决策，但企业的产量并不是越

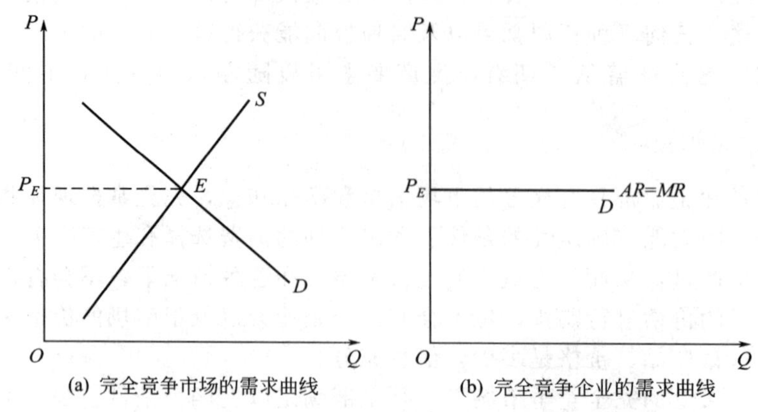

图 6-1 完全竞争市场的需求曲线和完全竞争企业的需求曲线

大越好。因为如果企业的产量过大，超过了一定的限度，会引起生产成本迅速提高，使总利润反而减少，甚至会导致企业亏本。因此，在完全竞争条件下，企业为取得最大利润，仍然存在最优产量决策问题。

假定一家企业所处市场环境属于完全竞争市场结构。它的产品价格（P）、边际成本（MC）、和平均成本（AC）均为已知。由于在完全竞争条件下，边际收益是企业增加一单位产品销售所获得的收入增量，其值等于价格。平均收益 AR 是企业出售商品后在平均每一单位产品销售上所获得的收入，是销售总额除以所出售商品的数量，即 $AR=TR/Q=PQ/Q=P$，则有 $P=AR=MR$。因此，在完全竞争市场中，企业所面临的需求曲线、平均收益曲线、边际收益曲线 3 条曲线合为一条曲线，如图 6-2 所示。这三线合一是完全竞争市场的显著特点。

假定企业的最优产量决策以利润最大化为目标，利润最大化的必要条件可表达为：边际收益 MR 等于边际成本 MC。这不仅适用于完全竞争的市场条件，也适用于其他类型的市场，通称为 $MR=MC$ 定理。注意：利润最大化是说利润最大或亏损最小。

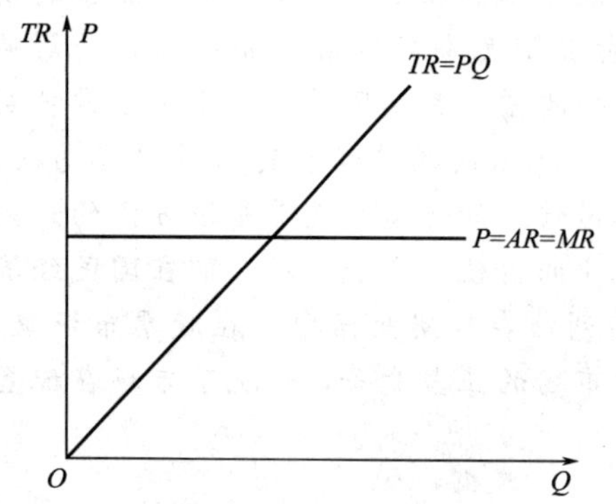

图 6-2 完全竞争企业的收益曲线

虽然企业根据 $MR=MC$ 的原则选择最佳的生产规模，但在短期内，不同的市场价格水平将直接影响企业的短期均衡的盈亏状况：企业可能暂时盈利或经营亏损。当企业选择了最佳生产规模的时候，企业的利润可能出现下列 3 种情况中的一种，即获得正的利润（即实现超额利润）、利润为零（实现正常利润）和出现亏损。企业的短期均衡可以分以下几种情况进行分析说明，如图 6-3 所示。

① 企业获得利润。当市场价格较高为 P_1，根据 $MR=MC$ 的利润最大化的均衡条件，在图 6-3(a) 中，边际收益曲线 MR 和边际成本曲线 MC 交于 A 点，这是企业的短期均衡点，企业选择的最优产量为 Q_1。

这时由于市场价格 P_1 高于平均成本 AC，企业在完全竞争市场上以市场价格 P_1 出售它愿意出售的数量 Q_1 可获得最大的超额利润为

$$\pi=Q_1(P_1-AC)$$

在短期内，企业无论是再增加生产还是减少生产，都会使利润减少。

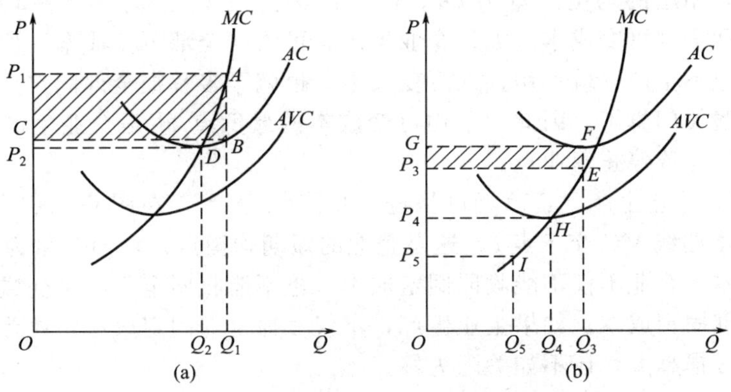

图 6-3　完全竞争企业的短期均衡

在图 6-3(a) 中，矩形 P_1AQ_1O 的面积代表企业的总收益 $TR=P_1Q_1$，矩形 CBQ_1O 的面积代表企业的总成本 $TC=ACQ_1$，企业利润 $TR-TC$ 就表现为矩形 P_1ABC 的面积，如图 6-3(a)中阴影部分所示。

需要注意的是：企业平均成本曲线（AC）最低点所对应的产量（Q_2），是生产效率最高点，也就是单位产品利润最大点，但不是企业总利润最大点。

② 企业的利润刚好为零。若市场价格下降，超额利润也就减少。当市场价格降到 P_2 时，在图 6-3(a) 中，边际收益曲线 MR 和边际成本曲线 MC 正好交于平均成本曲线 AC 的最低点 D，这是企业的短期均衡点，相应的均衡产量为 Q_2。

这时由于市场价格 P_2 正好和平均成本 AC 相等，收益等于成本，因此盈亏平衡。AC 的最低点 D 点称作盈亏平衡点。在盈亏平衡点，企业获得正常利润，所有的成本都得以收回，只是没有超额的利润，企业可以继续经营下去。企业如果在其他点生产，都会出现亏损。

在图 6-3(a) 中，$TR=TC=$矩形 P_2DQ_2O 的面积，因此企业利润 $\pi=0$。

③ 企业亏损，但继续生产。若市场价格进一步下降到 P_3 时，在图 6-3(b) 中，边际收益曲线 MR 和边际成本曲线 MC 的交点 E 处于平均成本曲线 AC 最低点和平均可变成本曲线 AVC 最低点之间，这是企业的短期均衡点，相应的均衡产量为 Q_3。这时，商品的市场价格 P_3 低于平均成本 AC，但高于平均可变成本 AVC。企业已经收不回全部成本了，肯定要发生亏损，但能收回全部的可变成本，而且不仅是全部的可变成本，还有部分的固定成本。从短期来看，如果企业停产，就要亏损全部固定成本；如果企业生产，除能收回全部的可变成本外，还能收回部分的固定成本，亏损额为

$$\pi=Q_3(AC-P_3)$$

这是最小的亏损。总固定成本为

$$TFC=Q_3(AC-AVC)$$

由 $P_3>AVC$ 可知，$\pi<TFC$，此亏损比停产亏损全部的总固定成本 TFC 要小。企业如果继续生产，尽管发生亏损，但比起不生产亏损还是少一些，因此，企业在短期内还是应当继续生产经营下去。

在图 6-3(b) 中，亏损额为矩形 P_3EFG 的面积。

④ 企业亏损，处于生产与不生产的临界点。若市场价格进一步降低为 P_4，在图 6-3(b) 中，边际收益曲线 MR 和边际成本曲线 MC 相交于平均可变成本曲线 AVC 的最低点 H，这是企

业的短期均衡点，相应的均衡产量为 Q_4。这时市场价格 P_4 正好等于平均可变成本 AVC，企业刚好可以收回全部可变成本。如果企业生产，可收回全部可变成本，但全部固定成本已亏损了；如果企业不生产，就不用投入可变成本，也就至多亏损全部固定成本。企业生产与不生产一样，干脆关门算了。因此，平均可变成本的最低点 H 是企业生产与不生产的临界点，通常称为关门点或停止营业点。

⑤ 企业亏损，停止生产。若市场价格进一步降低为 P_5，在图 6-3(b) 中，边际收益曲线 MR 和边际成本曲线 MC 交于点 I，这是企业的短期均衡点，均衡产量为 Q_5。这时 I 点已低于平均可变成本，企业不仅不能收回固定成本，也不能收回全部的可变成本。如果企业不生产也就亏损全部固定成本；如果企业生产，不仅亏掉全部固定成本，还要亏掉部分可变成本，生产的越多亏损越大，还不如关门为好。

总之，在短期内，只要企业的总收益超过总可变成本（$TR>TVC$），也就是 $P>AVC$，企业就应该决定继续生产。反之，则应做出停产决策，企业仅遭受固定成本的损失。

综上所述，完全竞争企业短期均衡的条件是

$$P=MR=MC$$

在短期均衡中，企业可能获得最大利润，可能利润为零，也可能蒙受最小亏损。

【例 6-1】 纽约市比萨饼的平均价格为 10 美元。某人想开一家新店，由于该市比萨饼店很多，新店的开张不会影响市场价格。新店老板估计，包括正常利润的月总成本为

$$TC=1000+2Q+0.01Q^2$$

问：①该店每月生产多少比萨饼可达到利润最大化？②短期看，该店每月有多少经济利润？

解：① 因为
$$MC=\frac{\mathrm{d}TC}{\mathrm{d}Q}=2+0.02Q$$

由 $MR=MC$，则

$$10=2+0.02Q$$
$$Q=400$$

② 经济利润等于总收益减去总成本，即

$$\pi=TR-TC=10\times400-(1000+2\times400+0.01\times400^2)=600\ (\text{美元})$$

【例 6-2】 一家自行车制造商面临一条水平的需求曲线。企业的总可变成本方程为 $TVC=150Q-20Q^2+Q^3$，式中 Q 为产量。问：低于什么价格，企业就应当停产？

解：边际成本是总成本对产量的导数，即

$$MC=\frac{\mathrm{d}TVC}{\mathrm{d}Q}=150-40Q+3Q^2$$

平均可变成本方程为

$$AVC=\frac{TVC}{Q}=150-20Q+Q^2$$

价格等于平均可变成本最低点之处是停产点，但利润最大化要求价格也等于边际成本。因此，令 $MC=AVC$，得出

$$150-40Q+3Q^2=150-20Q+Q^2$$

移项得　　$2Q^2-20Q=0$

解方程，得 $Q=0$ 或 $Q=10$。把 $Q=10$ 代入边际成本方程，得

$$P=MC=150-40\times10+3\times10^2=50$$

同样，把 $Q=0$ 代入边际成本方程，得 $P=150$。合理的解是产量为非零。因此，如果价格低于每单位 50，企业就应当停产。

3. 短期供给曲线

(1) 企业短期供给曲线　指在不同的价格水平下，企业愿意生产和销售的产量变动曲线。它表明在每一给定的价格下，企业愿意生产多少产品供给市场。在一定价格水平上，完全竞争企业为使利润最大，必将遵循 $P=MR=MC$ 这一条件来进行最优产量的决策。随着价格变化，最优供给量也在变化。

在边际成本曲线 MC 的上升部分，对应于既定价格的点的横坐标数量就是该价格水平下企业愿意供给的数量。随着市场价格 P 的变化，企业的产量总是沿着 MC 曲线而增减。但当市场价格低于 AVC 曲线的最低点时，企业就要停产。因此，在完全竞争市场上，企业的短期供给曲线也就是平均可变成本最低点以上的那部分边际成本曲线。当市场价格低于 AVC 曲线最低点的时候，企业会停止营业，其供给量也为零。图 6-4 中的粗线部分即表示完全竞争企业的短期供给曲线。

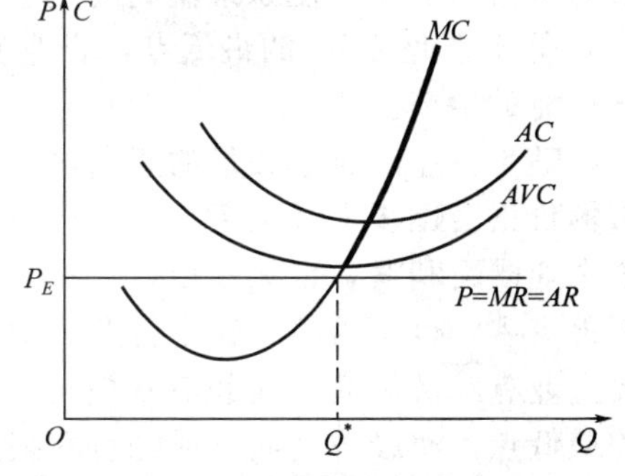

图 6-4　企业的短期供给曲线

(2) 市场短期供给曲线　在完全竞争市场上，有许许多多企业生产同一产品，所以某种产品的市场短期供给曲线就是所有企业短期供给曲线的水平加总，也就是所有企业的停止营业点以上部分的 MC 曲线的水平加总。它表示在不同的价格水平下，市场上所有企业愿意提供的总产量的变动。

三、完全竞争市场条件下企业的长期决策

1. 完全竞争市场的长期均衡

在短期分析中，没有考虑企业生产规模的变动及行业内企业数目的变化（因为企业在短期内来不及进入或退出某一行业），但在长期分析中必须考虑这些变化。当产品的价格高于平均成本时，企业可获得经济利润，这时追求最大利润的企业在长期内必定会扩大生产规模，增加产量。企业在长期内选择的，是长期边际成本曲线（LMC）和边际收入曲线交点所选择的最优生产规模。同时，在完全竞争条件下，企业能够自由地进入或退出市场，因此，由于经济利润的存在，吸引许多新的企业加入这个行业，行业供给量增加，市场价格下降。只要有经济利润存在，新的企业就会不断进入，原有的企业也会继续调整生产规模，直到经济利润消失为止。这时，市场价格必然等于企业的长期平均成本曲线的最低点。在这一点，企业的经济利润为零，只获得正常利润，企业不再进入或退出该行业，处于一种均衡状态。

图 6-5 表示了企业在长期均衡中的调整过程。图中，D 为市场需求曲线，S_1 为市场起初的供给曲线，P_1 为供求均衡时形成的市场价格，LAC 为企业的长期平均成本曲线，LMC 为企业的长期边际成本曲线。

当 P_1 大于 LAC 的最低点时，企业存在经济利润。行业中的企业看到，调整规模可以获得更大的利润，从而纷纷扩大自己的规模，增加产量。同时，许多新企业也会被吸引而加入这个行业。这样就会使这种产品的市场供给增加，市场供给曲线向右移动至 S_2，引起了

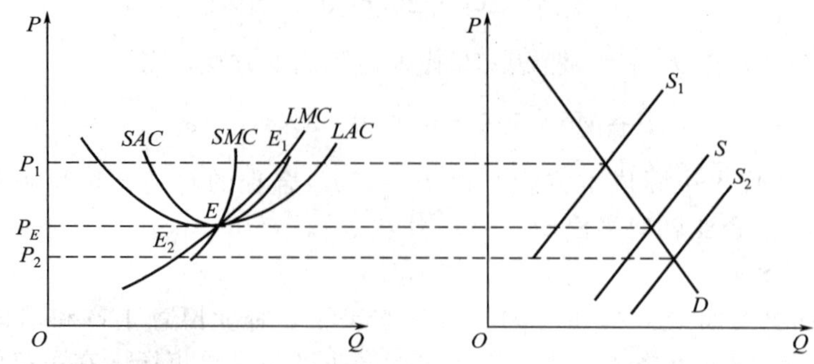

图 6-5 完全竞争企业长期均衡的调整

市场价格的下降，使原来盈利的企业盈利减少，甚至有的企业会进入亏损。若市场价格降为 P_2，低于企业 LAC 的最低点，企业就会有亏损，这会使行业内原有的企业中的一部分退出该行业的生产。

随着行业内企业数量的逐渐减少，市场的产品供给会减少，供给曲线又向左推移到 S，市场价格会逐步上升至 P_E。此时，P_E 等于 LAC 的最低点，经济利润变为零。行业内的每个企业既无利润，也无亏损，但都实现了正常利润。企业失去了进入或退出该行业的动力，不再进入，也不再离开这个行业，即处于均衡状态。由此可见，在完全竞争市场条件下，只要企业有经济利润（或经济亏损），市场上就有一种力量，使市场价格接近企业的平均成本的最低点，使经济利润（或经济亏损）消失。这时，企业处于长期均衡状态。因此，当企业处于长期均衡状态时，其产量水平 Q 必定能同时满足两个条件：①价格等于短期和长期平均成本的最低点，此时，经济利润为零；②价格等于短期和长期边际成本，此时，企业的总利润为最优。

2. 市场长期供给曲线

在完全竞争市场的长期均衡中，由于企业规模的变化，不断有新企业进入和老企业退出，使得总产量发生变动。总产量的变动又可能影响投入生产要素的价格。就一个企业来说，尽管其产量的增减所引起的对生产要素需求量的增减可能不会影响投入生产要素的价格，但整个行业所有企业的产量发生变动时，可能会影响要素的价格，从而导致企业的平均成本曲线的移动，进而会对市场长期供给曲线产生影响。

市场长期供给曲线受行业类型的影响。根据行业产量变化对生产要素价格影响的不同，完全竞争的市场长期供给曲线分为成本不变行业、成本递增行业和成本递减行业 3 种类型。

(1) 成本不变行业的市场长期供给曲线　如果行业产量扩大对生产要素需求的增加不会引起要素价格的上涨，则单位产品的成本不随产量扩大而变化，这种行业就是成本不变行业。该行业对投入要素的需求只占整个社会对这种要素需求很小的一部分。例如，缝衣针、订书钉生产多少对钢材的价格都不会发生影响，企业的平均成本曲线不会发生变动。

成本不变行业的市场长期供给曲线是一条水平钱，具有完全的价格弹性，如图 6-6 中的 LS_1。

(2) 成本递增行业的市场长期供给曲线　如果行业产量增加所引起的生产要素需求的增加，会导致生产要素价格的上升，这种行业就是成本递增行业。当行业所用的投入要素是属于专用性要素，它占整个社会对这种投入要素需求量的很大部分时，行业的产量扩张会引起要素价格的上升，从而导致长期平均成本曲线的上升。多数行业应当属于这种情况。这种行业产量增加抬高了原材料的价格，从而提高了企业的生产成本的情况被称为外部不经济。例如，个人电脑行业，若生产扩大了 20%，很多专用原料（如微处理芯片）的价格就会上涨，使所有企业的边际成本曲线和平均成本曲线上移。

成本递增行业的市场供给曲线是一条自左向右上方倾斜的曲线，意味着要增加行业产量，就要提高产品价格，如图6-6中的LS_2。例如，建筑业会引起钢材价格的上升，房屋的供给曲线是向右上方翘起的。

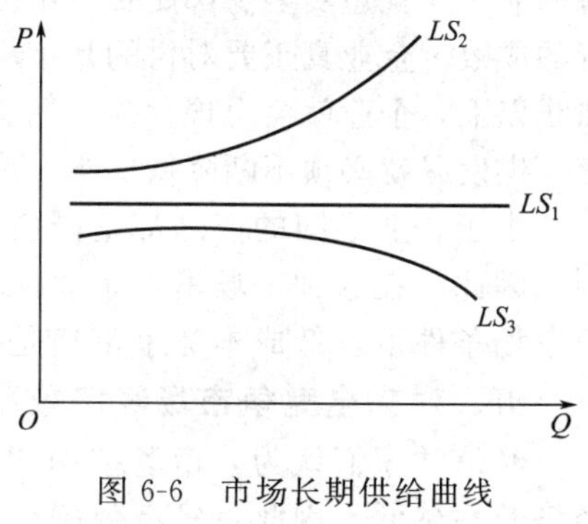

图6-6　市场长期供给曲线

(3) 成本递减行业的市场长期供给曲线　如果行业产量增加所引起的生产要素需求的增加，会引起生产要素价格的下降，这种行业就是成本递减行业。例如，行业产出增大会造就训练更有素、效率更高的劳动力；生产规模扩大后，组织专门的运输线路等，都会节省生产成本，提高效率。这种情况被称为外部经济。

成本递减行业的市场长期供给曲线为一条自左向右下方倾斜的曲线，如图6-6中的LS_3。

案例6-2

可可产业与竞争模型

人们常说，如果不存在诸如价格支持和种植面积限制这类的政府干预，完全竞争模型会很好地适用于农业产业。人们还认为，如果不存在旨在稳定市场的国际商品协定，某些世界商品市场也非常接近于完全竞争型市场。

然而，可可市场的情况却完全不是这样。多年以来，总部位于伦敦的世界可可组织(ICCO)曾为世界可可产业提供了价格支持。该组织在可可生产过剩时收购多余产品，而在产品短缺时售出可可。然而，到了20世纪90年代，可可市场的情况仍是一团糟。可可价格水平从1977年的最高峰每吨5500美元降低到每吨不到850美元，而且可可生产者们仍旧看不到市场状况改善的迹象。1977年的可可短缺，不仅促成了可可5000多美元的天价以及巨大的产业利润，而且促使很多热带地区国家新的生产者大面积种植可可树。当这些可可树长成之时，可可供给曲线迅速右移，致使可可价格急剧下降。

人们都知道，可可生产主要是在一些大型可可种植园。这些种植园的所有者的祖先在一个多世纪之前作为探险者来到热带国家并开发这里的土地。然而，与这些第三代或第四代富有的种植园主共存的，还有很多更小的种植者。仅仅在巴西东北部的贫困地区，便拥有2万多个可可种植园。在西非、马来西亚以及印度尼西亚，也存在很多小型可可种植园。

正如前面提到的，20世纪70年代末的暴利导致了新企业对可可产业的进入。当新种植的可可树长成之时，价格便开始走下坡路，因为有太多的新种植者向市场提供了太多的产品。国际可可组织和各可可生产国政府所做出的努力对市场供给状况只产生了很有限的影响。

在20世纪90年代初，国际可可组织经过艰苦的努力，签订了调控可可供给的新的《可可协定》。1994年又签订了5年期的条约。然而，很多观察家都认为，这些都不会起到多大作用。这主要是因为世界上最大的可可生产者印度尼西亚并没有加入国际可可组织。到1998年，国际可可组织已售出其全部的用于稳定可可市场的库存，印度尼西亚也仍旧不是世界可可组织的成员国。一些供应者已经退出市场，可可价格稳定在每吨1500美元的水平。然而，在进入新千年之际，可可价格又下降到每吨900美元以下。国际可可组织显然无法控制市场，生产者的进入和退出将仍旧是决定可可长期价格的主要因素。

四、完全竞争市场条件下的企业行为分析

在完全竞争市场条件下，企业之间并不是互为竞争对手的。因为每家企业都按市场价格出

售产品，并且想卖多少都能卖得出去。因此，任何一家单个企业的决策都不会影响别的企业经营的成败。企业真正要对付的是市场。如果市场供求关系发生变化，价格下降到长期平均成本曲线以下，企业就会出现亏损，并有可能最终被逐出市场。所以，企业为了在市场风云中求生存、谋发展就必须不断降低成本。成本越低，竞争优势就越大，市场地位就越稳固。

由于企业之间的产品都是同质的，也就是说，在消费者眼里，不同企业的产品并没有区别，因此，在这种市场里，企业谋求产品差异化和做广告都是没有必要的。所以，在完全竞争市场条件下，低成本竞争策略是企业唯一的，也是最佳的竞争策略。

五、对完全竞争市场经济效率的评价

经济学家们认为，市场结构的竞争程度越高，经济效率就越高，反之，垄断程度越高，经济效率越低。因此，经济效率最高的是完全竞争的市场结构。按照经济学家们的分析，各种资源或生产要素要发挥最大效率的条件是企业必须达到这样的产量水平：①使自己的成本达到成本曲线的最低点；②使边际成本等于价格（即 $P=MC=AC$ 的最低点）。只有完全竞争的市场结构能同时满足这两个条件。

$P=AC$ 的最低点，说明企业在既定的技术水平下已经最充分地利用了各种生产资源，因而生产效率达到最高。资源的最充分利用既有利于企业，也有利于经济社会。

$P=MC$，说明从整个社会资源的合理分配角度看，企业的产量水平也处于最优。因为价格代表社会对企业每一件多生产的产品的价值评价，边际成本则代表多生产一件产品所需追加的资源的价值。如果企业生产某种产品，其产量水平处于 $P>MC$ 的情况，表明生产出来的产品的价值大于所投入资源的价值，说明企业的产量水平不是最优，企业应该投入更多的资源生产该种产品而减少其他产品的生产，这样才能进一步增加社会的总财富。反之，若企业生产某种产品，产量水平处于 $P<MC$ 的情况，表明生产出来的产品价值小于投入资源的价值，这时企业应该把资源用于生产更多的其他产品，以进一步增加社会的总财富。因此，只有当 $P=MC$ 时，企业的产量水平从整个社会资源的合理分配角度看是最优的，能为社会提供最大的财富。

因此，按照经济学的理论，在完全竞争市场条件下，只要企业追求最大利润，从长期看，不仅能使企业生产效率达到最高，而且资源的配置也是最优的。这是市场机制这只“看不见的手”作用的结果。例如，很长一段时期，我国偏重于发展粮食作物，而忽视经济作物。在计划经济的年代，由于价格受到严格管制，所以市场通过价格对资源的配置作用显示不出来。改革开放以后，在农业领域率先引入了市场竞争机制。在短期内，因为资源还来不及调整，使得粮价与经济作物的价格迅速拉开差距。这种价格信号使得追逐利润的生产者开始调整资源分配。在广东、福建等地区的农村，经营者把原先那些适合种植经济作物的土地资源重新用来生产经济作物，劳动力和生产资料也作了相应的调整。于是，经济作物的产量逐年增加，价格差距也渐渐地缩小了。

从理论上看，完全竞争市场的确是一种理想的市场结构，但上述结论是建立在一系列严格的假设条件基础上的，如完备的信息、产品同质等。这些假设条件在现实生活中难以得到满足，因而完全竞争的市场结构在现实经济生活中是不存在的。

第三节　完全垄断市场的企业行为模式

一、完全垄断市场的主要特征和形成原因

1．完全垄断市场的主要特征

在各种市场结构中，完全竞争是一个极端，完全垄断则是另一个极端。如果一个行业只有一家企业，而且它所生产和销售的产品没有任何相近的替代品，其他任何企业进入该行业都极为困难或不可能，那么，就会产生完全垄断。像完全竞争一样，完全垄断也仅仅是理论上的假设，在现实生活中并不存在。这是因为，一种产品只有一家企业生产，而且没有其他替代品的情况在现实生活中几乎不存在。例如，电力供应一般属于垄断事业，但也有煤气、石油等其他能源的供应与之竞争；铁路运输也属于垄断事业，但也有公路、水路和空中运输与之竞争等。尽管完全垄断只是理论上的假设，但垄断理论是极为有效的理论分析工具，它可以使我们能够了解垄断企业的行为规律并为政府制定相应的政策提供依据，另外，对研究半竞争、半垄断条件下的企业行为也是有用的。

2. 完全垄断市场的形成原因

在完全竞争条件下，企业进出行业是自由的；在完全垄断条件下，新的企业要想进入这个行业极为困难，存在着许多进入障碍。虽然严格意义上的完全垄断市场在现实中极为少见，但是在现实的经济活动中，确实存在着形成垄断市场的内在根源。形成垄断的原因主要有以下几个。

（1）规模经济　某些行业存在着明显的规模经济，只有通过集中资金，从事大规模的生产，才有可能使成本降低下来。在这种情况下，行业内如有某个企业凭着雄厚的经济实力和其他优势，最先达到这一生产规模，就可能垄断整个行业的生产和销售。这类由于规模经济造成的垄断被称为自然垄断。规模经济形成垄断的标志是：一家企业还没有达到平均成本最小时的产量就已经充分满足整个市场的需求。

钢铁、汽车和重型机械等行业，都有显著的规模经济，很容易形成垄断市场。有些公用事业的服务行业也适于垄断。设想一个城市有几家煤气公司同时在地下铺设纵横交错的管道，对资源的浪费程度是可想而知的。因此，这样的行业是适宜垄断的。

（2）资源独占　独家企业控制了生产某种商品的全部资源或基本资源的供给。这种对生产资源的独占，排除了其他企业生产同种产品的可能性。

例如，在旅游服务业方面，长城只有一个，如果把长城作为资源，就是一种垄断市场。1945 年前，美国的铝业公司通过控制铝土矿（生产铝的主要原料）近乎所有的来源垄断制铝业多年。加拿大国际镍公司有一段时间控制了已知储量 90% 的镍矿而取得对生产镍的垄断。南非德比尔斯公司一度垄断了钻石的生产。另外，有一些产品因用料特殊而获得垄断，如贵州的茅台酒、西湖龙井茶叶、崂山矿泉水等。

（3）政府特许　有一些行业，政府因某种特殊需要而在这些行业实行垄断的政策。例如，军事工业，出于国家安全的需要，武器基本上是由国家指定的企业生产的，这一行业是不能随便进入的。再如，供电供水部门、邮电部门等，也往往是特许经营。由于企业在生产经营中具有某种特权，所以成为这一行业的垄断者。

（4）专利发明　专利权允许在一定时期内，只有专利权的拥有者才能使用、保持和转卖这项技术，目的是为了保持发明新技术的积极性。这样，有发明创造的企业由于获得了单独垄断的权力而处于垄断地位，其他企业无法与之竞争。例如，计算机芯片、中药保护品种的秘方等存在垄断性。

世界上多数国家都有专利保护法，但保护的年限各不相同。我国保护年限为 15 年，美国为 17 年。

案例 6-3

机场出口的收费

某城市的国际机场的年客流量超过 1000 万人次。在机场唯一的车辆出口处有个收费站，对出站的各类车辆实行收费。以前有一段时期，收费的名义是车辆要上高架公路，所以往郊区方向的车辆可以不收费，于是有些车辆就宁愿绕个大圈子避开收费站。后来，这个例外也被取消了，所有出机场的车辆都必须在收费站交费后才允许通过。

我国近年来新建和扩建了几十个机场，从机场通往市区的主要干道大都对车辆实行收费，而收费的标准和期限大都不甚清楚和公开。这类问题也时常引起一些人大代表和政协委员的关注。

这是一个典型的完全垄断的例子。首先是市场上仅此一家，没有竞争。第二是市场不准入，不可能允许另一家企业也去修条路，再设个收费站，无论你具有怎样的资质和条件。第三是产品无替代。原先的绕路可以看作是替代产品，而现在对开往郊区的车辆也实行了收费，就使得该市场完全垄断的特征更加显著了。

二、完全垄断企业的短期决策

完全垄断市场上由于一个行业只有一家企业，所以，垄断企业所面临的需求曲线就是行业的需求曲线。它的形状总是向右下方倾斜的，表示垄断企业的销售量和市场价格呈反方向变动。该曲线表明：垄断企业可以用减少销售量的办法来提高市场价格，也可以用增加销售量的办法来压低市场价格，即垄断企业可以通过改变销售量来控制市场价格。

需要指出的是，垄断企业是价格的制定者，但并不是说它可以随意定价。其定价行为同样要遵循市场的客观规律，按照利润最大化原则来进行。

和完全竞争企业一样，完全垄断企业也必须遵循边际收益等于边际成本的原则来实现利润最大化或损失最小化。不同的是，完全竞争企业只能通过调整产量来实现既定价格下的利润最大化或损失最小化，而垄断企业则可以通过调整产量进而调整价格来达到同样的目的。完全垄断条件与完全竞争条件的根本差别在于垄断情况下的边际收益不等于价格水平。完全垄断企业的短期决策就是进行企业目标短期利润最大化时的产量与价格的决策。在短期决策中，垄断企业的利润可能出现下列 3 种情况中的一种，即获得正的利润（即实现超额利润）、利润为零（实现正常利润）和出现亏损。

在图 6-7 中，假定已知垄断企业所面临的需求曲线（D）、边际收益曲线（MR）、边际成本曲线（MC）和平均成本曲线（AC）。企业依据实现利润最大化的必要条件 $MR=MC$ 进行决策。从 MC 曲线和 MR 曲线的交点可得企业的最优产量为 Q^*。在 Q^* 的基础上，无论增加产量还是减少产量，边际收益都不等于边际成本，都会使利润减少。

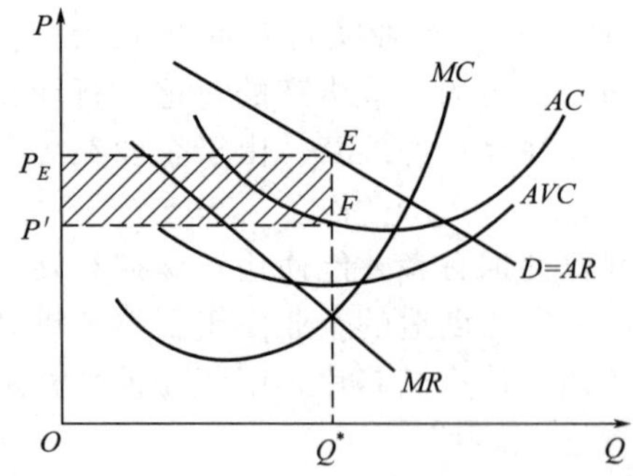

图 6-7　完全垄断企业的短期最大利润

在决定了产量之后，价格当然是越高越好，但有个极限，不能超过消费者愿意支付的价格，即不能超过需求曲线，因此最优价格为 P_E。此时，企业的总经济利润即图中阴影部分的面积 P_EEFP'。这是由垄断带来的超额利润。

在短期均衡中，垄断企业究竟是盈利还是亏损，主要取决于市场价格与平均成本的比较，产品价格和平均成本的关系决定了利润的有无和大小。由于市场价格并不总是高于平均成本，和完全竞争企业一样，垄断企业在短期内的生产经营也可能出现盈亏相抵（超额利润等于零）和蒙受亏损的情况。

在图 6-8(a) 中，垄断企业根据边际收益曲线和边际成本曲线的交点，确定出获得最大利润的产量为 Q_0，对应的市场价格为 P_0。此时，平均成本恰好与价格相等，企业的总收益和总成本相等，都等于图中矩形 P_0AQ_0O 的面积。所以，企业的超额利润为零，只能得到正常利润。

人们通常认为垄断企业总是能够获得利润。如果企业亏损，只需抬高价格即可。而事实上，所有垄断企业都能获利只是人们的误解。造成垄断企业短期亏损的原因，可能是既定的生产规模成本过高（表现为相应的成本曲线的位置过高），也可能是垄断企业所面临的市场需求过小（表现为相应的需求曲线位置过低）。

在图 6-8(b) 中，垄断企业的平均成本曲线出现在需求曲线的上方。由 $MR=MC$ 所决定的产量为 Q_0，对应的市场价格为 P_0。此时，价格低于平均成本，企业就会发生亏损，不过此时亏损最小。由于总收益为 P_0FQ_0O 的面积，总成本为 AGQ_0O 的面积，故亏损额为阴影 $AGFP_0$ 的面积。如果这时 P_0 大于平均可变成本，垄断企业在短期内，还是应当继续生产经营，因为这样企业除了可以收回全部可变成本，还可以收回部分固定成本，否则要亏掉全部固定成本。如果这时 P_0 小于平均可变成本，那么垄断企业就应停止经营，只亏损固定成本部分。这与完全竞争情况下的停产原则是一致的。

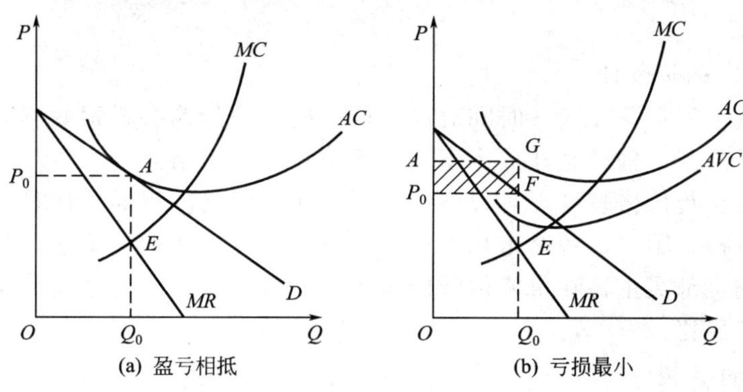

图 6-8　完全垄断企业的短期均衡

【例 6-3】 某垄断企业的总成本方程为：$TC=500+20Q^2$；需求方程为：$P=400-20Q$；总收益方程为：$TR=400Q-20Q^2$。求垄断企业利润最大化的价格和产量。

解：因为

$$MR=\frac{\mathrm{d}TR}{\mathrm{d}Q}=400-40Q$$

$$MC=\frac{\mathrm{d}TC}{\mathrm{d}Q}=40Q$$

当 $MR=MC$ 时企业利润最大，即

$$400-40Q=40Q$$

解得

$$Q=5$$

即利润最大化产量为 5 个单位，代入需求方程，得

$$P=300$$

三、完全垄断企业的长期决策

就长期而言，由于所有的投入都是可变的，垄断企业可以调整全部生产要素的投入量（即生产规模）以达到长期均衡，从而实现最大的利润。垄断企业在长期内对生产的调整一般可以有 3 种可能的结果。第一种结果，垄断企业在短期内亏损，但在长期，又不存在一个可以使其获得利润（或至少使亏损为零）的生产规模，于是，该企业退出生产。第二种结果，垄断企业在短期内亏损，但在长期，它通过对最优生产规模的选择，摆脱了亏损的状况，甚至获得利润。第三种结果，垄断企业在短期内利用既定的生产规模获得了利润，在长

期，完全垄断企业可以调整生产规模，选择最优企业规模来增加自己的利润。

由于完全垄断者独占经营，排除了其他企业加入的可能性。如果垄断企业在短期内获得利润，其利润在长期中是可以保持的。因此，完全垄断企业的长期均衡常以存在经济利润（超额垄断利润）为特征。

四、完全垄断企业的供给曲线

在完全竞争市场结构中，可以根据成本曲线求出完全竞争企业和行业的供给曲线。因为企业是在 $P=MC$ 的条件下进行生产的，所以企业的边际成本曲线表明在不同的价格下，企业愿意而且能够提供的商品数量。因而在完全竞争条件下，位于平均可变成本最低点以上的边际成本曲线就是企业的供给曲线。在完全垄断条件下，垄断企业是根据 $MR=MC$ 原则进行生产的，$P>MR$，因而 $P>MC$，造成价格和商品供给量之间没有统一的对应关系，也就是说找不到完全垄断企业的供给曲线。

五、价格歧视

1. 实行价格歧视的条件

价格歧视是指一家企业在同一时间对同一产品向不同的购买者索取不同的价格，或者对销售给不同购买者的同一种产品在成本不同时索取相同的价格。

垄断企业通过实行价格歧视，可以增加利润。实行价格歧视的条件是：第一，企业是垄断者，可以操纵价格；第二，各个市场的需求弹性必须各不相同；第三，各个市场是相互分离的。否则，它的全部买主将在价格最低的市场上进行采购，或者把低价购进的物品在价格更高的市场上重新出售。

2. 价格歧视的类型

（1）一级价格歧视　也称完全价格歧视。指企业索取的价格是购买该商品的消费者所愿意支付的最高价，这样在单一定价下的消费者剩余全部转化为垄断企业由于实行一级价格歧视的追加收益。典型的例子就是乡村的一个医生，根据不同求医人的能力和愿意支付的最高价格，对相同的治疗收取不同的医疗费用。

（2）二级价格歧视　指垄断企业将商品的购买量划分为两个或两个以上等级，对不同等级的购买者索取不同的价格。比如，某垄断企业共销售 4 个单位商品，如果不实行价格歧视，4 个单位的商品都应按照 4 的价格出售，消费者只需支出 16 个单位的货币量。如果实行二级价格歧视，前两个单位按照 6 的单位出售，后两个单位按照 4 的单价出售，则垄断企业共得收益 20（6×2＋4×2）。实行二级价格歧视以后，消费者购买的数量取决于商品的价格等级的结构，但不管怎样，用这种办法企业可得到比原先更多的总收益。

（3）三级价格歧视　指垄断企业以不同的价格在不同的市场上出售同一种商品。垄断企业为了使总收入达到最大，必须使在各个市场出售的产品的边际收入相等，等于边际成本。即按 $MR_1=MR_2\cdots=MR_n=MC$ 的原则来分配各个市场的销售量。然后，根据各个市场需求弹性的不同来确定不同的价格。一般需求价格弹性大的市场定价低些，在需求价格弹性小的市场定价高些。

六、完全垄断市场的经济效率评价

完全垄断市场被认为是经济效率最低的市场。与完全竞争条件下的企业不同，完全垄断企业在短期内所获得的经济利润，在长期条件下能够保持下来，获得垄断利润。完全垄断企业存在以下一些弊端。

1. 分配不公平

垄断企业能保持垄断利润，是以牺牲全社会消费者的利益为代价的，是对消费者的剥夺。

2. 效率不高

垄断企业的利润最大化时的产量并不在长期平均成本曲线的最低点，说明企业不能最有效地利用生产要素，造成了生产资源的浪费。

3. 产量不足

在垄断企业里，当企业达到利润最大的产量时，企业在价格高于边际成本时生产（$P>MC$），即社会对企业所生产的产品价值的评价要高于所投入资源的价值。从社会资源合理分配的角度看，说明该企业生产的产品产量不足，应增加产量，才能更好地满足消费者的需要。

4. 阻碍技术进步

垄断企业只要依靠自己的垄断力量就可以长期获得利润，所以，垄断企业往往缺乏技术创新的动力，甚至为了防止潜在竞争对手的新技术和新产品对其垄断地位造成的威胁，还有可能通过各种方式去阻碍技术进步。

有些学者认为垄断企业也有一定好处：实行大规模经营，可以降低成本，提高经济效率，这有利于消费者；垄断企业资金雄厚，可以从事生产技术革新的长期研究。总的来说，多数学者认为垄断弊大于利。

七、政府对垄断的干预

由于垄断企业存在一定的弊端，政府就需要对其进行干预。政府的干预措施主要有以下几个方面。

1. 制定和执行反垄断法

美国早在1890年通过了《谢尔曼法》，1914年又通过了《克莱顿法》和《联邦贸易委员会法》。这3个法律在现代经济中成为反垄断的法律基础。现在许多国家都仿效美国的做法，制定了反垄断法。

反垄断法一般是事后惩罚，而不是防患于未然，尽可能避免不良的市场行为和市场结构。在现代经济中，反垄断法已成为一种必不可少的保护消费者利益的武器。通过制定和执行反垄断法，尽量增加市场的竞争性，反对垄断行为，防止垄断企业的产生。

2. 政府对自然垄断企业进行管制

有些企业，如电力公司、铁路公司、电话公司、自来水公司等公用事业企业，规模经济性十分显著。对于这类企业，为了让自然垄断企业有可能把成本降得很低，政府不实行反垄断法，而是准许其实行垄断，但为了克服垄断带来的弊病，政府要对它实行价格管制。

3. 税收政策

政府可以利用税收工具限制垄断行为。通过对垄断企业课以重税，可以将企业的超额利润抽走，使分配公平些。

案例 6-4

微软在欧洲市场可能面临反垄断诉讼

2003年8月，欧盟的竞争委员会在一份异议声明中说，通过限制与其PC和服务器操作系统的互操作性，微软公司滥用其垄断力量。此外还表示，它将寻求让微软公司透露更多的互操作详细资料，尽可能地从Windows中分离出Windows Media Player。欧盟委员会称，在采取措施前，将给微软公司一个答辩的机会。

欧盟关注的问题的核心是微软公司在低端服务器领域的竞争对手实现与Windows完全互操作的能力以及微软公司通过在PC操作系统市场上的垄断力量来推广其Windows MediaPlayer 软件。欧盟委员会在声明中表示，它已经与许多微软公司的客户、合作伙伴进行了沟通，并发现，通过不披露实现互操作性所需要的信息，微软公司限制了市场上的竞争。欧盟委员会表示，基于这些证据，欧盟委员全的初步结论是微软公司滥用垄断力量的行为“正在进行中”。

欧盟委员会表示，通过与内容制作商和内容提供商沟通发现，每台 PC 上都安装有 Windows Media Player 的事实使得他们更偏重于微软公司的技术，这证实了其最初的“在 Windows 中捆绑 Windows Media Player”削弱了业界的竞争。

在与美国司法部经过长达数年的诉讼而利用美国经济萧条达成和解后，欧盟的反垄断调查就是微软公司面临的主要反垄断麻烦了。

第四节 垄断竞争市场的企业行为模式

垄断竞争市场是一种既有垄断因素又有竞争因素的市场结构，但又区别于完全竞争和完全垄断。垄断竞争市场是指一个市场中有许多企业生产和销售有差别的同种产品的市场结构。

一、垄断竞争市场的主要特征

垄断竞争市场是一种与完全竞争市场比较接近的竞争状况，其市场结构的主要特征如下。

1. 行业中企业数量多而规模相对较小

行业由许多中小企业组成，每个企业的产量占市场总供给量的份额很小，因此，单个企业的行为不会影响市场，每个企业在决策时不必考虑因自己的行为而引起其他企业的反应。

2. 企业进出行业比较自由

每一个企业的规模不是太大，所需的资本不是很多，因而要进出市场没有多大的障碍。但企业不是完全地自由进出，还是需要一定的资本量，不是任何企业都可以随时进出市场。

3. 企业生产有差别的产品

产品的差别是垄断竞争的最主要特征。产品差别表现在同一种产品在质量、构造、外观、售后服务条件等方面的差别，还包括商标、广告方面的差别。由于产品存在差别，所以，每个企业对自己产品的价格都具有一定的控制能力，从而使市场中带有垄断的因素。通常，产品的差别越大，企业的垄断程度就越高。同时，类似的产品相互之间又是可以替代的，因此市场中又具有竞争的因素。产品的差异性把垄断竞争市场与完全竞争市场区分开来，而产品之间的替代性又把垄断竞争市场与完全垄断市场区别开来。

在这 3 个特征中，第一、第二个特征是竞争性特征，第三个特征是垄断性特征。垄断竞争就是这两种特征的结合。

在现实生活中，垄断竞争的市场结构是比较常见的。垄断竞争广泛地存在于零售业和服务业中。例如，百货商店、食品店、加油站、各种修理业等。服装业、纺织业、食品加工业是全国范围内的垄断竞争行业，快餐业、副食业、鞋帽业是在地方层次上的垄断竞争行业。

案例 6-5

阿司匹林的产品差异性

消费者经常轻信，类似的产品，即使在物质组成上是完全一致的，在质量上还是会有差别。一些经济学家称这样的产品拥有假的产品差异性。通常提到的一个例子是柜台上出售的药品。一个消费者可能会形成一种错误的信念，即如果一种阿司匹林能够治愈轻度头疼，而另外一种阿司匹林不能治愈更厉害的头疼，那么前者的品牌优于后者的品牌，尽管两者在化学上是完全一样的。实验显示，即使是安慰剂，它所能实现的头疼缓解率为45%左右，相比之下，真的阿司匹林能够达到的缓解率为80%左右。对有些人来说，头疼自然地就会消失，或者安慰剂所具有的心理作用用于缓解他们的头痛足矣。当然，如果一个消费者相信某项产品更为有效，那么，将这个产品差异性称为“假的”并不合适。

对不同的阿司匹林牌子进行化学测试显示，绝大多数的阿司匹林药丸在阿司匹林含量上和溶解速度上几乎没有差异。但是，拜耳（Bayer）牌阿司匹林的生产商声称，拜耳是最好的阿司匹林（速度更快、更为温和）。事实上，美国联邦贸易委员会曾为此对该生产商提出诉讼。判决结果是，从定性来看，或者从疗效来看，拜耳牌阿司匹林都不比其他品牌出众。然而，消费者明显相信拜耳的声称。尽管存在400余种纯阿司匹林，拜耳是销量最好的，即使它的价格相对较高。类似的例子在许多药品上都可找到。名牌产品的生产商声称，或许是因为用了更好的原料，或许是有更严格的质量管理，他们的药更为安全、更为有效。但是，比较研究经常很难发现这些质量差异。无论如何，出名的品牌比一般的品牌所卖的价格要高。例如，消费者协会发现，泰诺（Tylenol）3号的价格是一般的含有可待因的退热净的2.2倍。安定（Valium）的售价是其一般等效物待捷盼（Diazepam）的3.2倍。另一方面，至少在旧金山地区，安莫克西尔（Amoxil）（一种抗感染的抗生素）的售价比其一般替代品只高出1%。

曾有人用一些实验对消费者是否根据品牌而不是产品本身来做出决定进行了测试。就消费者服用后的偏好性所做的闭眼测试得到的结果与产品的市场份额并不相一致。此外，实验所得出的市场份额依据产品是否贴有品牌而异。这就是说，消费者并不总是能够区别类似的产品，在缺少品牌提示时，他们不会只买某种产品而不买其他类似产品。

二、垄断竞争企业所面临的需求曲线

由于垄断竞争企业的产品存在差别，可以在一定程度上通过改变产品的销售量来影响商品的价格，所以，企业所面临的需求曲线不会像完全竞争企业那样是一条具有完全价格弹性的水平线。垄断竞争企业所面临的需求曲线是一条向右下方倾斜的曲线。既然产品具有差别，企业要增加销售量，就要降低价格，产品差别越大，替代性越小，要增加同样销售量需要降价的幅度越大，需求曲线就越陡。但垄断竞争市场上的产品不是完全不能替代，存在竞争，所以企业所面临的需求曲线的斜率绝对值小于完全垄断企业的需求曲线斜率的绝对值，是一条略向右下方倾斜的曲线。垄断竞争企业所面临的需求曲线有两种：主观需求曲线和有效需求曲线。主观和客观的分离是垄断竞争企业需求曲线的主要特征。

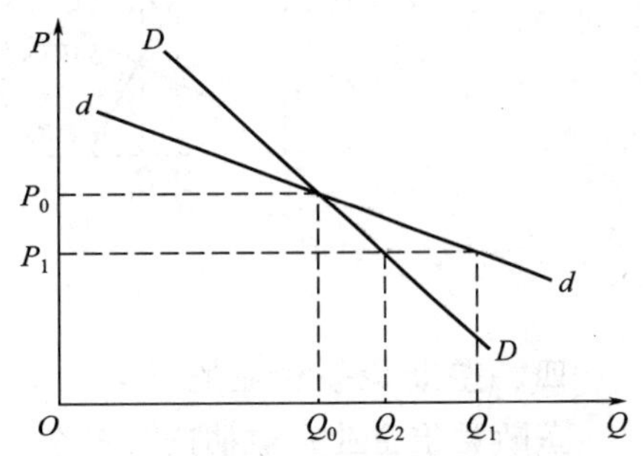

图 6-9　垄断竞争企业的主观需求曲线和有效需求曲线

1. 主观需求曲线

主观需求曲线表示单个垄断竞争企业改变产品价格，而其他企业的产品价格都保持不变时，该企业的产品价格和销售量之间的关系。它是企业自认的需求曲线，如图 6-9 中的 dd 曲线。

在图 6-9 中，某垄断竞争企业初始价格为 P_0，产量为 Q_0，想通过降价来增加自己产品的销售量。该垄断竞争企业认为可以独自行动，而其他企业不会对其决策做出反应。随着其产品价格由 P_0 下降为 P_1，销售量会沿着 dd 需求曲线由 Q_0 增加为 Q_1。

2. 有效需求曲线

有效需求曲线表示某个垄断竞争企业改变产品价格，市场中所有的其他企业也会使产品价格发生相同变化时，该企业事实上的产品价格和销售量之间的关系。如图 6-9 中的 DD 曲线。DD 曲线也叫市场份额曲线，因为它表明无论价格为多少，行业中的各企业都占有相同的市场份额。

在图 6-9 中，当某垄断竞争企业产品价格由 P_0 下降为 P_1 时，其他企业实际上也会将价格由 P_0 下降为 P_1。这样，该企业的销售量只能沿着 DD 需求曲线由 Q_0 增加为 Q_2，小于预期销售量，即 dd 需求曲线上的 Q_1。

主观需求曲线比有效需求曲线平坦得多，这是垄断竞争企业需求曲线的重要特征。

三、垄断竞争企业的短期决策

在垄断竞争条件下，垄断竞争企业会遵循边际收益等于边际成本的原则（$MR=MC$）来选择自己的产量，以此来达到利润最大或损失最小。短期内，在同一个产品组里企业的数目不会发生变化，当所有企业产出变化相同时，单个企业面临的有效需求曲线不变。主观需求曲线的位置取决于所有企业的产出水平。通常的情况下，垄断竞争者按自己的主观意愿来决策。垄断竞争企业的短期均衡的形成过程可用图 6-10 来分析。

由于企业主观曲线代表了它的产品需求曲线，因而在短期内为获得最大利润，就要使产量达到 $MR_d=SMC$ 的水平，即产量 Q_0，并按 dd 曲线索取相应的价格 P［图 6-10（a)］。但如果所有企业都这样决策，个别企业原先预想的产量水平就实现不了。由于 DD 曲线的事实存在，企业以 P 价格不能卖出 Q_0 产量，只能卖出 Q_1 产量，因此企业会改变想法以面对现实，结果是企业向左下方移动 dd 曲线，并对价格和产量进行调整。

当企业达到图 6-10（b）状况时，即可实现短期均衡。此时 $MR_d=SMC$，企业得到了最大利润，同时在 Q^* 产量水平上 DD 曲线和 dd 曲线相交，企业能够按预期的价格 P^* 出售完全部产品，当然价格 P 至少要高于 AVC，否则企业要停止营业。垄断竞争企业在短期内可能获取经济利润，但也可能只得到正常利润，甚至可能蒙受亏损，这取决于价格是大于、等于或小于单位平均成本。

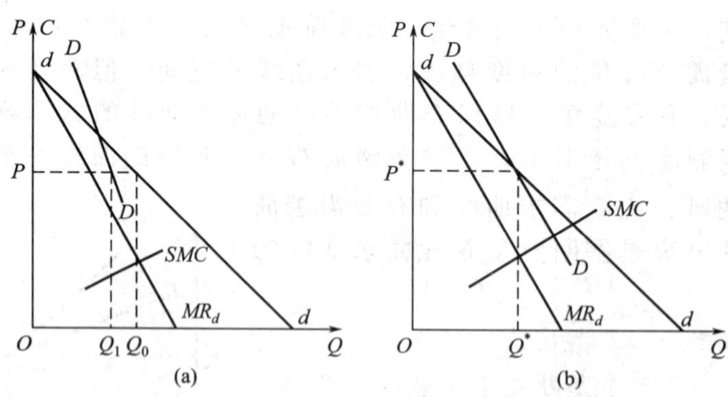

图 6-10　垄断竞争企业短期均衡的形成过程

四、垄断竞争企业的长期决策

垄断竞争企业在短期内可能获取经济利润，但这只能是暂时的。由于企业可以自由地进入或退出市场，不存在作用很大的行业壁垒，当有经济利润时，新企业会进入市场，原有的企业也会扩大生产规模。结果一方面使价格下降，价格从短期内大于平均成本下降到在长期内等于平均成本。另一方面新企业的出现必然会减少该行业中原有企业的市场份额。因而，原先的市场份额需求曲线 DD 以及企业自认的需求曲线 dd 和边际收益曲线 MR_d 都将向左下方移动，企业进行价格和产量调整。当形成图 6-11 所示情况时，这个垄断竞争行业实现了长期均衡（当存在经济亏损时，调整过程相反）。

在图 6-11 中，当企业达到产量 Q^e 时，$MR_d=LMC$，符合利润最大化要求。这一产量在需求曲线上的对应点是 dd 曲线和 DD 曲线的交点，因而企业将能以预期的价格 P^e 出售完所生产的全部产品 Q^e。此外，在 Q^e 产量水平上，由于 $P^e=LAC$，使企业只能获得正常利润，垄断竞争企业达到了长期均衡。

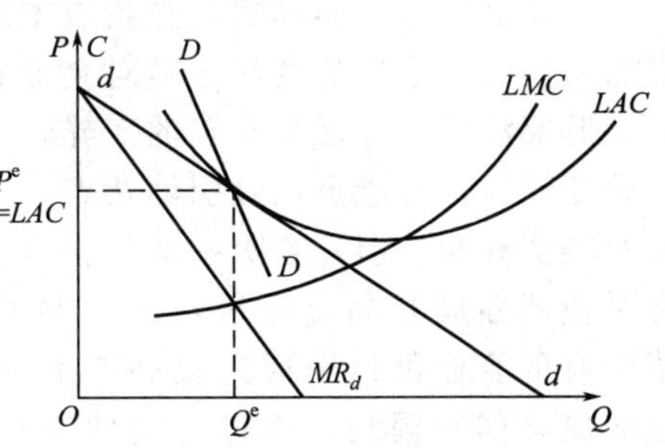

图 6-11　垄断竞争企业的长期均衡

需要注意的是，虽然垄断竞争企业存在短期均衡和长期均衡，但很难说垄断竞争企业有供给曲线。其中一个重要原因是：供给曲线表示生产同质产品并接受同一价格条件下价格和产量之间的关系，而垄断竞争市场产品有差别，既然它们的产品不是完全同质的产品，因而价格也很难说是同一价格。

【例 6-4】 垄断竞争市场上，某企业的需求方程为：$P=309.75-Q$；长期总成本方程为 $TC=400Q-20Q^2+Q^3$。求该企业长期均衡价格及产量。该企业将获得多少经济利润？

解：因为

$$AC=\frac{TC}{Q}=400-20Q+Q^2$$

垄断竞争市场长期均衡时，$P=AC$，即

$$P=309.75-Q=400-20Q+Q^2$$

移项，得

$$Q^2-19Q+90.25=0$$

解得

$$Q=9.5$$

代入需求方程，得到

$$P=309.75-9.5=300.25$$

因为价格等于平均成本，所以经济利润为零。

五、垄断竞争条件下企业的竞争策略

在完全竞争市场里，唯一的也是最佳的竞争策略就是低成本策略。在垄断竞争市场，制定竞争策略要比在完全竞争市场制定竞争策略复杂得多。

垄断竞争企业实现长期均衡后，企业只能得到正常利润，那么怎么才能改善利润状况呢？由于企业影响价格、控制价格的能力相对较弱，因而会采取各种形式的非价格竞争手段，努力形成产品的差别。形成产品差别可以从两个角度进行：一个是从产品自身品质的变异上下工夫，这就是品质竞争；另一个是从消费者对产品的心理感觉上下工夫，这就是各种促销活动的竞争。

1. 品质竞争

品质竞争就是企业在产品上引进新的、与竞争对手不同的、能更加迎合顾客需要的特征，以吸引更多的消费者。它包括提高产品质量、改进产品性能和结构、增加产品用途，也

可以从包装、售后服务上下工夫，千方百计制造产品差别来满足不同消费者的需要。较小的企业还可以把产品设计为只为市场上某一特定顾客群的特定需要服务，而不是面向整个市场，以求至少在这一细分市场上取得自己的优势，从而在整个市场上为自己找到并占领适合的位置。

产品品质的变异自然会导致成本的增加，只有当因品质变异而增加的成本小于因变异而增加的收益，这样的变异才是对企业有利的变异。

但要注意：即使是有利的变异，也只是在短期内使垄断竞争企业取得经济利润。企业在产品变异后，可能更加吸引消费者，因此可以有更高的价格，更大的销量，在短期内取得较多的经济利润。但这会吸引新的企业进入这一行业，从而使经济利润产生损失。因此，需要企业不断展开品质竞争，使产品品质不断变异，以期获得短期的利益。但从长期看，若所有的企业都试图通过提高产品差别程度来增加市场份额，那么结果只能是使所有企业的成本同时提高。不过，消费者可能愿意支付更高的价格来换取对品种繁多的产品的自由选择。

2. 各种促销活动的竞争

在完全竞争市场，产品同质，企业不需要做广告，只要按照市场价格，想卖多少就可以卖多少。但在垄断竞争市场，广告竞争、CI 策划以及一些别的促销活动常常是品质竞争的重要补充。一般的消费者对产品的结构、性能等品质差异的评价能力是有限的，通过广告等促销活动能向消费者提供产品信息，起到显示、强化产品差异化的作用。当然，广告费等的支出也并不是越多越好，因为边际收益递减规律对广告支出等也是适用的。此外，从全社会看，广告宣传以及促销活动等的支出是否意味着资源的浪费，也是经济学家经常探讨的课题。市场上的大量广告，有的是有用的，因为它为消费者提供了信息，但过于庞大的广告支出会造成资源浪费和抬高价格，再加上某些广告内容过于夸张，这些都是对消费者不利的。

企业采用非价格手段进行竞争，也会引起对方的反应，但这种反应比起价格竞争引起的反应要慢得多。这是因为非价格因素的变化，一般不易被对方发觉，即使对方发觉，到有所反应也要有一个过程（如设计新产品、训练推销人员等都需要时间）。此外，非价格竞争的效果比较持久。非价格竞争的效果集中到一点就是改善了消费者对企业产品的看法，使本企业的产品在消费者心目中与别的企业的产品区别开来。一旦企业在竞争中取得了这种效果，对方要把顾客重新夺回去是不很容易的，因为这需要将顾客对产品的看法再扭转过来。

六、对垄断竞争市场经济效率的评价

垄断竞争作为垄断和竞争的结合，兼有两者的优缺点。与完全竞争企业相比，垄断竞争企业产量较低而价格较高。与垄断企业相比，垄断竞争企业的产量较高，价格较低，利润也较低。

从长期看，垄断竞争企业的经济利润趋于零，没有垄断利润，只获得正常利润。因此，这种市场结构在分配上是公正的。

从效率上看，垄断竞争的市场结构存在着两个弊病。①生产不足。垄断竞争企业达到长期均衡时，$P>MC$，意味着多生产一单位产品的边际社会收益大于它的边际社会成本。从社会资源合理分配的角度看，企业生产不足。②生产效率不高。垄断竞争企业在均衡时，企业并没有在长期平均成本曲线的最低点上进行生产，说明它的生产能力没有得到充分利用，生产效率没有达到最高。此外，垄断竞争企业进行的非价格竞争一定程度上是对资源的浪费。

第五节 寡头垄断市场的企业行为模式

寡头垄断的市场结构，是指少数几家企业控制整个市场的产品的生产和销售的一种市场组织。这样的少数几家企业之间实际上是相互依赖的。

寡头垄断市场被认为是一种较为普遍的市场组织。按产值计算，当今世界上大部分工业制成品是寡头垄断行业制造的。例如，在美国，电气行业的大部分被通用电气和西屋电子所统治；航空工业则是被波音、通用、麦道、联合技术和其他少数企业所垄断；汽车行业的三大汽车公司——通用、福特和克莱斯勒的产量几乎等于美国全部汽车的总产量。

一、寡头垄断市场的主要特征和分类

1. 寡头垄断市场的主要特征

形成寡头垄断市场结构的主要原因是企业的规模经济性。寡头垄断市场是一种以垄断因素为主，同时存在竞争的一种比较现实的混合市场，其更接近于完全垄断的市场结构。寡头垄断市场的主要特征如下：

① 产品差别可有可无；

② 市场进入非常困难；

③ 行业内企业屈指可数；

④ 企业间利害关系直接，相互关系密切，相互依存。

与其他市场结构相比，寡头垄断市场的一个显著特点就是为数不多的企业之间存在着相互影响。由于一个行业里只有几家企业，任何一家企业的行为对整个市场就显得举足轻重。当一家企业的价格和产量发生了变化，就会影响到其他企业的销售量和利润，这样势必会引起这些企业做出反应。所以，任何一家企业对自己的价格和产量的决策都是在充分考虑了相互影响的条件下做出的。在完全竞争和垄断竞争条件下，企业数目众多，每家企业的产量只占市场份额很小的部分，因而任何一家企业的行为对市场都不会产生明显影响。在完全垄断条件下，由于一个行业只有一家企业，也谈不上企业间相互影响的问题。

2. 寡头垄断市场的分类

依据产品的类型，寡头垄断可以分为纯粹寡头垄断和差别寡头垄断。企业生产的产品没有差别的就是纯粹寡头垄断，如钢铁、水泥等。企业生产的产品有差别的则是差别寡头垄断，如汽车、冰箱等。生产的产品类型可以影响寡头的战略决策行为。

依据企业的行为方式，寡头垄断可以分为合作的和非合作的（勾结行为和独立行动）。合作的寡头垄断倾向跟随对手的变化。例如，如果对手涨价，一个合作的寡头将会跟着涨价，而非合作寡头则不会跟随变化，而是保持低价以便从高价者那里吸引购买者。

经济学家认为，分析寡头垄断市场的产量和价格决定是很困难的。第一，寡头垄断市场情况复杂，比如企业数目可以是两个或十几个；产品可能相同或者有差别；企业可以各自单独行动，也可以达成协议联合行动，等等。对于各不相同的具体情况，很难建立起一个统一的理论模式来说明企业的行为。第二，由于寡头垄断企业之间存在着相互影响，企业难以准确预测竞争对手的反应，因而也就难以准确地估计自己面临的需求和边际收益。所以，企业无法确定获得最大利润的产量及相应的价格水平。一般来说，不知道竞争对手的反应方式就无法建立寡头垄断企业的模型。因为有多少关于竞争对手反应方式的假定，就会有多少寡头垄断企业的模型，就可以得到多少不同的结果。此外，寡头垄断企业千变万化的实际行为远远超过理论分析的假设条件所涉及的范围。

寡头垄断市场的复杂性使得经济学至今还难以运用一套完整统一的理论去解释所有的寡头企业的行为，而是根据不同寡头市场的不同特征，建立不同的模型框架，进而解释企业的不同行为。

3. 寡头垄断模型

寡头垄断企业间存在着密切的联系，企业的任何决策都必须考虑竞争对手的反应。对竞争对手的反应方式做不同的假设可以得到不同的寡头垄断市场模型。因此，没有统一的寡头垄断市场模型。寡头垄断模型分为两类：一类是无合作寡头模型，如斯威齐模型和博弈论模型等；一类是有合作寡头模型，如卡特尔模型和价格领导模型等。

二、斯威齐模型

斯威齐模型又叫做弯折的需求曲线模型，该模型是由美国经济学家保罗·斯威齐于1939年提出的，主要用来解释寡头垄断市场上价格刚性（价格比较稳定）现象。

该模型的基本假设条件如下。①产品的市场价格已确定。②如果一个寡头企业提高价格，行业中的其他寡头企业都不会跟着改变自己的价格，因而提价的寡头企业的销售量将减少很多。反之，如果一个寡头企业降低其价格，行业中的其他寡头企业也会将价格下降到相同的水平，以避免销售份额的减少。所以，率先降价的寡头企业的销售量增加是有限的。

根据基本假设条件，可以推导出寡头垄断企业以市场价格为界的一条弯折的需求曲线，见图6-12。

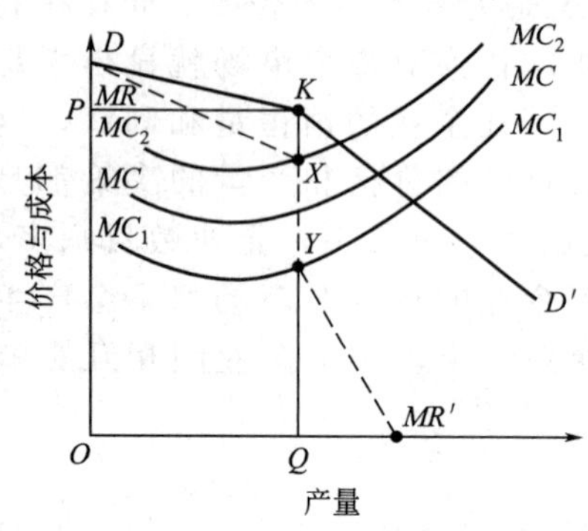

图6-12　弯折的需求曲线模型

在图6-12中，假定开始时的市场价格为P。寡头垄断企业如果提高价格，那么竞争对手并不跟着提价，从而趁机抢占市场。因此，P以上部分的需求曲线很平坦，需求弹性很大。企业如果为了扩大销售从价格P向下降价，其他企业怕失去市场份额，也会相应地降价。因此，企业降价不会带来销量的显著增加，P以下的需求曲线较陡，需求弹性比较小。由此，寡头垄断企业的需求曲线在价格P处发生了拐折，由需求弹性比较大的DK段和需求弹性比较小的KD'段组成。这条弯折的需求曲线表示该寡头企业从K点出发，在各个价格水平所面临的市场需求量。

由弯折的需求曲线可得到间断的边际收益曲线。图中与需求曲线DK段所对应的边际收益曲线为MRX，与需求曲线KD'所对应的边际收益曲线为$MR'Y$，两者结合在一起，便构成了寡头企业的间断的边际收益曲线，其间断部分为垂直虚线XY。

利用间断的边际收益曲线可以解释寡头垄断市场上的价格刚性现象。在图6-12中，如果当前的边际成本曲线是MC，根据$MC=MR$确定的最优价格是P，最优产量是Q。只要边际成本曲线在缺口XY之间摆动，那么企业利润最大化时的最优价格和最优产量决策就不变。只有当技术上有很大突破，企业的成本变化很大，边际成本曲线的变动超出XY范围时，才会影响均衡价格和均衡产量水平。

弯折的需求曲线的价格决策模式从理论上说明：在寡头垄断条件下，通常产品的价格具有刚性，一旦企业规定了产品的价格，就不轻易变动。所以，在寡头垄断条件下，企业之间的竞争主要不是通过价格，而是体现在非价格方面，包括产品差异和广告竞争等。

斯威齐模型以企业跟跌不跟涨的行为假设为基础，较好地解释了寡头垄断市场价格较平稳的现象。但是，弯折的需求曲线分析存在两个缺点。①没有解释具有刚性的价格本身是如何形成的。②当宏观经济不稳定时，寡头垄断企业的价格并不像折线需求理论讲的那样具有刚性。例如，在通货膨胀时期，许多寡头都会经常且大幅度地提高他们的价格，而在衰退时期，有的寡头会降价。在某些情况下，竞争对手为维护其市场份额而进行一轮又一轮的降价，降价会引起一场价格战。

案例 6-6

染色皮革为什么不降价?

经济学家发现，丹麦一家企业制鞋用的染色皮革比黑色皮革定价高。这种价格差别自1890年以来就一直存在，因为当时染色皮革制作成本比黑色皮革高。但现在染色皮革的成本已下降。当问及为什么定价政策一直未变时，企业经理回答："也许我们应该提高黑色皮革的价格和降低染色皮革的价格，但我们不敢这样做。因为如果这样做，我们的竞争者也会降低染色皮鞋价格，我们就会冒卖不出黑色皮鞋的风险。"

该经理的解释是与弯折需求曲线模型一致的。他认为，黑色皮鞋涨价，竞争者不一定涨价，就有可能失去市场；染色皮鞋降价会导致竞争者降价，销售量只会增加很少。因此，两种皮鞋之间的价格差别就一直保留下来，即使是成本已发生变化。

三、卡特尔模型

1. 卡特尔模型

在寡头垄断的市场中，如果几家寡头垄断企业联合起来，共同规定一个价格，它们就有可能像垄断企业一样定高价，使共同的利润最大，从而实现寡头垄断企业的"双赢"或"多赢"。这种联合有公开和暗中之分。由寡头企业签署的在定价和确定产量水平方面合作的公开的正式协议称为卡特尔；达成非正式的秘密协议叫做串谋。

并不是市场上的所有企业都会参加，大多数卡特尔只包括一部分主要企业。只要卡特尔成员所占据的市场份额之和相当大，各个成员又能够遵守卡特尔的协定，并且市场需求又缺乏弹性，则卡特尔组织就有可能把市场价格提高到远大于竞争的水平。石油输出国组织（欧佩克，OPEC）就是卡特尔模型的一个典型案例。

在大多数情况下，卡特尔带来的"双赢"或"多赢"是以牺牲消费者利益为前提的，所以在西方发达国家，企业之间的共谋协议一般会被认为是非法的。例如，美国在1890年通过的《谢尔曼法》，明确限制各种类型的企业共谋。一些因企业非法共谋而引起的司法案件也时常见诸报端。比如，在20世纪50年代，包括美国通用电气公司、威斯汀豪斯公司和埃利斯·查尔莫斯公司等几家大型电气设备公司以及它们的一些高层主管人员因参与制定固定某些商品价格和瓜分市场的协议而被判有罪。1994年，通用电气公司又一次被控与第比尔公司共谋固定工业钻石的价格。

案例 6-7

中国彩电企业的价格联盟

2000年，国内9大彩电企业结盟深圳，以同行议价形式共同提高彩电零售价格并迫使彩管供应商降价。此举表面上看是抑制彩电业过度的价格竞争，但实质上维护的仅是联盟成员的利益，不利于彩电企业的竞争与发展，不符合公平竞争的市场原则。

随后，国家计委，国家信息产业部召集价格峰会的成员，对峰会性质定论。据透露，国家信息产业部的有关负责人士认为，经过调查，彩电峰会的实际情况和媒体报道的的确有些出入，但是彩电峰会在两点做法上存在错位：一是峰会上公布了彩电的最低限价，并在媒体上公布，这种价格串联的形式其实也是价格垄断的一种，是错误行为；二是峰会组织了价格巡视小组赴全国各地视察彩电的价格，这种职能只有国家的有关执法机关才有，企业的价格巡视只能作为一种市场调查。

2. 卡特尔的利润最大化和产量分配

卡特尔以全体企业的总利润最大化为目标来确定各企业的共同价格和产量，然后根据各企业边际成本都相等的原则分配产量限额（这样可使整个卡特尔的总生产成本最低或利润最大）。

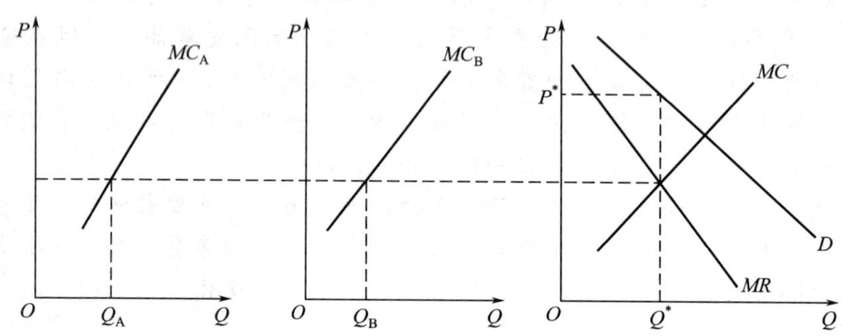

图 6-13 卡特尔的定价与产量分配

在图 6-13 中，假定一个卡特尔中有 A 和 B 两家寡头垄断企业，边际成本曲线为 MC_A 和 MC_B，据此可以确定出卡特尔的边际成本曲线 MC（等于各企业的边际成本曲线横向相加）。卡特尔的需求曲线为 D，据此确定出卡特尔总的边际收益曲线 MR。由 MR 和 MC 交点，可得到卡特尔的最优总产量 Q^* 和最优价格 P^*。整个卡特尔的产量和价格确定后，下一步是对卡特尔所属企业分配产量份额。办法是依照边际成本都相等的原则进行分配，因为这样可使整个卡特尔的总成本最低或利润最大。在图 6-13 中从 MC 曲线和 MR 曲线的交点引一条水平线，分别与 MC_A 和 MC_B 相交，就可使各企业的边际成本相等，得到企业 A 和企业 B 的最优产量配额 Q_A 和 Q_B。

【例 6-5】 A、B 和 C 三国的生产者结成了一个在全球销售珍贵沙漠绿洲矿泉水的卡特尔。假设全球对该矿泉水的需求方程为 $P=8.3-0.0005Q_T$，式中 Q_T 为卡特尔销售的总加仑数，各生产者在每加仑 5.65 美元价格点实现了利润最大化。又假设各国的边际成本方程分别为 A 国：$MC_A=0.25+0.00125Q_A$；B 国：$MC_B=0.6+0.002Q_B$；C 国：$MC_C=0.15+0.0015Q_C$。卡特尔管理者应当如何在各国间分配产量？

解：由于卡特尔在 5.65 美元价格点成功实现了利润最大化，因此，以上 3 个边际成本方程便都应当在该价格点等于 MR（即 $MC_A=MC_B=MC_C=MR$）。

为确定 Q_T，将 5.65 美元代入需求曲线方程，得

$$Q_T=\frac{8.3-P}{0.0005}=\frac{8.3-5.65}{0.0005}=5300$$

给定需求曲线的边际收益曲线为

$$MR=\frac{dTR}{dQ}=\frac{dPQ}{dQ}=\frac{d(8.3Q-0.0005Q^2)}{dQ}=8.3-0.001Q$$

将 $Q_T=5300$ 代入 MR 方程，得

$$MR=8.3-5.3=3$$

令 3 个 MC 方程等于 3，有

A 国 $$MC_A=0.25+0.00125Q_A=3$$

得到 $$Q_A=2200$$

同理，B 国 $Q_B=1200$；C 国 $Q_C=1900$。

在现实中，大多数卡特尔往往是很不稳定的。因为卡特尔的核心问题就是对产量份额或配额的监督，发现违反配额的现象和有效地实施惩罚措施几乎是不可能的。因此，卡特尔成员往往表面遵守协议，暗中互相欺骗，从而导致卡特尔的迅速瓦解。

案例 6-8

石油输出国组织

石油输出国组织（OPEC）是一个由主要石油生产国组成的集团。该组织在 20 世纪 70～80年代初有效地控制了世界石油的价格。让世人领教了卡特尔的威力。它们实行的限产保价的政策，使世界石油的价格由 1973 年的每桶 2.91 美元上升到 80 年代初的 40 美元左右。然而，从 1982 年起，形势发生了逆转，一部分原因是由于世界其他地区的石油产量在高价格的鼓励下开始高速增长（如墨西哥油田、阿拉斯加油田等），同时消费者的节能措施和寻找石油替代品的努力大大降低了高价石油的需求。而最重要的原因则是 OPEC 内部欺骗时有发生，使实际产量大大超过限产计划，并且各国一直为市场份额的分配争抗不休。从 80 年代起，产量配额对各国的约束力越来越小，可以说目前的 OPEC 已失去了往日的威风。

四、价格领导模型

由于寡头垄断形成卡特尔常常是不稳定的，而且这种公开的共谋在许多场合是非法的，要受到反垄断法的限制。于是，寡头垄断企业之间有时会形成一种暗中默契的方式。这种暗中默契的主要方式是价格领导。当行业中某个或少数几个企业公开确定价格以后，其他企业就会追随其价格。这种定价方式称为价格领导模型。率先定价的企业被称为价格领导者，其他企业则是价格跟随者。价格领导模型的最终建立在很大程度上依赖于各企业产品的差异化程度。

价格领导模型又称为斯塔克尔伯格模型。行业中企业的数量越少，价格领导就可能越有效。价格领导可分为 3 种形式：支配型企业价格领导、气压计式价格领导和低成本企业价格领导。

支配型企业价格领导，通常是生产规模和市场占有都比较大、地位稳固的企业做价格领导。由于规模经济性，企业生产成本较低并且在市场上有销售方面的优势，因此，企业有承担首先调整价格所带来的风险的能力，同时有把握预见到其他企业也能跟随自己确定价格。这样，领导企业就处在一个相当于完全垄断的地位，是价格的制定者；其他企业所在的地位相当于在完全竞争市场上的企业，只是价格被动的接受者。

气压计式价格领导是一家企业宣布价格变动，并正确地解释正在改变的需求和成本条件，从而使提出的价格变动被接受并具刚性。这些条件变化可能包括伴随行业内库存量的增加（或短缺）而形成的成本增加（或下降）和销售疲软（或过旺）。气压计式价格领导的实质不过是首先对市场条件变化做出一种反应，其他企业发现跟随这个价格符合它们的最大利益。这个领导企业不必是行业中的最大公司。实际上，这个价格领导企业是不断变化的。

低成本企业价格领导是由生产成本较低的企业制定价格。例如，有 A、B 两个企业，B 企业的生产成本低于 A 企业的生产成本，当然 B 企业有条件将价格降到 A 企业的平均成本最低点以下，这样 A 企业发生亏损，有可能退出行业，B 企业成了完全垄断企业，这会触犯反垄断法。企业 B 的合适做法就是将价格降到企业 A 的平均成本最低点，使 A 企业仍然愿意继续留在这个行业内，B 企业因成本更低而取得经济利润。

案例 6-9

气压计式价格领导：美国航空公司和大陆航空公司

1989 年 9 月 18 日，美国航空公司宣布自 9 月 29 日开始提高票价，提高的票价与起飞之前购票的天数有关。14 天的从 10 美元调到 20 美元，7 天的从 30 美元调到 80 美元，2 天的从 60 美元调到 80 美元。以上票价转天就出现在航空交通出版公司的计算机数据库中。9 月 20 日，中路公司和 TWA 公司也按照美航的新票价，提高了自己的票价。9 月 21 日，德尔塔、泛美和大陆公司也增加了相同的票价。在随后的几天内，联航、西北和美国合众国公司都进行了调价。

如果其他公司不同意领导企业对市场条件和正在变化的成本方式的评估，竞争对手可能会宣布一系列或高或低的价格，直到所有的企业（经过试错过程或明显的共谋）就新的价格范围达成总体协议。

1989 年 4 月，大陆航空公司提出从 5 月 27 日开始将往返旅游票价提高 20～80 美元。包括 TWA、联航和西北在内的各家航空公司开始同意跟进大陆航空公司的高价。可是，当美航、德尔塔和美国合众国等其他公司拒绝跟进这个价格变化时，航空行业就发生了分裂。在此行动之后，包括西北公司（曾经跟随大陆公司的领导）在内的几家公司又取消了原先已经宣布的提高价格决定。大陆公司此时若想保持对其他公司的竞争力，就不得不撤回其提价建议。可以举出各种原因说明为什么其他航空公司不跟随大陆公司的建议，包括夏季航空旅行的需求较弱（根据提前订票情况），其他公司想给有债务的大陆公司增加财务压力（这个公司最终于 1990 年 12 月申请破产保护），以及政府官员对提高票价和航空业合并所表示的关注等。

五、博弈论模型

在相互依存的寡头垄断市场上，当两个或两个以上竞争对手处于势均力敌时，价格领导模型就不适用了。寡头垄断行为具有一些博弈的特征。博弈论模型提供了一个在相互依存情况下如何进行战略决策的指导工具。博弈论又称对策论，它是研究参与者各自所选策略的科学，现在已被广泛应用于政治、外交、军事和经济等研究领域。

博弈论是在人们自利行为的假设前提下，研究人们如何做出最优决策。即每个人所做出的决定是对自己有利而不管对其他人是否有利。博弈论模型可以用来解释寡头垄断市场里因广告引起的资源浪费。

假设寡头市场中只有两个寡头企业 A 和 B，两家企业都在决定广告预算的大小，每个企业只有高预算（广告费 100 万元）和低预算（广告费 20 万元）两种选择。广告策略的 4 种可能组合的收益情况见表 6-2。

表 6-2　广告对策矩阵　　单位：万元

A企业的利润 / B企业的利润		A企业广告预算费	
		100	20
B企业广告预算费	100	0 0	−40 120
	20	120 −40	80 80

从表 6-2 中的数字可以看出，如果企业 A 选择低预算广告，企业 B 也选择低预算广告，则企业 A 知道它的利润会很大；如果企业 A 选择低预算广告而企业 B 选择了高预算广告，则企业 B 的广告会夺走企业 A 的大量销售，企业 B 的利润会很高，而企业 A 则蒙受损失；

如果企业 A 选择了高预算广告而企业 B 选择了低预算广告，则企业 A 会夺走企业 B 的大量销售，进而获得高利润，使企业 B 蒙受损失；如果两企业都选择了高预算，则双方谁也不会增加收益。

实际上，如果两家企业都选择低预算，每家企业的利润是 80 万元，利润都会增加。但是，两家企业都不敢这样决策，因为另一企业有可能选择高预算而使其减少盈利 40 万元。权衡利弊得失，企业 A 和 B 均会选择高预算，结果双方盈利均不变，两家企业都少得利润，资源浪费在互相抵消的广告上。因此，竞争的双方从各自的利益出发做出的决策并没有得到对双方来说最好的结果，相反最后竟都选择一种对双方都不利的策略。

案例 6-10

囚犯的窘境

假定有两个嫌疑犯被隔离在两个房间里进行审讯。若两个人都不坦白，那么由于证据不够充足，各判 2 年徒刑；1 人坦白 1 人不坦白，那么坦白者可从宽处理，只判 1 年徒刑，而不坦白者从严处理，判 10 年；若两人同时坦白，则证据确凿，各判 5 年徒刑。见图 6-14。

在这里 X 和 Y 虽然都是独立选择，但结果却取决于对方选择什么策略。在这种情况下，X 和 Y 多半会选择坦白。因为 X 会这么想：如果在另一房间的 Y 不坦白，那么我坦白的话（1 年）比不坦白（2 年）更有利；若 Y 坦白了，那么我坦白比不坦白要少蹲 5 年牢。因此，无论如何，坦白都比不坦白好。同样，Y 也会这样想，结果是两人一起坐 5 年牢。如果两人守口如瓶的话，就可以少蹲 3 年牢了。所以有时候试图做出最佳“决策”却带来“最坏”的结果。

Y的策略 ＼ X的策略	坦　白	不坦白
坦白	X 判 5 年 Y 判 5 年	X 判 10 年 Y 判 1 年
不坦白	X 判 1 年 Y 判 10 年	X 判 2 年 Y 判 2 年

图 6-14　囚犯的窘境

本章小结

在经济分析中，根据市场竞争程度的不同，将市场划分为完全竞争市场、完全垄断市场、垄断竞争市场和寡头垄断市场 4 种类型。不同的市场结构具有不同的特点。

企业追求利润最大化是其基本的行为特征，但在不同的市场结构下表现出不同的行为模式。市场上企业利润最大化的必要条件是边际收益等于边际成本，这对各类市场都适用。

完全竞争是一种理想化的市场结构。完全竞争市场有以下 4 个主要特征：市场上有大量的买者和卖者；市场上每一个企业提供的商品都是同质的；生产者出入这个行业是自由的；信息是完全的。理论分析中所假设的完全竞争市场的条件是非常苛刻的，在现实生活中，真正符合以上4个条件的市场是不存在的。在完全竞争市场中，企业所面临的需求曲线、平均收益曲线、边际收益曲线合为一条曲线，这是完全竞争市场的显著特点。

在完全竞争的市场结构下，每个企业都对市场价格缺乏影响力，他们所能做的只是选择合适的产量，使自己生产的边际成本等于市场价格。完全竞争企业短期均衡的条件是 $P=MR=MC$。在短期均衡中，企业可能获得最大利润，可能利润为零，也可能蒙受最小亏损。在长期内，完全竞争市场由于竞争的激烈和市场进出的自由，所有企业趋向于成本结构相同。完全竞争企业的长期条件是 $P=MR=LMC=LAC$。此时，经济利润为零，企业实现正常利润。完全竞争市场的经济效率被认为是最高的。

完全垄断市场具有如下4项特征：市场上只有一个企业生产和销售某些特定的商品；该企业生产和销售的商品没有任何相近的替代品；其他任何企业进入该行业都极为困难或不可能；该企业是价格的制定者或价格的发现者，而不是价格的接受者。完全垄断市场的显著特点是平均收益曲线与边际收益曲线分离。和完全竞争市场一样，完全垄断在现实的经济生活里并不存在。

完全垄断企业在短期均衡和长期均衡中都可能获取超额利润。完全垄断企业的短期均衡产量及价格应满足 $MR=MC$，其长期均衡条件是 $MR=LMC$。完全垄断企业和完全竞争企业相比，往往以较高的价格出售较少的产品。在多数情况下，完全垄断只对生产者有利，世界各国普遍都采取反垄断措施。完全垄断市场的经济效率被认为是最低的。

垄断竞争市场与寡头垄断市场是现实中的市场。垄断竞争市场是一种与完全竞争市场比较接近的竞争状况。其市场结构的主要特征为：行业中企业数量多而规模相对较小；企业进出行业比较自由；企业生产产品类似但彼此又有差别。在这3个特征中，第一、第二个特征是竞争性特征，第3个特征是垄断性特征。垄断竞争就是这两种特征的结合。在垄断竞争市场里，制定竞争策略要比完全竞争市场复杂得多。垄断竞争企业面临的是一条略向下倾斜的需求曲线，价格弹性很大，但企业有了一定程度的定价权，价格与需求数量成反比。

垄断竞争企业短期均衡的条件为 $MR=MC$。此时，垄断竞争企业可能获得最大利润，可能利润为零，也可能蒙受最小亏损。垄断竞争企业的长期均衡的条件是 $MR=LMC$。垄断竞争企业在短期均衡时可获得经济利润，长期均衡时不能获得经济利润。

垄断竞争企业之间除了价格竞争之外，还存在着非价格竞争。非价格竞争包括品质竞争和广告竞争。品质竞争是努力以产品的差别适应消费者的需要，广告竞争是努力使消费者的需求去适应产品的差别。消费者从品质竞争中的得益要大于从广告竞争中的得益。

寡头垄断是一种更加激烈的竞争。寡头垄断市场的主要特征有：产品差别可有可无；市场进入非常困难；行业内企业屈指可数；企业间利害关系直接，相互关系密切，相互依存。这种市场的最大特点是企业之间的行为相互依存、相互影响。寡头与完全竞争者和垄断竞争者有着相同的目标——利润最大化。但是，由于寡头企业之间的相互依赖性，使寡头处于比完全竞争者和垄断竞争者更为复杂的情况。

寡头存在两种矛盾的行为方式：合作的和非合作的。合作的寡头倾向跟随对手的变化；非合作寡头则不会跟随变化。寡头垄断市场模型主要有斯威齐模型、卡特尔模型、价格领导模型、博弈论模型等。

重要名词术语

完全竞争　完全垄断　垄断竞争
寡头垄断　主观需求曲线　有效需求曲线
斯威齐模型　卡特尔模型　价格领导模型
博弈论模型

复习思考题

1. 阐述4种不同市场结构的特点，并从现实生活中举出一些企业，说明它们分别属于（或接近于）哪类的市场结构。

2. 在完全竞争行业和垄断竞争行业中，从长期看，经济利润会消失，为什么？阐述经济利润消失的过程。

3. 在完全竞争市场结构和垄断竞争市场结构下，企业的竞争策略有何不同？

4. 垄断竞争市场的非价格竞争表现在哪些方面？

5. 如何评价完全竞争市场和完全垄断市场的经济效率？

6. 简要说明卡特尔为实现利润最大化而在成员间分配产量时所应遵循的准则。

作　业　题

1. 假设完全竞争市场的需求函数和供给函数分别为 $Q_d=50000-2000P$ 和 $Q_s=40000+3000P$。求：

① 市场均衡价格和均衡产量。

② 企业的需求函数。

2. 完全竞争行业中某企业的成本函数为 $STC=Q^3-6Q^2+30Q+40$，成本用美元计算，假设产品价格为66美元。

① 求利润最大时的产量及利润总额。

② 由于竞争市场供求发生变化，由此决定的新的价格为30美元。在新的价格下，企业是否会发生亏损？如果会，最小的亏损额为多少？

③ 该企业在什么情况下才会退出该行业（停止生产）？

3. 某完全竞争行业中的每一个企业成本函数都是 $TC=40000+200Q+Q^2$。求在长期均衡时，该行业产品的市场价格是多少？每个企业的产量是多少？

4. 某牧场饲养了大量的羔羊，平均来说，屠宰每只羔羊除得到50斤鲜羊肉外，还得到一张羊皮。鲜羊肉可以在单价1.0元的完全竞争市场上出售，羊皮的需求函数为 $P=50-0.03Q$。若经营的总成本为 $TC=20000+20Q+0.01Q^2$，Q 为羊羔数。试求：为追求利润最大化，牧场经理应推销多少斤鲜羊肉，多少张羊皮？

5. 已知某完全垄断企业的成本函数为 $TC=0.5Q^2+10Q$，产品的需求函数为 $P=90-0.5Q$。

① 计算利润为最大时的产量、价格和利润。

② 假设国内市场的售价超过 $P=55$ 时，国外同质的产品将输入本国，计算售价 $P=55$ 时垄断企业提供的产量和赚得的利润。

6. 已知完全垄断企业的总成本函数为 $TC=40Q+Q^2$，产品的需求函数为 $Q=120-P$。求：

① 利润最大时的销售价格、产量和利润。

② 垄断企业收支相抵时的价格是多少？若垄断企业按此限价生产，产量和利润分别是多少？

7. 远大公司是一家生产热水器的中等规模公司，它所在行业属于垄断竞争市场结构。它的需求曲线估计为 $Q=4500-P$，短期总成本函数为 $STC=150000+400Q$（包括正常利润在内）。

① 求利润最大时的产量。

② 利润最大时产量的利润是多少？价格是多少？

③ 假定远大公司在行业中具有代表性，问这一行业是否处于长期均衡状态？

8. 某卡特尔由两家企业组成，它们的需求函数分别为 $Q=120-10P$ 和 $Q=12-0.1P$，它们的总成本函数分别为 $TC_1=4Q_1+0.1Q_1^2$ 和 $TC_2=2Q_2+0.1Q_2^2$。求：

① 卡特尔的最优产量和价格。

② 为了使整个卡特尔的总成本最低，卡特尔应该如何在企业之间分配产量？每个企业的利润各为多少？

9. 案例分析

卷烟纸厂间的竞争

20 世纪 80 年代中期，由于人们收入的普遍提高，人们对香烟的需求数量和档次都有了显著提高，这就刺激了卷烟厂的生产，同时也推动了卷烟纸厂的生产。原来全国三五家卷烟纸厂的生产远远满足不了需求，各地卷烟纸厂纷纷上马，一时全国卷烟纸厂达到二十几家，卷烟纸市场立刻供大于求。卖方市场转变成买方市场，卷烟纸厂生产厂家之间展开了激烈的竞争。一开始是价格竞争，由于规模经济的作用，一些小纸厂处于劣势地位，在国家有关部门和地方政府的帮助下，相继转产。剩下的企业又展开了质量竞争，竞争的结果剩下 5 家最大的生产厂瓜分全国市场，分别是杭州 2 家、牡丹江 1 家、安徽 1 家、唐山 1 家，5 家力量势均力敌。

20 世纪 90 年代，又出现了新的变化。由于卷烟厂进口的卷烟机的速度进一步提高，国产纸无法达到进口卷烟机速度的要求，致使进口卷烟纸打进国内市场。原有的市场均衡被打破了，国内 5 家卷烟纸厂由于技术条件的限制，谁的质量一时也上不去，为了各自的利益，又开始了恶性的价格竞争，结果使 5 家卷烟纸厂均走向了亏损。

1992 年上半年，在国家轻工总会造纸司的协调下，5 家造纸厂负责人坐到一起，达成了协议，对各种档次的国产卷烟纸进行最低限价，大家各自寻找自己的优劣势，优势者继续占领卷烟纸市场，劣势者积极寻找转产出路。共同的利益使国有企业之间的竞争不是无情的竞争，而是一种“亲兄弟，明算账”的竞争形式。

案例思考题：

① 你认为卷烟纸行业属于哪种市场结构？结合本案例说一说这种市场结构有何特点？

② 在这种竞争环境下，企业应当如何制定经营策略？

第七章　企业定价决策

学习目标

1. 熟悉企业的各种定价目标。
2. 熟悉定价的基本程序，明确影响产品定价的因素。
3. 掌握成本导向、需求导向及竞争导向定价的主要方法。
4. 学会灵活运用定价策略。

在市场经济中，价格竞争是一种很重要的竞争。企业为了生存与发展，必须正确地制定价格。如果企业只生产一种产品，面对一个市场，企业的目标只是追求最大利润，使用利润最大化（$MR=MC$）方法定价就可以了。但实际上，企业面临的情况要复杂得多。例如，企业往往生产多种产品，面对多个市场（如国际市场和国内市场）。这些市场的竞争程度存在很大不同。再者，企业的近期目标也不一定是追求最大利润，它可能追求最大的市场份额、更高的声誉、满意的利润等。因而，在实际定价过程中，未必一定要使用利润最大化方法。这就决定了企业实际定价决策中方法和策略的多样化。本章将系统探讨企业的定价目标和影响定价的主要因素、企业产品定价的一般方法以及不同情况下的企业定价策略。

第一节　企业定价概述

企业要正确制定产品价格，首先要正确选定企业的定价目标，即企业通过定价要达到的目的，然后根据决定价格的诸因素，收集有关的资料和数据。

一、企业定价目标

企业定价目标是企业选择定价方法和定价策略的出发点和根据。所以目标越明确，定价就越容易。企业定价目标是多种多样的，但最主要的有以下 6 种。

1. 利润最大化

利润最大化是大多数企业追求的最直接的目标，但追求最大利润并不等于追求最高价格。当企业的产品在市场上处于绝对优势时，它固然可以实行高价策略并据此获得超额利润，然而，由于诸多因素的影响，如竞争加剧、替代品增加、需求减少等，企业要想长期维持高价几乎是不可能的。因此，最大利润并不来自于最高价格，只有合理的价格策略才是企业获取最大利润的保障。

追求最大利润通常有两层含义。一是指长期利润最大化，即企业应该着眼于获取长期的最大化利润。从长远着手，企业就有可能在竞争中获得更好的发展。这是因为，企业的利润归根结底来自于顾客，如果产品价格居高不下，则势必使顾客难以接受，造成产品销售困难。当然，在某些特定的情况下，企业可以高价来获取短时的最大利润，但富有远见的经营决策者，一般都会及早对企业的长期利润做出安排，以保证企业的持续发展。当今计算机界的翘楚 Intel 公司就是一个典型的例子。当奔腾芯片刚刚推出时，它制定了相对较高的价格，但随着产品的不断升级，Intel 及时调整定价策略，使热销之中的产品始终保持顾客能接受的合适价格，从而获取了长期的经营佳绩。二是指整体利润最大化，即企业获利应从其经营的所有产品来考虑。有时，尽管某些产品的定价可能会损害该产品本身的获益程度，但只要该产品的价格策略能促进其他产品销售的增长，并且促使企业整体利润的提高，那么企业所作的价格决策就是可行的。

2. 保持稳定的价格

保持稳定的价格通常是企业获得一定目标收益的必要条件，如果产品的价格波动太大且较频繁，则容易造成市场的紊乱，使顾客难以适从，也会损害产品乃至企业在顾客心目中的形象。当然，价格稳定指的也是一种相对状态，实际上任何产品都不可能保持永远不变的价格。一般来说，市场上出现的价格相对稳定状态是由价格领袖制导致的。价格领袖制又叫领导者价格。它是由行业中的大企业或主导企业先制定一个价格，其他企业的价格与之保持一定的比例，这样，便可使价格稳定在一定的水平上。对大企业而言，它是一种稳妥的保护政策；对中小企业来说，由于大企业不随意降价，自身利润也可得到保障。保持稳定的价格，既可以避免不必要的价格竞争，又可避免价格骤变的风险。当企业拥有较为丰富的后备资源，或者企业主要着眼于长期的发展时，需要一个稳定的市场，或者是在市场供求和价格经常发生波动的行业，企业往往都希望维持一个稳定的价格，以确保自身的地位不受影响。这种定价目标比较适合在行业中占主导地位的大型企业。从行业来说，以供应原材料为主的基础性行业较多采用这种定价目标。

3. 获取一定的投资收益率（资金利润率）

对企业来说，任何一项投资行为都希望可以获得一定的回报。产品的开发是一项耗费巨大的投资活动，企业自然会有相应的收益要求。企业预期的报酬水平通常是通过投资收益率来反映的。为了实现预期的利润，企业在定价时就要以达到这一目标为标准。由于竞争环境、企业实力以及产品本身都各不相同，因此各个企业的投资收益率也各有差别。但不论企业处于何种条件和生产何种产品，在确定自身的投资收益率时，首先都要进行相应的投入产出分析，即根据开发某种产品时的资源投入以及对应的产出情况，合理界定自身的收益水平。有了明确的获利标准，企业就可以按此要求确定产品的价格了。

4. 维持和增加市场占有率

市场是企业的生存基础，维持和增加市场占有率，对大、中、小企业来说，都是非常重要的目标。市场占有率高，说明企业的经营状况较好，产品竞争能力也较强。一个企业只有在产品市场逐渐扩大和销售额不断增加的情况下，才有可能获得长期的发展。所以，有人认为，用企业产品的市场占有率来表示企业的经营状况甚至比资金利润率要更确切。这是因为，某一企业在一定时期的资金利润率较高，可能是由于过去拥有较高市场占有率的结果。如果其市场占有率呈不断下降趋势，那么它的高资金利润率将无法维持；如果企业的市场占有率呈上升趋势，那么即使其暂时的资金利润率不高，但它发展的后劲会非常足，并最终将成为市场的赢家。从市场占有率出发确定企业的定价目标，主要出于两种考虑，一是为了维持企业原有的市场份额，延长产品的获利周期；二是为了打破市场均势，开拓新市场。必须明确的是，不管出于哪种考虑，如果单靠价格一个因素，企业是难以达到稳定和扩大市场份额目标的，价格只是其中一个重要因素，但并非是唯一的决定因素。更多的情况下，市场份额的增加要通过非价格因素的竞争才能实现。

5. 应付或防止竞争

竞争是市场经济的一个本质特征，每一个企业都必须面对竞争的现实。因此，许多企业在制定价格时，都将应付和防止竞争作为自身定价追求的目标。通常是以对产品价格有决定性影响的竞争者的价格为基础，在比较权衡的基础上，确定本企业的价格。一般而言，这种定价有3种可供选择的途径：以低于竞争者的价格销售产品；以与竞争者相同的价格销售产品；以高于竞争者的价格销售产品。企业在选择上述3种定价策略时，要根据具体的条件具体分析，尤其要结合产品性质和企业实力进行综合判断。小企业由于销售费用较低，一般可以将价格定在略低于领导企业的价位上，而那些实力雄厚、产品质量优良的企业，则可以考虑把价格定得高于竞争对手，以获得更多的利润。

6. 保持良好的分销渠道

随着市场竞争的不断加剧，产品的销售日渐困难，建立并且保持顺畅的分销渠道显得尤为重要。特别是对于那些大部分产品都需经由中间商推销的企业来说，更是如此。利用价格策略来维持产品分销渠道的稳定，则是一种方便有效的手段。因此，越来越多的企业在制定价格时都将这一方面的要求列入了可供选择的目标范围之中。事实上，在产品定价时考虑到分销商的利益是正常而且必要的举动，因为就大多数企业来说，其产品都是通过分销商来进行的。为了保证分销渠道的畅通无阻，企业必须研究产品定价对分销商的影响并为分销商留有足够的利润空间，从而调动其推销本企业产品的积极性。

二、企业定价原则与程序

1. 企业定价原则

企业应依据产品、服务的质量、成本、市场供求等因素，遵循公平、诚实信用的原则，合理、合法、规范化地定价，取得合法的利润，不能任意定价，不能从事不正当价格行为。要维护正常的价格秩序，开展正当的价格竞争，保护生产者、经营者和消费者的合法权益。要明码标价，不能谎称降价、优惠价、折扣价、最低价等进行价格欺诈，以不真实或无依据的标价误导、诱骗消费者。标价签、价目表须经价格监督检查机构监制，降价销售商品必须使用降价标签、价目表。不能以畸高或畸低的标价蛊惑消费者，扰乱市场秩序。不能以不提供发票作为降价的依据。不能在标价之外收取任何未予标明的费用。企业间不能相互串通、勾结，订立价格协议或达成价格默契，组织或明或暗的“价格联盟”，以“行业价格自律”为名联手操纵市场价格（提价、压价或保价），共谋垄断。不能捏造、散布涨价信息，哄抬市场价格，恶意“造市”，推动价格过高上涨。不能实行“价格歧视”，不能为排挤竞争对手或独占市场以低于正常价格甚至低于成本的价格“倾销”，不能非法牟取暴利。

资料

国家计委规定13种价格行为属于欺诈

国家计委出台《禁止价格欺诈行为的规定》，13种价格行为被列为价格欺诈行为。价格欺诈行为是指经营者利用虚假的或者使人误解的标价形式或者价格手段，欺骗、诱导消费者或者其他经营者与其进行交易的行为。13种价格欺诈行为如下。

① 标价签、价目表等所标示商品的品名、产地、规格、等级、质地、计价单位、价格等或者服务的项目、收费标准等有关内容与实际不符，并以此为手段诱骗消费者或者其他经营者购买的。

② 对同一商品或者服务，在同一交易场所同时使用两种标价签或者价目表，以低价招徕顾客并以高价进行结算的。

③ 使用欺骗性或者误导性的语言、文字、图片、计量单位等标价，诱导他人与其交易的。

④ 标示的市场最低价、出厂价、批发价、特价、极品价等价格表示无依据或者无从比较的。

⑤ 降价销售所标示的折扣商品或者服务，其折扣幅度与实际不符的。

⑥ 销售处理商品时，不标示处理品和处理品价格的。

⑦ 采取价外馈赠方式销售商品和提供服务时，不如实标示馈赠物品的品名、数量或者馈赠物品为假劣商品的。

⑧ 收购、销售商品和提供服务带有价格附加条件时，不标示或者含糊标示附加条件的。

⑨ 虚构原价，虚构降价原因，虚假优惠折价，谎称降价或者将要提价，诱骗他人购买的。

⑩收购、销售商品和提供服务前有价格承诺，不履行或者不完全履行的。

⑪ 谎称收购、销售价格高于或者低于其他经营者的收购、销售价格，诱骗消费者或经营者与其进行交易的。

⑫ 采取掺杂、掺假，以假充真，以次充好，短缺数量等手段，使数量或者质量与价格不符的。

⑬ 对实行市场调节价的商品和服务价格，谎称为政府定价或者政府指导价的。

国家计委有关负责人说，《禁止价格欺诈行为的规定》自 2002 年 1 月 1 日起施行。任何单位和个人对价格欺诈行为均有权向价格主管部门举报。政府价格主管部门将依照《中华人民共和国价格法》和《价格违法行为行政处罚规定》进行处罚。

2. 企业定价的一般程序

企业定价的一般程序包括以下 6 个步骤。

选择定价目标──→测定需求──→估计成本──→分析竞争者的价格和产品──→选择定价方法──→确定最终价格

(1) 选择定价目标　定价目标是企业制定价格的指导思想，它直接决定企业定价的方法和策略。

(2) 测定需求　测定需求主要包括两个方面：一是通过市场调研，大致了解产品的市场需求量；二是分析需求的价格弹性，即产品价格的变动对市场需求量的影响。不同产品的市场需求量对价格变动的反应，即需求的价格弹性各不相同。

由于不同产品的需求弹性不同，因而企业在定价时必须考虑产品需求的价格弹性因素。对于弹性大的产品，如牛肉、鲜花等，可用降价来刺激需求和扩大销售；对于缺乏弹性的产品，如食盐、粮食等，由于降价对需求没有什么刺激，因此不能通过降价来促进产品销售。

(3) 估计成本　产品成本是定价的基础，是价格的最低限度。产品成本有两类：一类是固定成本，一类是变动成本。固定成本指一般不随产量的多少而变动的相对固定的开支，如房租、办公费用、机器折旧费、上层管理人员的报酬等。变动成本则指随产量的变动而发生变化的成本，如原材料的耗费、直接工人的工资等。两者之和即产品的总成本。

(4) 分析竞争者的价格和产品　除了掌握产品的需求和成本的情况，企业还必须了解市场供给的情况，即了解竞争对手的情况。认真调查分析竞争对手的产品价格和产品特色，包括竞争产品的非价格因素，如品质、款式、商誉和服务等。

(5) 选择定价方法　根据产品及需求特点以及生产成本和市场竞争状况，企业就可着手选择适合企业定价目标的具体定价方法。

(6) 确定最终价格　通过一定的定价方法得出基本价格后，再根据市场和需求的具体情况，采取相应的价格策略，对基本价格进行调整，制定出最终价格。

三、影响定价的因素

要准确确定商品价格，必须弄清影响商品价格的主要因素，找出它们与价格之间的作用关系。只有这样，才能使价格的制定更趋规范和合理。

1. 商品价格的成本因素

成本显然是影响商品价格的首要因素。一般来说，任何企业在生产产品时，都要耗费一定的成本，因而它们会在定价时，首先考虑对成本的抵补与回收。因此，成本较低，则企业产品的定价可以较低；成本较高，则产品价格相应要高。商品成本是一个包容度较大的概念，一般包括开发成本、生产成本、销售成本和储运成本。开发成本指的是产品的开发研制费用。生产成本则主要是制造过程中发生的原材料耗费。销售成本以产品营销活动中的管理费用为主。储运成本则指流通过程中所涉及的仓储、运输等费用。这 4 种成本均与商品的价格有直接的联系，其中又以开发成本和生产成本所占的比重最大。因此，企业在定价时应重点保证对开发成本与生产成本的补偿。值得注意的是，成本和产量有着密切的关系。在一定的生产规模限度内，产量增加可以降低成本。因此，通过刺激需求增加产量，可以发挥规模经济的效应，使产品成本不断降低，商品价格也能因此而下降。

2. 商品价格的市场因素

市场因素常常是制定商品价格时的主要参考指标。它包含的具体内容很多，但与商品定价关联度最大的要素主要有以下 3 项。

(1) 市场需求　指消费者对企业产品的需求，包括需求量、需求强度等。如果消费者在某一时期对企业产品的需求量是递增的，则可以采取适当的提价措施。反之，则应适当降价。同理，如果市场上消费者对企业产品表现出很强的需求欲望和购买动机，则企业可以适当提高价格。反之，则应考虑降低价格以刺激消费者的需求欲望。由于市场需求对商品价格影响颇大，每一个企业决策者都应重视市场需求的预测工作，要对产品的需求量和需求强度做出恰当的评估，以便在定价时能准确地把握市场的脉搏，使产品价格能为市场所接受。

(2) 市场结构　与商品的价格有着直接的关系，在不同的市场结构中，商品定价的规律截然不同。例如，在完全竞争的市场中，买卖双方都只是价格的接受者，而不是价格的决定者，因而价格完全由供求关系所决定。在完全垄断市场，由于产品完全被一个厂商所垄断控制，而且没有任何替代品，因此产品的价格完全操纵在垄断者手里。在垄断竞争的条件下，少数的买者或卖者拥有较优越的条件，可以对市场的成交价格起较大作用。此时，企业已不是一个消极的价格接收者，而是对价格有一定影响力的决定者。在寡头垄断下，商品价格则主要由几家大企业通过协议或默契来规定。当然，现实中的情形不一定与上述 4 种市场结构完全一致，很多时候企业面对的是介于它们之间的某种混合型结构，企业可以比照不同的类型进行相应的分析。

(3) 市场竞争　竞争是市场经济的本质特征。在实际生活中，完全垄断的市场几乎是不存在的，因而竞争状况是商品定价时必须考虑的一个重要因素。在研究产品的市场竞争状况时，重点应把握竞争对手的实力、竞争对手的产品特点及其价格水平、替代品的价格及功能等内容。由于竞争是一个动态的过程，因此企业在分析竞争情况时也应采取动态的方法，及时捕捉和发现最新的市场竞争信息，并根据实际的竞争状况确定或调整自身的商品价格水平，以期在竞争中赢得价格优势。

3. 商品价格的自然因素

每一种商品都有自身独特的内在属性、消费特点等多种自然因素，而且这些属于产品本身的自然特征又和价格有着密切的联系。企业在制定价格时，应当考虑到它们对定价行为的影响。具体而言，这些自然因素包括以下几种。

(1) 产品种类　不同种类的产品，定价的标准不一样。例如，一般性用品常以低廉的价格吸引顾客。这是因为，这类商品的主要功能就是为消费者提供实用价值，顾客对商品的品质、商标并不特别关注，而对功能、价格则相当看重。因此，厂家应尽量提高此类商品的功能价格比。威望性用品则恰好相反。由于这类商品的效用主要是满足高层次的精神需要，消费者购买的目的也着重是为了显示其地位和身份，因而通常对价格考虑较少，企业在定价时可适当提高价位。

(2) 产品属性　产品本身的属性也是影响定价的一个重要因素。例如，易腐性、易毁性和季节性商品，在其处于不同的状态特征时，价格就可能相去甚远。另外，产品的购买频率以及外在特征，如外观、色彩、包装等，也都是在定价中应该予以考虑的因素。

(3) 产品的需求弹性　指某一商品价格变动与由此引起的该商品需求量变动的数量比例。它表明商品需求量对商品价格变动所作出反应的程度，也属于产品自然因素中的一种。需求弹性大的商品，价格一经调整就会立即影响市场需求，而需求弹性小或者无弹性的商品，则其价格变动一般对销售量没有太大的影响。

(4) 产品生命周期　任何商品都具有一定的生命周期，即要经历投入期、成长期、成熟期和衰退期等阶段。在产品生命周期的不同阶段，商品销售量的增减是有一定规律可循的。一般来说，销售量在生命周期中呈前升后降、两头低中间高的态势。这个规律和趋势正是企业制定价格时所应遵循的客观依据。

4. 商品价格的政策因素

政府颁布的有关政策法令，对商品的市场价格会产生影响。国家政策对价格形成的影响是多渠道的，有的是通过投资政策、科技发展政策、劳动工资政策等对产品的价值起作用，有的是通过货币、金融、信贷等政策对货币币值起作用，有的则是通过税收政策和分配政策对供求关系起作用。除此之外，当然还存在对价格政策的直接干预。

税收政策是一个非常重要的政策因素。税收是价格的组成部分，它的高低直接影响价格水平的高低。要使税率能真正体现国家的经济政策，就需要对高价政策的商品实行高税率，对低价政策的商品实行低税率或负税（即财政补贴）；对限制的产品实行高税率，对国家鼓励的产品实行低税率，等等。

工资政策也是一个重要的政策因素。职工的工资水平会随生产的发展而不断提高，但是工资的提高应在劳动生产率提高的基础上进行。这是因为，工资是价格的构成因素之一，如果劳动生产率未提高而工资增加，则会引发单位产品成本的上升，从而造成价格上扬，只有在劳动生产率提高的基础上增加工资，才能保证价格的最终稳定。

当然，政策因素中也包含了国家对商品价格的直接干预。随着社会主义市场经济的不断完善，这种干预将越来越少，而且国家干预的方法也越来越多地运用经济手段来实现。但对于企业来说，仍然不能在定价过程中忽视这种影响。

5. 商品价格的社会因素

影响商品价格的社会因素涵盖范围很广。它对商品价格的作用一般通过间接的途径来完成，因而是一种软约束条件。随着商品的日益丰富，社会因素对消费者的购买选择逐渐显示出越来越大的影响作用，同时也迅速成为企业定价过程中不可或缺的一项决策依据。具体地说，在影响商品价格的社会因素中，最主要的有以下两项。

(1) 心理因素　指消费者对商品的主观心理感受。它可能涉及到消费者的需求偏好、心理感受、主观看法等。由于这类因素和人的主观感受联系在一起，而且本身也复杂多变，因而难以准确把握。在实际的定价决策中，企业只有通过广泛地取证分析、调查研究，并结合有关专家的综合判断，才有可能比较全面地掌握整个消费者群体的心理偏向，从而为价格决策提供真正有价值的参考依据。

(2) 文化因素　包括风俗习惯、民族风情、宗教禁忌等。现在，越来越多的企业都日益重视提高产品的文化含量，尤其注重在品牌、包装、色彩等方面大力营造独特的文化情调，从而不断提高商品的附加值。显然，文化因素已日益和商品的价格联系在一起。

第二节　企业定价方法

企业在掌握了定价所需的资料和数据之后，就可以着手定价。在这一节里，我们主要讨论确定产品价格的一般方法。企业定价的一般方法可以分为3类：成本导向定价法、需求导向定价法、竞争导向定价法。下面分别探讨这些定价方法。

一、成本导向定价法

成本并不是定价时考虑的唯一因素。那么，人们为什么要以成本为基础来定价呢？这是因为：①成本数据比较容易获得，它的大小比较确定，以它为基础定价，方便可行；②以成本为基础定价，一般就是在成本基础上加上利润等于价格，如此定价，企业对能有多少利润可以做到心中有数，有安全感；③企业如要生存和发展，前提是收入必须大于成本。

以成本为基础定价又可分为4种方法：成本加成定价法、目标投资回报率定价法、最大利润定价法和增量分析定价法。

1. 成本加成定价法

成本加成定价法是最常用的一种定价方法。它是以全部成本（变动成本加固定成本）作为定价基础，所以也称全部成本定价法。按照这种定价方法，产品的价格分3步来确定。

① 估计单位产品的变动成本（如直接材料费、直接人工费等）。

② 估计固定费用，然后按照预期产量把固定费用分摊到单位产品上去，加上单位变动成本，求出全部成本。

③ 在全部成本上加上按目标成本利润率计算的利润额，即得出价格。

【例7-1】 假定某企业生产某产品的变动成本为每件10元。预期产量为500000件。总固定成本为2500000元。如果企业的目标成本利润率定为33.3%，问价格应定为多少？

解：

$$变动成本=10（元/件）$$

$$固定成本=\frac{2500000}{500000}=5（元/件）$$

$$全部成本=10+5=15（元）$$

$$价格=15+15\times 33.3\%=20（元）$$

成本加成定价法不是不考虑需求和市场竞争情况，这样计算出来的价格还要根据市场和需求情况进行调整。比如，如果其他企业与它竞争的产品价格低于20元，或者如果按照20元定价，销售量估计达不到500000件，就要适当降低利润率以调整价格。

成本加成定价法首先要求正确计算成本。只根据历史的会计成本来计算是不正确的，应当在会计成本的基础上，根据决策期价格和工资的预期变动情况进行修正。

成本加成定价法还要求确定合适的利润率。不同产品的利润率应当有所不同。有的产品风险较大（例如，季节性产品，卖不出去就会积压；有的特需产品，如专为某种特殊体型裁制的衣服，也是如此），利润率应当高一些。产品的需求价格弹性不同，利润率也应有所不同。弹性大，利润率就应当低一些，反之，则高一些。

2. 目标投资回报率定价法

这种定价法与成本加成定价法的共同点就是在全部成本的基础上加一笔利润，不同的是成本加成定价法加的利润是按成本利润率计算的，而目标投资回报率定价法加的利润则按目标投资回报率来计算。

【例 7-2】 某饭店有 100 个客房，总投资为 5000000 元。假定目标投资回报率为 15%，每个客房每天的变动成本（床上用品、洗脸用品、水电等）为 5 元，全年总固定成本（折旧、职工工资、保险费、利息支出、暖气费等）为 800000 元，全年客房出租率预期为 70%。问：每个客房应定价多少？

解：		
	单位房间变动成本	5
	单位固定成本［800000÷(100×70%×365)］	31.3
	单位利润［(5000000×15%)÷(100×70%×365)］	29.35
	价格	65.65(元)

用这个方法算出的房价为平均房价，并不是出租时的实际价格。饭店为了适应不同顾客的需要，往往把房间分为不同等级，如经济房、标准房、豪华房等。具体定价时，还要按不同等级定出具体的价格。

这种定价法的特点是促使人们考虑投资的经济效益。企业家都十分关心投资效益，希望投资能得到应有的回报。

3. 最大利润定价法

这种定价法是根据不同价格水平上的总成本和销售量，算出不同价格水平上的总利润，总利润最大的那个价格水平就是我们要决定的价格。

【例 7-3】 某饭店有 100 个客房，根据销售预测，客房租金与全年平均客房出租率之间的关系如表 7-1 所示。假定每天每房的变动成本为 5 元，饭店全年总固定成本为 600000 元。问：为使饭店的利润最大，每个客房平均每天的价格应为多少？

表 7-1 某饭店客房租金与全年平均客房出租率的关系 单位：元/天

客房租金	全年平均客房出租率/%	客房租金	全年平均客房出租率/%
80	40	60	60
70	50	50	70

解：各种价格水平上的总利润如表 7-2 所示。

表 7-2 各种价格水平上的总利润 单位：元

价格 (1)	出租率/% (2)	总成本 (3)	销售收入 (4)	总利润 (5)=(4)−(3)
80	40	40%×100×365×5+600000=673000	40%×100×365×80=1168000	495000
70	50	50%×100×365×5+600000=691250	50%×100×365×70=1277500	586250
60	60	60%×100×365×5+600000=709500	60%×100×365×60=1314000	604500
50	70	70%×100×365×5+600000=727750	70%×100×365×50=1277500	549750

从计算结果可以看出，价格为 60 元时，总利润最大，为 604500 元，所以应把每天客房价格定为 60 元。

4. 增量分析定价法

增量分析定价法主要是分析企业接受新任务之后有没有增量利润（贡献）。如果增量利润为正值，说明新任务的价格是可以接受的。如果增量利润为负值，说明新任务的价格是不可接受的。增量利润等于接受新任务引起的增量收入减增量成本。增量分析定价法与上述 3 种定价法的共同点是它们都是以成本为基础。不同之处是，前 3 种定价法都是以全部成本为基础，而增量分析定价法则是以增量成本（或变动成本）为定价基础。只要增量收入大于增量成本（或价格高于变动成本），这个价格就是可以接受的。

【例 7-4】 假定某航空公司在 A、B 航班上平均每名乘客全部成本为 250 元，机票价格为每人 300 元。如果飞机上还有空座，增加一名乘客增加的成本为 50 元。问：当机上有空座时，每张机票按半价 150 元卖给学生是否划算？

解：如果机票按半价卖给学生，增量收入＝150 元；增量成本＝50 元。

150 元＞50 元，所以尽管票价 150 元小于全部成本 250 元，但是如果飞机上还有空座，每张机票按半价 150 元卖给学生仍是划算的。

【例 7-5】 某宾馆有 100 个客房，目前正是旅游淡季，客房出租率只有 30％。今有一个单位要租用该宾馆 50 个房间举办一个月的学习班（按 30 天计算）。每个房间他们只肯出 45 元，该宾馆每个客房的平均变动成本为每天 5 元，全年总固定成本为 800000 元。正常价格为每天每房 65 元，如果该宾馆不承接这个业务，就会有 70％的客房闲着。问：该宾馆要不要承接这笔业务？

解：如果承接这个业务，则

增量收入(50×45×30)	67500
增量成本 50×5×30	7500
贡献(增量利润)	60000(元)

有贡献就应接受这笔业务（承接这个业务比不承接这个业务可使宾馆的利润增加 60000 元）。

【例 7-6】 某宾馆有 100 个客房，每个客房平均每天变动成本为 5 元，全年总固定成本为 800000 元。客房平均房价每天为 65 元，但因地处偏僻，平均客房出租率只有 40％。今打算开展从宾馆到车站和旅游点接送旅客的班车服务。开展这种班车服务后每月需要增加开支 15000 元，而每月车票收入只有 6000 元。但开班车后估计可使客房出租率从 40％提高到 60％。问：该宾馆要不要开展班车接送服务（每月按 30 天计算）？

解：如果开展班车服务，则

月增量收入为	班车	6000
	客房(20×30×65)	39000
		45000(元)
月增量成本为	班车	15000
	客房(20×30×5)	3000
		18000(元)

贡献＝45000－18000＝27000（元）

虽然孤立地从班车本身看，开展班车接送服务要赔本，但从整个宾馆的总效益看，可使宾馆总利润增加 27000 元。所以，开展班车服务还是划算的。

增量分析定价法主要适用于以下 3 种情况。

① 企业原来有正常的生产任务，也有利润，但因为生产能力还有富余，为了进一步挖掘这富余的生产能力，需要决定要不要按较低的价格接受新业务。由于生产能力有富余，接受新业务不用追加固定成本，只要增加变动成本即可，所以新业务的定价就以变动成本为基础。只要增量收入大于增量成本（变动成本），方案即为可行。不过，条件是接受新业务不会影响原来的正常销售。

② 市场不景气，企业业务很少，生产能力的利用远远不足，同行竞争激烈。这时企业

的主要矛盾是求生存（即力求少亏一点）。企业或者是维持原价，那就有可能揽不到业务，或者是削价争取多揽一些业务，这样可以少亏一些。在后一种情况下进行定价决策，也要使用增量分析定价法。

③ 企业生产好几种产品，在这几种产品的需求之间存在着联系（互相替代或互补），其中一种产品变动价格，会影响到其他相关产品的需求量。因此，其中一种产品的价格决策不能孤立地只考虑一种产品的效益，而应考虑几种产品的综合效益，这时，也宜采用增量分析定价法。

二、需求导向定价法

需求导向定价法，是以市场导向为指导，以消费者对商品价值的理解和认识程度为依据。虽然是同一种商品，但对不同类型的消费者和市场制定不同的价格。常用的方法有理解价值定价法、差别定价法和逆向定价法。

1. 理解价值定价法

消费者对商品往往有自身的价值观念。这种价值观念实际上是消费者对商品质量、用途、款式以及服务质量的评估。当一个消费者看到某种商品时，他便根据对这个商品的印象，对其价格进行自我评估。只有这个价格，消费者才愿意购买。市场营销学把它称为消费者对价格的理解价值。理解价值定价法是一种先估计和测定商品在顾客心中的价值水平，再以此为依据制定出商品价格的方法。例如，旅游业中，很多风景、名胜古迹的成本难以精确估算，但这些风景、名胜古迹对旅游者来说是有价值的，旅游者通过它们可以欣赏大自然的美景，可以了解历史文化、风土人情，增加知识，陶冶情操。因此，不同景点、古迹的参观门票就可以根据它们在旅游者心目中的价值来确定。

理解价值定价法的主要步骤如下。

① 企业首先通过广告宣传或者其他传播途径，把商品介绍给消费者，使消费者对商品的质量、用途、款式、格调以及原材料等有一个初步的印象。

② 通过市场调查，了解并掌握消费者对商品价值的理解，以此确定商品的初始价格。

③ 预测商品的销售量，即在估计的初始价格的条件下可能实现的销售量。

④ 预测目标成本。

$$\text{目标成本}=\text{销售收入总额}-\text{目标利润总额}-\text{税金总额}$$

$$\text{单位产品目标成本}=\text{单位产品价格}-\text{单位产品目标利润}-\text{单位产品税金}$$

⑤ 决策。将预测的目标成本与实际成本进行对比，据此决定产品的最终价格。当实际成本不高于目标成本时，说明目标利润可以保证，可将初始价格作为产品的最终定价标准；当实际成本高于目标成本时，说明在初始价格的条件下，目标利润得不到保证。需要进一步做出选择，要么降低目标利润，要么设法降低实际成本，使初始价格仍可付诸实施。否则，只能放弃原有的价格方案。

理解价值定价法的关键是要准确地确定消费者对所提供商品价值的认知程度。具体的评定方法可采用市场调查与专家评议相结合的方式来进行。

案例 7-1

凯特比勒公司的定价

凯特比勒公司是一家生产和销售牵引机的公司。它的定价方法很奇特，一般牵引机的价格在 2 万美元左右，可该公司却卖 2.4 万美元。虽然每台高 4000 美元，但却卖得更多！

当顾客上门，询问为什么该公司的牵引机比一般牵引机要贵4000美元时，该公司的经销人员给顾客算了一笔账：

20000美元，是与竞争者同一型号的机器价格；

3000美元，是为产品更耐用而多付的价格；

2000美元，是为产品更可靠而多付的价格；

2000美元，是为公司服务更佳而多付的价格；

1000美元，是为保修期更长而多付的价格；

28000美元，是上述总和的应付价格；

4000美元，是折扣；

24000美元，最终价格。

凯特比勒公司的经销人员使本来将信将疑的客户坚信，他们要付24000美元，就能买到一台价值28000美元的牵引机，从长远来看，购买这种牵引机的成本比一般牵引机的成本更低。

2. 差别定价法

差别定价就是同一种产品，对不同的顾客、不同的市场，采取不同的价格。例如，工业用电和生活用电的价格不同；打长途电话白天和夜间价格不同；在外贸方面，出口的价格和内销的价格不同，等等。

(1) 差别定价需要具备的条件

① 企业对价格必须有一定的控制能力。显然，在完全竞争市场条件下，企业只是价格的接受者，对制定差别价格无能为力。

② 产品有两个或两个以上被分割的市场。也就是说，在这两个或两个以上市场之间，顾客不能倒卖产品。如果不是这样，不同市场的价格就会趋于相等。一般来说，“服务”是不能转卖的，所以服务行业特别适宜于实行差别定价。

③ 不同市场的价格弹性不同。所以要实行差别价格，就是为了利用不同市场的价格弹性不同，采取不同的价格，以取得最大的利润。也就是说，对价格弹性大的市场，价格定得低一点，弹性小的，价格定得高一点，可以增加销售收入。这样，对不同的市场，实行不同的价格，就可以使总收入最大。如果不同市场的弹性相同，分割市场就没有意义了。

(2) 差别定价的种类

① 以顾客为基础。例如，电影院对成人和儿童定不同的价格；在旅游业中，过去曾经对国内和国外游客收取不同的价格，等等。

案例7-2

暑期机票对师生优惠

据《北京晨报》报道，中国××航空公司从2002年7月1日～9月15日暑假期间对乘坐该航空公司国内航班的教师和学生实行优惠，幅度为教师优惠25%，学生优惠40%。

据介绍，购买优惠客票必须凭有效身份证明及其复印件。教师可持工作证或教师资格证，学生可持正规院校的学生证、录取通知书等有关证件购票。

在其各售票处和营业部均可购买以上优惠客票，但必须提前3天出票。优惠客票不得随意变更，在航班规定的离站时间前退票收取实收票款20%的退票费，在航班规定的离站时间以后退票收取实收票款50%的退票费。此外，教师、学生优惠票价与团体票价之间不能相互组合使用，不能双重优惠。

在暑假期间对教师和学生实行机票优惠首先是竞争的需要。由于暑假期间会有不少师生返乡探亲或外出旅游，而铁路、公路、水路和空运之间存在着激烈竞争，给师生的机票优惠就可以提高航空公司自身的竞争力。由于航空公司平常的航班上通常有许多空座或在增加客运能力上还有其他潜力，且新增乘客而引起的成本的增加主要是一些变动成本，故尽管有价格优惠，航空公司的增量收入仍会大于增量成本，价格优惠办法的出台最终将给航空公司带来总利润的增加。

这种优惠票价就是一种差别定价。因为多数师生的收入相对较低，这类乘客的价格弹性相对较大，对他们定低价就能增加销量，使航空公司获得最大的销售收入。

这类机票往往附有很多限制条件，如必须提前一定时间买票、不得变更航班日期、退票费用较高等。从这个角度看，实行优惠票价又像是按质论价，说明不同的票价代表的是不同的服务水平。

② 以产品为基础。即对不同型号的产品定不同的价格。不同型号的产品固然成本是不同的，但定不同的价格，不仅仅是因为成本不同，更主要是因为价格弹性不同。

③ 以空间为基础。同一种产品因处于不同的空间位置而定不同的价格。例如，电影院、剧场因座位位置的不同而定不同的价格；同一种住宅，因不同的楼层、不同的朝向定不同的价格，但它们的成本都是相同的。

④ 以时间为基础。例如，打长途电话，白天和黑夜收费不同；旅游业中旺季和淡季收费不同；新电影和旧电影票价不同，等等。

表 7-3 和表 7-4 是中国电信在 1999 年推出的国际长途电话话费优惠措施。

表 7-3　每周一～周五（不含法定节假日）国际长途电话话费优惠措施　单位：元/分钟

	7:00～21:00	21:00～24:00	0:00～7:00
第 1～3 分钟	9.9	7.9	5.9
第 4 分钟起	4.9	3.9	2.9

表 7-4　每周六、日及法定节假日国际长途电话话费优惠措施　单位：元/分钟

	7:00～24:00	0:00～7:00		7:00～24:00	0:00～7:00
第 1～3 分钟	7.9	5.9	第 4 分钟起	3.9	2.9

怎样确定最优的能使企业利润最大的价格差别呢？假定产品可以分别在市场 A 和市场 B 销售，P_A 和 $|E_A|$ 分别为该产品在市场 A 的价格和价格弹性；P_B 和 $|E_B|$ 分别为该产品在市场 B 的价格和价格弹性。根据经济学原理，两个市场上价格的最优比为

$$\frac{P_A}{P_B}=\frac{1-1/|E_B|}{1-1/|E_A|}$$

假如某产品在市场 A 的价格弹性 $|E_A|=1.5$，在市场 B 的价格弹性 $|E_B|=2.0$，那么该产品在两个市场上最优的价格比应为

$$\frac{P_A}{P_B}=\frac{1-1/|E_B|}{1-1/|E_A|}=\frac{1-1/2.0}{1-1/1.5}=\frac{3}{2}$$

则该产品在两个市场上的价格差别应为 3∶2（注意，弹性小的价格高，弹性大的价格低）。

差别定价不仅能为企业提供更多的利润，而且还有助于实现企业其他目标。例如，在市场需求有波动的情况下，对不同的时间采用差别价格，有助于减少需求波动，从而降低生产成本。旅游业在旺季采取高价，在淡季采取低价就属于这种情况。差别定价也是企业对竞争

程度不同的市场做出不同反应的一种手段。在竞争激烈的市场上，企业通过制定较低的价格以对付对手。采用差别定价法，必须具备一定的前提条件。最主要的是应做好市场细分，使各细分市场的需求差别比较明显。此外，还要防止引起顾客的反感和不满。

需要指出的是，并不是所有的价格差别都是差别定价。例如，由于运输费用不同引起的价格差异就不算是差别定价。当一种产品在不同市场上的定价与它的成本不成比例时，就是差别定价。

3. 逆向定价法

这种定价方法不是单纯考虑产品成本，而是首先考虑产品的需求状况，依据实际销售情况、顾客能够接受的最终销售价格，确认销售产品的定价。逆向定价有利于加强厂家与中间商的友好关系，保证中间商的正常利润，使产品迅速向市场渗透，并可根据市场供求情况及时调整，定价比较灵活。

三、竞争导向定价法

竞争导向定价法可分为两种：随行就市定价法和投标定价法。

1. 随行就市定价法

随行就市定价法是指按同行竞争者的产品价格定价。当然，如果卖者认为自己的产品在质量、性能、外观、商誉等方面优于竞争者，也可适当高于竞争者价格；如果比竞争者差，则可适当减价。这种定价法的特点是以竞争者的产品价格为基础，不大考虑产品的成本和需求。这种定价方法特别适用于两类市场。一类是完全竞争的市场。在这类市场里，如果企业的定价高于市价，就可能卖不出去。另一类是寡头垄断市场。在这一市场里，大企业一般不使用价格竞争，按市场价格定价，小企业无竞争实力，也只能按市场价格定价。

2. 投标定价法

有时候买者想购买一批产品（如企业想购买一批钢材，新建宾馆想购买一批客房用家具）或想把一个工程项目发包出去（如政府把建设一座桥梁或水坝的工程发包出去，企业把建厂房的工程发包出去），为了使购买产品或发包的价格合理，常常采取招标的办法。即买者（招标人）首先公布要买的产品或劳务的数量、质量和要求，然后卖者（投标人）根据这些要求进行投标，并开出出售这些产品或劳务的价格，即报价。卖者至少要有两个以上，他们之间是互不通气的。如果卖者供应的产品或劳务质量是一样的，买者就选择其中价格最低的卖者。如果卖者供应的产品或劳务的质量不一样，买者就要在质量和价格之间进行权衡，选出他认为合适的卖者。在这里，价格是通过卖者之间的竞争来确定的。

这里要探讨的问题是卖者在投标时怎样报价，才对自己最为有利。因为价格不能报得太高，报价太高，生意就会被竞争者夺去，中标的机会就减少。但又不能太低，报价太低，就会使利润减少，甚至亏本。所以，对卖者来说，有一个最优报价如何确定的问题。

下面我们从两个方面来探讨这个问题。首先从原理上来探讨怎样确定最优报价，然后再来看看在实践中通常是怎样做的。

从原理上讲确定最优报价就是找出能提供最大贡献期望值的报价方案。为什么要计算贡献？执行某一项合同的贡献就是企业中标后，因执行合同而引起的增量收入减去因执行合同而引起的增量成本，即因执行合同给企业带来的利润增加量。在短期经营决策中，贡献大的方案是较优方案。但为什么又要计算贡献的期望值？因为如果企业报价报得高，贡献就大，但报价高，中标的概率低。反之，如果报价低，贡献就小，但中标的概率大。这里有一个期望值的问题。如果贡献为10000元，中标概率为50%，那么，贡献的期望值为10000×50%=5000（元）。我们要选择的报价方案应该是贡献期望值最大的方案。

下面举例说明怎样找出最大的贡献期望值。

【例 7-7】 假如达隆公司各种报价的贡献和中标概率为已知，各报价的贡献期望值如表 7-5 所示。

表 7-5 各报价的贡献期望值 单位：元

报价 (1)	贡献 (2)	中标概率 (3)	贡献的期望值 (4)=(2)×(3)
50000	0	0.90	0
60000	10000	0.70	7000
70000	20000	0.50	10000
80000	30000	0.30	9000

在表 7-5 中，算得报价 5 万、6 万、7 万和 8 万元时的贡献期望值分别为：0、7000 元、10000 元和 9000 元。以 10000 元为最大，故最优报价应为 70000 元。需要说明的是，正常的企业，即有一定生产任务、经常参加投标的企业，一般把贡献期望值最大的方案作为报价方案。但遇特殊情况，如企业生产能力利用程度很低，企业为了生存，则宁可选择中标概率大的方案，而不选贡献期望值最大的方案。例如，表 7-5，企业宁可选择报价 60000 元，而不是报价 70000 元。

在上述计算中，最难的是估计中标概率。可以根据本企业过去中标概率的历史数据，结合对竞争对手报价意图的了解和猜测进行估计。

上面探讨的确定最优报价的原理，也叫最大贡献期望值法。这个方法尽管在理论上是正确的，但在实际中却不常用（也可能是由于中标概率不易估计）。在实践中常用的是更为简便、较粗略的方法——成本加成定价法。这种方法先确定成本基数，在这基数上进行加成（适当加一笔利润），得出报价数字。用成本加成法确定报价，有时候会与通过计算最大贡献期望值确定的报价相吻合。但在多数情况下，用成本加成法定出的价格会高于或低于最大贡献期望值法。企业怎样知道自己的报价定得太低或太高了呢？简单的办法是看自己的任务是否饱满。如果企业承接的合同任务不多，生产能力的利用程度较低，则说明自己的报价偏高了，应当降价。通过降低报价，接受更多的任务，以提高贡献的期望值。反之，如果企业的合同任务太多，生产能力利用过度了，就应当提价（从长期看，也可考虑扩建），来提高贡献收入的期望值。

第三节 企业定价策略

上面讲的定价方法是确定产品价格的一般方法。有时候产品的具体成交价格是按这些方法确定，但有时候，由于产品成交时所处具体环境和条件不同，所以价格的确定还要考虑不同的定价策略。下面探讨几种主要的定价策略。

一、产品组合定价策略

许多企业往往不止生产一种产品，而是生产好多种产品。在这些产品之间往往存在一定联系（如具有相互替代性或互补性等），这就要求在这些产品的价格之间保持一定的关系。产品组合定价策略就是处理本企业各种产品之间价格关系的策略。

1. 系列产品定价策略

有时候企业生产系列产品，在这个系列中包括不同型号、不同档次的产品。例如，照相机厂生产的照相机往往有好多种，每一种在性能上都有差异，从简单到复杂形成一个系列。洗衣机、电视机等产品也是这样。在旅游业中也有这种情况，如宾馆的客房分为豪华的、中等的和标准的几个等级。对这种系列产品怎样定价？也就是说，在系列中，各种产品之间的差价应当怎样确定？传统的方法是先核算每种产品的成本，然后根据同一个利润率把利润加到各个产品的成本上去。这样，成本高的产品，定价就高；成本低的，定价就低。各种产品之间的价格比与成本比是相同的。这样定价，看起来合理，但不是最优定价方法。最优的定价方法应当根据系列中各种产品的价格弹性来确定。弹性大的产品，利润率应当低一点；弹性小的产品，利润率要高一些。系列内一种产品价格弹性的大小主要取决两个因素。一是它所服务的顾客是属于哪一层次的（是高收入阶层，还是中等收入或低收入阶层，前者弹性小，后者弹性大）。二是这种产品在质量和性能上有无特色，如果有明显的特色，其他产品替代不了，并且这种特色在顾客看来十分重要，不可缺少，那么这种产品的弹性就小，对这种产品的价格就可以定得高一点。例如，出租车公司提供 3 种车的服务：豪华的高级轿车、普通小轿车和出租车。第一种豪华型车是专供外国贵宾用的，价格弹性最小，就可以定高价。

2. 互补产品定价策略

互补产品是指必须配套使用才能充分发挥其使用价值的产品，如乒乓球和乒乓球拍、照相机和胶卷、汽车和汽车轮胎等。其定价策略第三章第三节已有论述。

3. 配套定价策略

企业将经营的商品按不同标准组合成套并分别制定单件商品价和成套商品价的方法，就叫配套定价策略。例如，商场可将各种文具、家具、玩具等配套出售。在旅游业中，配套定价策略应用也很广泛。例如，组织去黄山旅游，收费 2800 元，包括交通、住宿、门票甚至伙食等费用。

配套出售的商品价格应定得低于各单件商品价格总和，这样可以吸引顾客成套购买，从而扩大销售量，节约销售费用，增加企业的利润。

二、新产品定价策略

在新产品的定价中，有两种对立的定价策略可供选择：一种叫撇脂定价策略；另一种叫渗透定价策略。

1. 撇脂定价策略

“撇脂”原意是把牛奶上层的奶油撇出来。撇脂定价策略是指把价格定得很高，目的是想在短期内能把本钱赚回来。

撇脂定价策略实质上是差别定价策略的一种。即随着时间的推移而定出不同的价格。在销售新产品的初期，新产品首先定高价，在价格弹性小的市场上出售（这种市场上的顾客为了先得这种产品，愿意出较高的价格）。随着时间的推移，再逐步降低价格，使新产品进入弹性大的市场（在这种市场上，一部分按低价才能买得起的人也能买到这种产品了）。

撇脂定价策略一般适用于下列情况。

① 不同的顾客有不同的价格弹性，企业有足够的时间，尽量先让弹性小的顾客充分购买，然后再向弹性大的顾客推销。

② 试制这种新产品的提前期比较长，因而不用担心较高的价格刺激竞争对手和其他替代品进入市场。

③ 规模经济性不显著，小规模生产这种产品带来的成本的提高大大小于高价带来的好处。

④ 高价能给人这样的印象：这种产品是高级产品，质量很好。

⑤ 对这种产品未来的需求或成本的估计没有把握，如果一开始价格定得太低，可能会带来很大的风险。在这种情况下，宁可一开始价格定得较高，以后如果需要降价也很容易。

案例 7-3

雷诺公司撇脂定价

雷诺公司是成功运用撇脂定价的典型案例。1945 年的圣诞节即将到来时，为了欢度战后的第一个圣诞节，美国居民热切盼望能买到新颖别致的商品作为圣诞节礼物。美国的雷诺公司看准了这个时机，不惜资金和人力从阿根廷引进了当时美国人根本没有见过的“原子笔”（即圆珠笔），并在短时间内把它生产了出来。当时公司研制和生产出来的“原子笔”每支成本仅 0.50 美元。但专家们认为，这种产品在美国市场是第一次出现，奇货可居，没有竞争者，最好是采用新产品的“撇脂定价策略”。即把产品的价格定得远远高于产品的成本，利用战后市场物资缺乏的形势和消费者的求新求好心理以及要求礼物商品新颖奇特的特点，用高价格来刺激顾客购买。这样，不仅能很快收回引进和生产该商品的投资，而且能把推出这种新产品的市场销售利润尽可能多地捞到手。同时，由于“原子笔”的生产技术并不复杂，如果竞争者蜂拥而上，公司再降价也还是主动的。于是，雷诺公司以每支“原子笔” 10 美元的价格卖给零售商，零售商又以每支 20 美元的价格卖给消费者。尽管价格如此高昂，但“原子笔”在一时间因其新颖、奇特而风靡全美，在市场上十分畅销。后来，其他厂家见利眼红，蜂拥而上，产品成本下降到 0.10 美元一支，市场零售价也仅卖到 0.70 美元，但此时雷诺公司已经大赚一把了。

2. 渗透定价策略

“渗透”是打入市场的意思。撇脂策略把价格定得很高，渗透策略则是把价格定得很低，目的是打入市场。撇脂定价策略会刺激竞争者迅速进入市场，而渗透定价策略由于价格定得低，竞争者进来无油水可捞，能阻止竞争者进入市场，所以它也叫“别进来”法。如果企业出了一种新产品，目标是先占领市场阵地，或者是把本企业的产品挤进现有市场中去，就可采用渗透定价策略。这种定价策略常用于竞争比较激烈的日用小商品，如肥皂、牙膏之类，这类商品是人们经常购买使用的。

下列情况适用渗透定价策略。

① 需求的价格弹性大，低价能吸引很多新顾客。

② 规模经济性很明显，大量生产能使成本大大降低。

③ 需要用低价阻止竞争对手打入市场或需要用低价吸引大量顾客。

④ 出于竞争的原因，需要尽快地占领大片市场，以求在同行中处于领先地位。

一旦企业向市场渗透的目标达到之后，它就会逐渐提高价格。所以，渗透策略实际上是一种为了实现长期目标（如长期利润、长期销售量等）而谨慎地牺牲短期利润的定价策略。

案例 7-4

太麦克斯韦公司的定价策略

美国太麦克斯韦公司原是一家生产军用信管计时器的小公司，二战后军火生意越来越难做，1950 年开始涉足手表制造业。但是，当时的手表市场强手如林，竞争十分激烈，像太麦克斯韦公司这样一个知名度不高的小公司要在竞争激烈的手表市场上站稳脚跟，开辟和扩大自己的市场，的确是一件很难的事。该公司的策略是，不断以低价向市场推出自己的新产品。20 世纪 50 年代，该公司男式手表售价仅为 7 美元，比当时一般低档手表的价格要低得多。1963 年，首次生产电子手表，以 30 美元推向市场，仅为当时同类产品价格的一半。20 世纪 70 年代初，世界主要手表制造商推出 1000 美元以上的豪华型石英手表。1972 年初日本、瑞士和其他手表厂的石英表也以400美元或更高价格推出，该公司1972年4月上市的石英表售价才125美元。

正确的定价策略使该公司从20世纪50年代一个知名度很低的企业转变成60年代站稳脚跟，70年代成为世界闻名的公司。其年销售额达2亿美元。美国市场上每出售2块手表，就有1块是该公司的手表。

三、折扣定价策略

企业销售产品一般要向顾客印发价目表，价目表上所列的价格是不常变动的。但企业可以根据不同的销售对象、销售的时间和地点、成交方式等制定不同的折扣。价目表上的价格减去折扣之后，才是实际成交的价格。通常对折扣的掌握，可以稍为灵活。常用的折扣有功能折扣、付现折扣、数量折扣和季节折扣4种。

1. 功能折扣

当产品的制造商把产品卖给销售渠道的各个环节（指批发商、零售商等）时，其价格应当按零售价格打一定的折扣。之所以要打折扣，是因为买者在把产品卖给最终消费者之前，还要完成一定的功能，提供一定的服务，如运输、储存、管理、销售等。这部分折扣就是为了保证它们能够抵补开支并取得利润。例如，在我国旅游业中，各大饭店、宾馆都公布有自己的明码价格，但又有所谓的旅行社价格，即对旅行社实行优惠价。这两种价格之间的差额就用来补偿旅行社的管理费用、税金和利润。这就是功能折扣策略的应用。

2. 付现折扣

付现折扣是企业根据买主付现款的快慢，决定在价格上打不打折扣，以鼓励买主迅速付款的一种定价策略。付现折扣在西方比较流行，因为在那里商业交易中普遍存在商业信用，即在交易中，交货后一般不能立即收到货款，要等待一个时期才能收到货款。为了保证迅速收回货款，加快资金周转，减少坏账风险，卖方就在定价中运用付现折扣策略，即对及时归回货款的买者在价格上给予一定优惠，以鼓励买方早日付款。

3. 季节折扣

季节折扣就是对各种季节性的产品，在销售淡季对买主实行折扣优惠，目的是鼓励买主在淡季购买产品，以减少卖主的库存和资金占用。例如，大饭店、宾馆、航空公司和旅游点往往在淡季实行折扣优惠。

4. 数量折扣

数量折扣是根据买者购买的不同数量给予不同的价格折扣。购买数量越大，折扣越大。数量折扣分为累计数量折扣和非累计数量折扣两种。累计数量折扣是对买方在一定期间内购买的数量进行累计，凡超过一定的数目，对价格实行折扣。这种策略可鼓励买方与自己建立长期的贸易关系。它尤其适合不宜一次大量购买的易变质的产品。非累计数量折扣，是以一次购买数量为基础计算，一次购买量越大，折扣也越大。非累计数量折扣的目的在于鼓励一次大数量购买。

折扣的大小取决于卖方因大批量销售而节约成本的多少。大批量销售可以降低销售费用（如节约洽谈费用、订购手续费和运输费用等），还可以推动大批量生产，从而有利于提高生产效率，降低生产成本。

案例 7-5

大批量销售折扣价，给生产厂和销售商带来双赢

国美的电器价格定得那么低，它的利润从哪里来？国美电器总经理张志明介绍说，国美的低价格经营也是在追求自己的经营利益，没有效益企业就无法经营和发展。国美的利润是通过规模的扩大向生产厂家要利润。通过规模优势拿到比竞争对手低的进货价格，从批发大户进货，通过提高资金周转率来提高利润率。国美电器董事长戴云华说，随着电器经营微利时代的到来，大商场经营模式已不能适应时代的要求，连锁超市统购分销模式能凭借数量巨大的订货合同，从企业拿到相当高的利润返还，而且经营成本低。假如国美能包销一个家电品牌的彩电或影碟机，一年就可以拿到四五千万元的返利。

为什么生产企业愿意给商家这么多的返利或价格折扣来出售自己的商品呢？某家电企业的老总说，大批量的销售或包销，使企业节约了大量的销售费用，节约了大量的销售人员，并加速了企业资金的周转，而且降低了经营风险，故这样的大批量销售折扣对生产企业是大有好处的。

四、心理定价策略

企业定价时不仅要考虑经济因素，有时还要考虑消费者的心理因素。心理定价策略就是根据消费者的心理进行定价的策略。

1. 数值定价策略

这是利用消费者对不同的价格数值产生不同的影响，进而调整、确定价格的一种技巧。通常有两种形式。

（1）整数定价　即在定价时，把商品的价格定成整数，不带尾数，从而使消费者产生货真价实的感觉。例如，将价格定为1500元而不是1499.98元。一般适用于高档消费品或消费者不太了解的商品。

（2）尾数定价　指利用消费者数字认知的某种心理，尽可能在价格数字上不进位，保留零头，使消费者产生价位合理和卖主经过认真的成本核算而确定价格的感觉，从而使消费者对企业产品及其定位产生信任感。例如，本应定价10元的商品，定为9.9元，虽然只低0.1元，但可给买者价廉的感觉。一般适用于日常消费品等价格低廉的商品。另外，消费者还有一种心理：有时候价格差别虽然很小，但在心理上觉得差别很大。例如，一台CD随身听，价格为500元，另一台价格为499元。相差只有1元，但顾客在心理上觉得499元是属于400元的档次，而500元则是属于500元的档次，从而觉得差别很大，认为按499元的价格购买是买到了便宜货。根据这种心理定价，价格都带尾数（如199元、99.5元等），而不是整数（如200元、100元等）。

2. 声望定价

不同档次的企业、商品和服务带给消费者的心理感受是大不相同的。现实中，不少消费者有时愿意花更多的钱购买一种与普通商品功能类似但影响更广的商品，其原因就是因为后者能给消费者带来更大的心理满足感。一般来说，如果某个企业或某种商品，在长期的经营过程中，一直保持过硬的质量和完善的服务，从而在消费者心目中形成了较高的声望，消费者在购买此类商品时就会有更大的信任感和享受感，即使多花些钱也会觉得物有所值。因此，对那些长期以来声望高的名牌企业、名牌商品来说，价格可以定得比一般水平高一些。

五、促销定价策略

促销定价策略是指为了达到促销的目的，对产品暂时定低价，或暂时以不同的方式向顾客让利。这种定价策略有很多形式。

一种形式是招徕定价法。即故意把商店内的某几种商品定低价，甚至亏本出售，同时广泛宣传，目的是要把顾客吸引到商店来。这些顾客来商店后，就会同时购买其他商品，这样就增加了商店的总销售量。这些低价商品最好是大多数居民常用的，且因不能长期储存，而不可能大量购买的商品。这些商品的正常价格是广大居民所熟悉的，一旦哪家商店按低价出售，就会引起大家的注意。

另一种形式是在一定期间（如教师节、春节等）按一定折扣减价出售某些产品，或向购买者赠送礼品，或采取有奖销售的形式等。

本章小结

企业定价的目标是企业选择定价方法、定价策略的出发点和根据。企业的定价目标主要有以下几种：利润最大化、保持稳定的价格、获取一定的投资收益率（资金利润率）、维持和增加市场占有率、应付或防止竞争、保持良好的分销渠道。

概括地说，影响产品定价的因素主要有5大类，即成本因素、市场因素、自然因素、政策因素和社会因素。

企业定价的一般方法可以分为3类：一是以成本为基础定价，包括成本加成定价法、目标投资回报率定价法、最大利润定价法、增量分析定价法；二是以需求为基础定价，包括理解价值定价法、差别定价法和逆向定价法；三是以竞争为基础定价，包括随行就市定价法和投标定价法。

企业的定价策略主要包括产品组合定价策略、新产品定价策略、折扣定价策略、心理定价策略和促销定价策略。

重要名词术语

成本加成定价法　　目标投资回报率定价法
最大利润定价法　　增量分析定价法
理解价值定价法　　差别定价法
随行就市定价法　　投标定价法
系列产品定价策略　　互补品定价策略
成套产品定价策略　　撇脂定价策略
渗透定价策略　　折扣定价策略
心理定价策略　　促销定价策略

复习思考题

1. 企业的定价目标主要有哪些？企业定价时主要应考虑哪些因素？为什么？

2. 增量分析法与成本加成定价法的主要区别是什么？什么情况下适宜使用增量分析法？

3. 实行差别定价需要什么条件？为什么要实行差别定价？如何确定一种产品在不同市场上的最优价格比？

4. 撇脂定价法和渗透定价法各适用于什么样的新产品？

作 业 题

1. 大华公司估计它生产的产品在年产量为15000件时的单位全部成本为每件22元。这个产量为其生产能力的75%。该公司的总投资为175000元。如果该公司希望获得20%的年投资回报率，那么该公司对其产品应定什么价格？按此定价的成本利润率是多少？

2. 永昌公司每年所有产品的固定成本总数预计为300万元，每年所有产品的变动成本总数预计为150万元。总固定成本按每种产品平均变动成本的大小摊入每种产品的成本。问：

① 假如在该公司的产品中，产品X的平均变动成本为14元，产品X每件应摊入多少固定成本？

② 产品X的单位全部成本应为多少？

③ 假如目标成本利润率为50%，产品X的价格应定为多少？

3. 1997年11月1日，胜利公司请南方安装公司报价，为它建造一条新的生产线。南方安装公司经过研究和设计（共花了研究和设计费用20万元），到1998年1月1日向胜利公司提出，建造这样一条生产线，造价为267.3万元。其预算如下（单位：元）。

设计和研究费用	200000
材料费	1110000
人工费	700000
间接费用(为直接人工费的60%) 总成本	420000
总成本	2430000
应得利润(总成本的10%)	243000
报价	2673000（元）

接着，胜利公司通知南方公司，尽管对南方公司的设计表示赞许，但是价格不能高于200万元。假定南方公司的安装建造能力有富余，承担这项业务无须增加固定费用支出，则南方公司是否应接受这一业务？为什么？

4. 胜利公司生产电动剃须刀。这种剃须刀在过去5年中销售量持续增长。由于公司扩建，其生产能力已达到每年500000把。下一年的生产和销售预测是400000把。成本估计如下。

材料	3.00
直接人工	2.00
变动的间接人工	1.00
间接费用	1.50
每把标准成本	7.50（元）

除了生产成本外，胜利公司的固定销售费用和变动的保修费用分别为每把0.75元和0.6元。这种剃须刀现在的售价是每把10元，胜利公司估计这个价格在下一年不会改变。

有一家拍卖商店想向其购买一批电动剃须刀。这家商店提出了两个购买方案。

方案Ⅰ 它愿意按每把7.3元的价格购买80000把，用胜利公司的商标，并由胜利公司保修。

方案Ⅱ 它愿意按每把7元的价格购买120000把，不用胜利公司的商标，也不用胜利公司保修。

问：胜利公司应采纳哪个方案？为什么？

5. 大新公司分别在美国和欧洲两个市场上销售自己生产的塑料玩具。根据该公司市场营销部门估计，目前该产品在这两个市场上的边际收入均为8元。该公司总经理认为，应该增加欧洲的销售量，减少美国的销售量，但主管市场营销的副总经理则认为，现在总销售量在两个市场上的分配是适宜的，不必做调整。

① 谁的意见正确？

② 如果美国和欧洲市场的价格弹性分别为2和3，为使公司的利润最大，在这两个市场上应分别定什么价格？

6. 案例分析

上海、青岛、深圳：手表定价各有高招

在一般情况下，价格与市场需求的关系是：价格降低，需求增长；价格提高，需求减少。但是在特殊情况下，也会出现不同的结果。因此究竟怎么定价，要具体情况具体对待。20世纪80年代后期，中国手表市场发生的一场史无前例的价格大战给我们留下了深刻的启示。

1988年春，全国百货钟表订货会在山东济南召开。当时，全国市场上机械手表已经大量滞销、积压，连续3次降价，销路仍不好转。行家估计，手表市场萎缩已成定局。因此，很多手表厂家担心这次订货会会使手表“大放血”甩卖。由于上海是全国钟表行业的大哥，所以各地厂家代表都盯着上海，纷纷探听上海会不会降价。大家听说上海不降价，悬着的心都放下来，各路厂家都挂出了自己的老牌价。

订货会开了两天，商家在会上转来转去，只是看样品，问价格，就是不订货，厂家直发愁。第二天一大早，大家被一条消息弄懵了：“所有上海表降价30%以上”。有的上海表竟降价一半。各厂家销售科长、处长们纷纷打电话回厂请示。厂长也不敢拍板，又是开会研究，又是请示报告。待研究、请示完毕，又是两三天过去了，时不我待，上海人已经把生意做完了。各厂家纷纷叫“惨”，但已无法挽回败势。

订货会后，厂家无不感到手表生意难做，但各家都不服输，纷纷寻求对策。青岛厂家认为，此时跟着降价，实在不是时候，因为顾客会认为便宜没好货。该厂智囊团算了一笔账：青岛生产的“铁锚”牌手表，每块原价80元，如果降价，一块表顶多只能赚1～2元，即使如此，要将100多万块表卖出去也并非易事。如果不降价，每块表可赚30来元，售出6万～7万块表，基本上就能将100万块的利润拿回。青岛厂家选择了后者，并有意在电视上做了不降价的广告，经营效果果然不错。而其他很多厂家都步上海的后尘，结果大亏。例如，重庆钟表公司，一年下来就亏损了600多万元。

与此同时，深圳的“天霸”表更是大爆冷门：每块表从124元上涨到185元。他们的策略是不断在式样上求新，在质量上求精。“求”一次价格，就涨一次。他们以地毯轰炸般的广告宣传，不仅在国内消费者中树立了良好的商品形象，而且还将手表销往澳大利亚等国。那一年“天霸”表究竟赚了多少只有他们自己清楚，从市场上看，天霸表的确是相当走俏的。

案例思考题：

① 上海和青岛两地厂家为什么采取了不同的价格策略？

② 深圳天霸表采取的是什么样的竞争策略？这给我们哪些启示？

第八章　长期投资决策及风险分析

学习目标

1. 正确理解现金流量、货币时间价值以及资金成本等概念。
2. 掌握数据的收集与估计的正确方法。
3. 掌握投资方案的几种主要评价方法：返本期法、净现值法和内部回报率法。
4. 加深对风险的认识，掌握有风险条件下的投资决策方法。

第一节　投资决策概述

一、投资决策的一般原理

投资决策对企业来说十分重要。因为它关系到企业的未来，即未来的发展方向、发展速度和获利的可能性。如果这种决策有错误，后果将是不可逆转的。

企业的投资，是指当前的一种支出，这种支出预期将来能有收益，通常在一年以上。它包括购置设备、房屋以及设备的改造或更新等。另外，培训费用、广告费用以及研究和发展费用等也属于投资。它们赢得收益的延续时间长短不同。经营费用（如人工费、材料费）只能在短期内（如在几个月或一个会计年度内）赢得收益。购买设备、建造建筑物带来的收益往往可以延续数年甚至几十年之久。由于由投资带来的收益延续的时间很长，所以，投资决策，与经营决策相比，有两个重要的特点。第一，在投资决策中，需要把近期的现金收支与远期的现金收支相比较，因而必须考虑货币的时间价值。第二，在投资决策中，需要对未来的收益进行估计，而未来总有很大的不确定性，因此，在投资决策中，考虑不确定性（风险）的问题也就成为重要的课题。

二、投资建议

要进行投资决策，第一步是提出投资建议。这一步之所以重要，是因为好的建议或主意是选出好的投资方案的前提。如果在这一阶段提不出好的建议，就不可能从中评选出好的方案。投资建议一般分为4类。

① 扩大现有产品的生产规模。

② 设备更新或技术改造。

③ 发展新产品。

④ 其他。如对“三废”的控制和治理、劳动保护设施的投资等。

本章的重点是探讨在投资建议提出之后，怎样收集和估计投资方案的有关数据，以及根据有关的数据对各个投资方案进行评价和选优。最后，在对企业风险进行分析的基础上，探讨有风险条件下的管理决策问题。

第二节　数据的收集和估计

投资方案提出之后，能否正确决策，关键就在于数据的收集和估计是否准确、可靠。为使数据准确、可靠，这项工作必须有企业的各个部门参加。比如，为了估计将来的收入数据，就必须依靠销售部门进行需求预测；为了估计将来的经营费用，就必须依靠生产、技术和采购部门提供有关的成本资料。

在投资决策中，所需的数据是很多的，但与决策直接有关的数据是以下 4 种。

一、净现金投资量

为了评价投资方案，首先要估计投资费用的大小。净现金投资量是指因决策引起的投资的增加量。虽然计算净现金投资量的方法因不同投资方案而有所不同，但其一般规则如下。

净现金投资量应包括购买固定资产的价格、运费和安装费等，也就是取得资产所要花费的成本。要计算净现金投资量还要对成本做某些调整，即在成本上加上或减去一些费用。

① 由于执行了建议中的投资方案，引起的流动资产的永久性增加应当加上。

② 与投资方案直接有关的非购买性支出，如研究费用、广告费用、试验费用等也应当加上。

③ 如果是设备更新，就应当从新设备费用中减去旧设备的残值，加上旧设备的拆除费用；如果被更新的旧设备在企业内部移作它用，从而不再需要购买类似的设备，那么，它的替代价值应当从新设备费用中扣去。

需要注意的是，计算净现金投资量，要在增量分析原理的基础上进行。比如，在评价设备更新方案时，被更新的旧设备的账面价值在计算净现金投资量时，就不要在新设备的投资中再加上这笔价值。因为这个价值是过去的支出，是一种沉没成本，从增量分析的观点看，它与现在的投资决策无关。

如果现在的投资方案是一个续建工程，这个工程原来已经下马，在下马前已花费投资 100 万元。现在续建，需要再投资 100 万元。净现金投资量不应包括下马前的投资。因为它是过去的支出，是一种沉没成本，在投资决策时是不应考虑的。所以，对这个续建工程来说，现金投资量只是现在的投资 100 万元。

【例 8-1】 假定新机器的买价为 17500 元，运费为 800 元，安装费为 1700 元。如果采用新机器，估计需要追加流动资产 2500 元（包括库存和应收账款的增加）。操作人员的培训费为 700 元。假定根据税法，培训费用可按税率减征企业所得税（税率为 48%）。求净现金投资量。

解：	
买价	17500
运费	800
安装费	1700
折旧的基数	20000
用于增加流动资产的投资	2500
培训费用	700
减征企业所得税(48%)	336
税后培训费用	364
净现金投资量	22864（元）

新机器的净现金投资量应估计为 22864 元。

【例 8-2】 假设上例中的新机器是用来更新旧机器，出售旧机器。旧机器的账面价值为 7000 元，但只能按 5000 元卖给旧设备商。假定根据税法，如果企业因变卖设备引起亏损，则它可以减免亏损额 30%的所得税。求净现金投资量。

解：上例中的净现金投资量	22864
出售旧机器的收入	5000
变卖亏损使税金减少［(7000－5000)×30%］	600
税后变卖旧机器收入	5600
净现金投资量	17264（元）

新机器的净现金投资量应估计为 17264 元。

二、净现金效益量

企业进行投资，总期望将来在若干年内每年能得到一定的效益。在投资决策中，这种效益是用净现金效益量来衡量的，而不是用利润衡量的。净现金效益量是指企业在经营中因决策引起的现金效益的增加量。它等于因决策引起的销售收入的增加量减去因决策引起的经营费用的增加量（不包括折旧）。经营费用的增加量中不应包括折旧，一是因为净现金效益必须在增量分析的基础上来估计，所以，尽管在计算利润时，折旧要计入成本，但由于折旧在经营期间并不是真正的现金支出，在计算净现金效益量时就不应包括在经营费用的增加量中。二是因为折旧是固定资产费用的支出，虽然它每年要摊入成本，但实际支出的时间都是在投资时支出的。为了正确计算现金流量的时间价值，也不能把折旧计算在每年的经营费用的增加量内。总之，净现金效益量并不等于利润的增加量。利润的增加量加上折旧的增加才等于净现金效益量。

净现金效益量的计算公式可表示如下。

$$\begin{aligned} NCB &= \Delta S - \Delta C \\ &= \Delta P + \Delta D \end{aligned} \tag{8-1}$$

式中 NCB——净现金效益量；

ΔS——销售收入的增加量，$\Delta S = \Delta D + \Delta C + \Delta P$；

ΔC——经营费用的增加量（不包括折旧）；

ΔP——利润的增加量；

ΔD——折旧的增加量。

如果企业还要向政府缴纳所得税，那么税后净现金效益量应等于税后利润的增加量加上折旧的增加量。即

$$\begin{aligned} NCB' &= \Delta P' + \Delta D \\ &= \Delta P(1-t) + \Delta D \\ &= (\Delta S - \Delta C - \Delta D)(1-t) + \Delta D \end{aligned} \tag{8-2}$$

式中 NCB'——税后净现金效益量；

$\Delta P'$——税后利润增加量；

t——税率。

这里需要再次强调，在估计净现金效益时，必须遵循增量分析原则。例如，如果企业生产多种产品，而且在各种产品的需求之间存在着相互联系，多销售产品甲，可能会使产品乙

的销售量减少。那么，估计扩建产品甲生产线投资方案的净现金效益量，不仅要计算产品甲本身的净现金效益量，而且还应把因投资引起的产品乙现金效益的减少也考虑进去。

【例 8-3】 某公司计划购置一台新机器，用来替换旧机器。新机器买价 13000 元，运费 500 元，安装费 1500 元，经济寿命预计为 3 年，每年折旧费＝(13000＋500＋1500)÷3＝5000（元)。旧机器账面价值为 6000 元，以后 3 年中，每年的折旧费为 2000 元。新机器替换旧机器后，预计第一年、第二年、第三年的销售收入和经营费用（不包括折旧）与使用旧机器相比，会发生表 8-1 所示的变化。求：新机器替换旧机器后，历年的税后净现金效益量。

表 8-1 销售收入和经营费用的变动

项　　目	第　一　年	第　二　年	第　三　年
销售收入变动(ΔS)	10000	7000	4000
经营费用变动(ΔC)	－5000	－4000	－3000
税前净现金效益量($\Delta S-\Delta C$)	15000	11000	7000

解：

项　　目	第　一　年	第　二　年	第　三　年
销售收入变动(ΔS)	10000	7000	4000
经营费用变动(ΔC)	－5000	－4000	－3000
税前净现金效益量($\Delta S-\Delta C$)	15000	11000	7000
折旧费			
新机器 5000			
旧机器 2000			
折旧费的增加(ΔD)	3000	3000	3000
税前利润的增加($\Delta S-\Delta C-\Delta D$)	12000	8000	4000
税额(按 50%计)	6000	4000	2000
税后利润的增加 [($\Delta S-\Delta C-\Delta D$)×(1－50%)]	6000	4000	2000
税后净现金效益量 [($\Delta S-\Delta C-\Delta D$)×(1－50%)＋$\Delta D$]	9000	7000	5000

可见，新机器替换旧机器的税后净现金效益量分别为：第一年 9000 元、第二年 7000 元、第三年 5000 元。

此外，还必须注意，如果新机器 3 年后有残值，假定为 2000 元，那么计算新机器折旧时，基数就不是 15000 元，而是 13000 元。另外，最后一年的净现金效益量应增加 2000 元。如果这个投资方案要求流动资产相应增加 1000 元，那么不仅净现金投资量要加 1000 元，最后一年的净现金效益量也应增加 1000 元，因为流动资产到最后一年可以收回来。

三、货币的时间价值

人们进行投资，总是期望投资带来的效益能够大于投资支出。因此，在制定投资计划时，人们总是要把投资方案的净现金投资量与它的净现金效益量相比较。如果后者大于前者，方案才是可以接受的。但是投资费用一般是在期初支出，而投资效益则是在以后若干年中陆续发生的。这就产生一个问题，即怎样比较不同时期现金的收入和支出。这就需要计算现金收支的时间价值。在投资决策中，最常用的计算时间价值的方法是把不同时间上的现金收支都折算成现值。

大家知道，今年手中的 1 元钱，比明年的 1 元钱价值更高。因为人们可以把这 1 元钱存入银行，收取利息。如果利息是 12%，那么今年的 1 元，到了明年就变成

$$S_1=1\times(1+12\%)=1.12\ (元)$$

同理，今年的 1 元，到了后年就变成

$$S_2=1\times(1+12\%)^2=1.25\text{（元）}$$

可见，

$$S_n=PV(1+i)^n \tag{8-3}$$

这个公式经过移项，也可以写为

$$PV=\frac{S_n}{(1+i)^n} \tag{8-4}$$

式中 PV——现值；

i——贴现率（资金成本）；

n——时间（年）；

S_n——现在的 PV 到第 n 年年末时的价值。

根据这个公式，如给定第 n 年年末的货币价值 S_n、贴现率 i，就可以求它的现值 PV。

如果某企业预计今后连续 3 年的现金效益相等，都是 1 元，贴现率为 10%，那么

第一年年末 1 元收入的现值为

$$PV=\frac{1}{1+10\%}=0.909\text{（元）}$$

第二年年末 1 元收入的现值为

$$PV=\frac{1}{(1+10\%)^2}=0.826\text{（元）}$$

第三年年末 1 元收入的现值为

$$PV=\frac{1}{(1+10\%)^3}=0.751\text{（元）}$$

连续 3 年每年收入 1 元的总现值为

$$TPV=0.909+0.826+0.751=2.486\text{（元）}$$

可见，假如在 n 年内，投资方案每年的净现金效益量都相等（用 R_t 表示），每年的贴现率 i，那么 n 年后的总现值（TPV）可表示为

$$TPV=\sum_{t=1}^{n}\frac{R_t}{(1+i)^t} \tag{8-5}$$

为了减轻计算的工作量，我们可以利用表 8-2 和表 8-3 来求现值和总现值。

表 8-2 是根据不同的贴现率，查第 n 年的现值系数，即第 n 年年末收入 1 元的现值 $\left[\frac{1}{(1+i)^n}\right]$。

表 8-3 是根据不同的贴现率，查共 n 年的总现值系数，即每年收入 1 元，共 n 年的总现值 $\left[\sum_{t=1}^{n}\frac{1}{(1+i)^t}\right]$。

下面举例说明怎样使用这两个表。

【例 8-4】 某企业家希望 7 年后能得到 8500 元，假定贴现率为 8%，问这笔款项的现值

是多少？

解：查表 8-2，贴现率 8％的第七年的现值系数为 0.583。

$$8500\times0.583=4955.5\text{（元）}$$

所以，7 年后的 8500 元的现值为 4955.5 元。

【例 8-5】 如果每年的现金收入为 4000 元，贴现率为 10％，共 5 年，问这笔款的总现值是多少？

解：查表 8-3，贴现率为 10％共 5 年的总现值系数为 3.791。

$$4000\times3.791=15164\text{（元）}$$

如果今后 5 年每年收入为 4000 元，其总现值为 15164 元。

【例 8-6】 如果贴现率为 10％，今后 5 年中，前 3 年每年年末的收入为 2000 元，后 2 年每年年末的收入为 3000 元，问它们的总现值是多少？

解：查表 8-3，前 3 年每年 2000 元的总现值为

$$2000\times2.487=4974\text{（元）}$$

查表 8-3，第四、第五年每年年末收入 3000 元折算成第四年年初的总现值为

$$3000\times1.736=5208\text{（元）}$$

查表 8-2，第四年年初（即第三年年末）的 5208 元，折算成第一年年初的现值为

$$5208\times0.751=3911\text{（元）}$$

所以，总现值为

$$4974+3911=8885\text{（元）}$$

在投资决策分析中，通常是计算出历年净现金效益的总现值，然后与净现金投资量相比较。

四、资金成本

实施投资方案需要有资金。正如为了获得劳动力需要支付工资，为了获得原材料需要支付原材料费用一样，为了获得资金，也需要付出一定的代价。这个代价就是资金成本（即使是自有资金，也应计算资金的机会成本）。资金成本一般每年按一定的百分率来表示。例如，资金成本为 10％，意思是每获得 100 元资金的使用权，需向投资者每年支付投资回报 10 元。资金成本是从资金获得者的角度说的，从投资者的角度看则是投资的必要收益率。低于这个收益率，投资者就会把资金转投别处。

正确估计资金成本对正确进行投资决策是很重要的。因为资金成本就是评价投资方案、计算货币时间价值时所用的贴现率。如果对它估计过高，就会低估投资方案的价值；对它估计过低，又会过高估计投资方案的价值。无论哪一种情况，都会导致决策的失误。另外，对资金成本进行估计也是为了正确做出资金来源的决策。最佳的资金来源组成，应当使企业的平均资金成本最低。

企业的资金来源基本上有两个：一是来自借债，包括金融机构的贷款和发行债券等；二是来自权益资本，其中主要是发行普通股。下面分别探讨如何估计这两种来源的资金成本，在此基础上再探讨企业的综合资金成本，即加权平均资金成本。

1. 债务成本

借款是企业筹集资金的一个重要来源。举债筹资（包括从银行借款或发行企业债券）的成本就是付给借款人（债权人）的利息率。但这是假定企业不缴纳所得税。如果企业要缴纳

表 8-2 现值系数表①

贴现率(i) / 第几年	1%	2%	4%	6%	8%	10%	12%	14%	15%	16%	18%	20%	22%	24%	25%	26%	28%	30%	35%	40%	45%	50%
1	0.990	0.980	0.962	0.943	0.926	0.909	0.893	0.877	0.870	0.862	0.847	0.833	0.820	0.806	0.800	0.794	0.781	0.769	0.741	0.714	0.690	0.667
2	0.980	0.961	0.925	0.890	0.857	0.826	0.797	0.769	0.756	0.743	0.718	0.694	0.672	0.650	0.640	0.630	0.610	0.592	0.549	0.510	0.476	0.444
3	0.971	0.942	0.889	0.840	0.794	0.751	0.712	0.675	0.658	0.641	0.609	0.579	0.551	0.524	0.512	0.500	0.477	0.455	0.406	0.364	0.328	0.296
4	0.961	0.924	0.855	0.792	0.735	0.683	0.636	0.592	0.572	0.552	0.516	0.482	0.451	0.423	0.410	0.397	0.373	0.350	0.301	0.260	0.226	0.198
5	0.951	0.906	0.822	0.747	0.681	0.621	0.567	0.519	0.497	0.476	0.437	0.402	0.370	0.341	0.328	0.315	0.291	0.269	0.223	0.186	0.156	0.132
6	0.942	0.888	0.790	0.705	0.630	0.564	0.507	0.456	0.432	0.410	0.370	0.335	0.303	0.275	0.262	0.250	0.227	0.207	0.165	0.133	0.108	0.088
7	0.933	0.871	0.760	0.665	0.583	0.513	0.452	0.400	0.376	0.354	0.314	0.279	0.249	0.222	0.210	0.198	0.178	0.159	0.122	0.095	0.074	0.059
8	0.923	0.853	0.731	0.627	0.540	0.467	0.404	0.351	0.327	0.305	0.266	0.233	0.204	0.179	0.168	0.157	0.139	0.123	0.091	0.068	0.051	0.039
9	0.914	0.837	0.703	0.592	0.500	0.424	0.361	0.308	0.284	0.263	0.225	0.194	0.167	0.144	0.134	0.125	0.108	0.094	0.067	0.048	0.035	0.026
10	0.905	0.820	0.676	0.558	0.463	0.386	0.322	0.270	0.247	0.227	0.191	0.162	0.137	0.116	0.107	0.099	0.085	0.073	0.050	0.035	0.024	0.017
11	0.896	0.804	0.650	0.527	0.429	0.350	0.287	0.237	0.215	0.195	0.162	0.135	0.112	0.094	0.086	0.079	0.066	0.056	0.037	0.025	0.017	0.012
12	0.887	0.788	0.625	0.497	0.397	0.319	0.257	0.208	0.187	0.168	0.137	0.112	0.092	0.076	0.069	0.062	0.052	0.043	0.027	0.018	0.012	0.008
13	0.879	0.773	0.601	0.469	0.368	0.290	0.229	0.182	0.163	0.145	0.116	0.093	0.075	0.061	0.055	0.050	0.040	0.033	0.020	0.013	0.008	0.005
14	0.870	0.758	0.577	0.442	0.340	0.263	0.205	0.160	0.141	0.125	0.099	0.078	0.062	0.049	0.044	0.039	0.032	0.025	0.015	0.009	0.006	0.003
15	0.861	0.743	0.555	0.417	0.315	0.239	0.183	0.140	0.123	0.108	0.084	0.065	0.051	0.040	0.035	0.031	0.025	0.020	0.011	0.006	0.004	0.002
16	0.853	0.728	0.534	0.394	0.292	0.218	0.163	0.123	0.107	0.093	0.071	0.054	0.042	0.032	0.028	0.025	0.019	0.015	0.008	0.005	0.003	0.002
17	0.844	0.714	0.513	0.371	0.270	0.198	0.146	0.108	0.093	0.080	0.060	0.045	0.034	0.026	0.023	0.020	0.015	0.012	0.006	0.003	0.002	0.001
18	0.836	0.700	0.494	0.350	0.250	0.180	0.130	0.095	0.081	0.069	0.051	0.038	0.028	0.021	0.018	0.016	0.012	0.009	0.005	0.002	0.001	0.001
19	0.828	0.686	0.475	0.331	0.232	0.164	0.116	0.083	0.070	0.060	0.043	0.031	0.023	0.017	0.014	0.012	0.009	0.007	0.003	0.002	0.001	
20	0.820	0.673	0.456	0.312	0.215	0.149	0.104	0.073	0.061	0.051	0.037	0.026	0.019	0.014	0.012	0.010	0.007	0.005	0.002	0.001	0.001	
21	0.811	0.660	0.439	0.294	0.199	0.135	0.093	0.064	0.053	0.044	0.031	0.022	0.015	0.011	0.009	0.008	0.006	0.004	0.002	0.001		
22	0.803	0.647	0.422	0.278	0.184	0.123	0.083	0.056	0.046	0.038	0.026	0.018	0.013	0.009	0.007	0.006	0.004	0.003	0.001	0.001		
23	0.795	0.634	0.406	0.262	0.170	0.112	0.074	0.049	0.040	0.033	0.022	0.015	0.010	0.007	0.006	0.005	0.003	0.002	0.001			
24	0.788	0.622	0.390	0.247	0.158	0.102	0.066	0.043	0.035	0.028	0.019	0.013	0.008	0.006	0.005	0.004	0.003	0.002	0.001			
25	0.780	0.610	0.375	0.233	0.146	0.092	0.059	0.038	0.030	0.024	0.016	0.010	0.007	0.005	0.004	0.003	0.002	0.001	0.001			
26	0.772	0.598	0.361	0.220	0.135	0.084	0.053	0.033	0.026	0.021	0.014	0.009	0.006	0.004	0.003	0.002	0.002	0.001				
27	0.764	0.586	0.347	0.207	0.125	0.076	0.047	0.029	0.023	0.018	0.011	0.007	0.005	0.003	0.002	0.002	0.001	0.001				
28	0.757	0.574	0.333	0.196	0.116	0.069	0.042	0.026	0.020	0.016	0.010	0.006	0.004	0.002	0.002	0.002	0.001	0.001				
29	0.749	0.563	0.321	0.185	0.107	0.063	0.037	0.022	0.017	0.014	0.008	0.005	0.003	0.002	0.002	0.001	0.001	0.001				
30	0.742	0.552	0.308	0.174	0.099	0.057	0.033	0.020	0.015	0.012	0.007	0.004	0.003	0.002	0.001	0.001	0.001					
40	0.672	0.453	0.208	0.097	0.046	0.022	0.011	0.005	0.004	0.003	0.001	0.001										
50	0.608	0.372	0.141	0.054	0.021	0.009	0.003	0.001	0.001	0.001												

① 期末收入 1 元的现金，等于$\frac{1}{(1+i)^n}$。

表 8-3 总现值系数表[①]

年数(n) \ 贴现率(i)	1%	2%	4%	6%	8%	10%	12%	14%	15%	16%	18%	20%	22%	24%	25%	26%	28%	30%	35%	40%	45%	50%
1	0.990	0.980	0.962	0.943	0.926	0.909	0.893	0.877	0.870	0.862	0.847	0.833	0.820	0.806	0.800	0.794	0.781	0.769	0.741	0.714	0.690	0.667
2	1.970	1.942	1.886	1.833	1.783	1.736	1.690	1.647	1.626	1.605	1.566	1.528	1.492	1.457	1.440	1.424	1.392	1.361	1.289	1.224	1.165	1.111
3	2.941	2.884	2.775	2.673	2.577	2.487	2.402	2.322	2.283	2.246	2.174	2.106	2.042	1.981	1.952	1.923	1.868	1.816	1.696	1.589	1.493	1.407
4	3.902	3.808	3.630	3.465	3.312	3.170	3.037	2.914	2.855	2.798	2.690	2.589	2.494	2.404	2.362	2.320	2.241	2.166	1.997	1.849	1.720	1.605
5	4.853	4.713	4.452	4.212	3.993	3.791	3.605	3.433	3.352	3.274	3.127	2.991	2.864	2.745	2.689	2.635	2.532	2.436	2.220	2.035	1.876	1.737
6	5.795	5.601	5.242	4.917	4.623	4.355	4.111	3.889	3.784	3.685	3.498	3.326	3.167	3.020	2.951	2.885	2.759	2.643	2.385	2.168	1.983	1.824
7	6.728	6.472	6.002	5.582	5.206	4.868	4.564	4.288	4.160	4.039	3.812	3.605	3.416	3.242	3.161	3.083	2.937	2.802	2.508	2.263	2.057	1.883
8	7.652	7.325	6.733	6.210	5.747	5.335	4.968	4.639	4.487	4.344	4.078	3.837	3.619	3.421	3.329	3.241	3.076	2.925	2.598	2.331	2.108	1.922
9	8.566	8.162	7.435	6.802	6.247	5.759	5.328	4.946	4.772	4.607	4.303	4.031	3.786	3.566	3.463	3.366	3.184	3.019	2.665	2.379	2.144	1.948
10	9.471	8.983	8.111	7.360	6.710	6.145	5.650	5.216	5.019	4.833	4.494	4.192	3.923	3.682	3.571	3.465	3.269	3.092	2.715	2.414	2.168	1.965
11	10.368	9.787	8.760	7.887	7.139	6.495	5.988	5.453	5.234	5.029	4.656	4.327	4.035	3.776	3.656	3.544	3.335	3.147	2.752	2.438	2.185	1.977
12	11.255	10.575	9.385	8.384	7.536	6.814	6.194	5.660	5.421	5.197	4.793	4.439	4.127	3.851	3.725	3.606	3.387	3.190	2.779	2.456	2.196	1.985
13	12.134	11.343	9.986	8.853	7.904	7.103	6.424	5.842	5.583	5.342	4.910	4.533	4.203	3.912	3.780	3.656	3.427	3.223	2.799	2.468	2.204	1.990
14	13.004	12.106	10.563	9.295	8.244	7.367	6.628	6.002	5.724	5.468	5.008	4.611	4.265	3.962	3.824	3.695	3.459	3.249	2.814	2.477	2.210	1.993
15	13.865	12.849	11.118	9.712	8.559	7.606	6.811	6.142	5.847	5.575	5.092	4.675	4.315	4.001	3.859	3.726	3.483	3.268	2.825	2.484	2.214	1.995
16	14.718	13.578	11.652	10.106	8.851	7.824	6.974	6.265	5.954	5.669	5.162	4.730	4.357	4.003	3.887	3.751	3.503	3.283	2.834	2.489	2.216	1.997
17	15.562	14.292	12.166	10.477	9.122	8.022	7.120	6.373	6.047	5.749	5.222	4.775	4.391	4.059	3.910	3.771	3.518	3.295	2.840	2.492	2.218	1.998
18	16.398	14.992	12.659	10.828	9.372	8.201	7.250	6.467	6.128	5.818	5.273	4.812	4.419	4.080	3.928	3.786	3.529	3.304	2.844	2.494	2.219	1.999
19	17.226	15.678	13.134	11.158	9.604	8.365	7.366	6.550	6.198	5.877	5.316	4.844	4.442	4.097	3.942	3.799	3.539	3.311	2.848	2.496	2.220	1.999
20	18.046	16.351	13.590	11.470	9.818	8.514	7.469	6.623	6.259	5.929	5.353	4.870	4.460	4.110	3.954	3.808	3.546	3.316	2.850	2.497	2.221	1.999
21	18.857	17.011	14.029	11.764	10.017	8.649	7.562	6.687	6.312	5.973	5.384	4.891	4.476	4.121	3.963	3.816	3.551	3.320	2.852	2.498	2.221	2.000
22	19.660	17.658	14.451	12.042	10.201	8.772	7.645	6.743	6.359	6.011	5.410	4.909	4.488	4.130	3.970	3.822	3.556	3.323	2.853	2.498	2.222	2.000
23	20.456	18.292	14.857	12.303	10.371	8.883	7.718	6.792	6.399	6.044	5.432	4.925	4.499	4.137	3.976	3.827	3.559	3.325	2.854	2.499	2.222	2.000
24	21.243	18.914	15.247	12.550	10.529	8.985	7.784	6.835	6.434	6.073	5.451	4.937	4.507	4.143	3.981	3.831	3.562	3.327	2.855	2.499	2.222	2.000
25	22.023	19.523	15.622	12.783	10.675	9.077	7.843	6.873	6.464	6.097	5.467	4.948	4.514	4.147	3.985	3.834	3.564	3.329	2.856	2.499	2.222	2.000
26	22.795	20.121	15.983	13.003	10.810	9.161	7.896	6.906	6.491	6.118	5.480	4.956	4.520	4.151	3.988	3.837	3.566	3.330	2.856	2.500	2.222	2.000
27	23.560	20.707	16.330	13.211	10.935	9.237	7.943	6.935	6.514	6.136	5.492	4.964	4.524	4.154	3.990	3.839	3.567	3.331	2.856	2.500	2.222	2.000
28	24.316	21.281	16.663	13.406	11.051	9.307	7.984	6.961	6.534	6.152	5.502	4.970	4.528	4.157	3.992	3.840	3.568	3.331	2.857	2.500	2.222	2.000
29	25.066	21.844	16.984	13.591	11.158	9.370	8.022	6.983	6.551	6.166	5.510	4.975	4.531	4.159	3.994	3.841	3.569	3.332	2.857	2.500	2.222	2.000
30	25.808	22.396	17.292	13.765	11.258	9.427	8.055	7.003	6.566	6.177	5.517	4.979	4.534	4.160	3.995	3.842	3.569	3.332	2.857	2.500	2.222	2.000
40	32.835	27.355	19.793	15.046	11.925	9.779	8.244	7.105	6.642	6.234	5.548	4.997	4.544	4.166	3.999	3.846	3.571	3.333	2.857	2.500	2.222	2.000
50	39.196	31.424	21.482	15.762	12.234	9.915	8.304	7.133	6.661	6.246	5.554	4.999	4.545	4.167	4.000	3.846	3.571	3.333	2.857	2.500	2.222	2.000

① n 年内每年收入 1 元的总现值，等于 $\sum_{t=1}^{n} \frac{1}{(1+i)^t}$。

所得税，利息支出就可以从应纳税收入中扣除，从而可以减免一部分税金。所以，税后的债务成本会低于利息率。其计算公式如下。

$$税后债务成本=利息率\times(1-税率) \tag{8-6}$$

【例 8-7】 假定企业发行债券 100000 元，息票利率为 12%，该企业所得税率为 40%，那么税后债务成本应为

$$税后债务成本=12\%\times(1-40\%)=7.2\%$$

需要指出的是，在投资决策中使用的债务成本是指新债务成本，即边际债务成本。因为只有新的债务才是与新的投资方案相关的债务。企业过去借入的资金，是供过去的投资方案用的，它的成本不宜作为目前投资决策用的资金成本。

2. 权益资本的成本

长期资金的另一来源是权益资本。权益资本主要来自发行普通股股票。下面介绍如何估计普通股的成本。

普通股股东在企业中拥有的财富（或价值）等于他将来从企业预期获得的收益按股东的必要收益率进行贴现而得到的总现值。这里，股东的必要收益率是指投资者（即股东）愿意投资的最低限度必须获得的收益率，低于这个收益率，投资者就宁可把资金用于别处。这个收益率，对企业来说，就是资金成本。

假定股东的必要收益率为 k_s，在 t 期内，将来预期每期的股利收入分别为 D_1，D_2，…，D_t，股东在企业中的财富为 W，则

$$W=\sum_{t=1}^{\infty}\frac{D_t}{(1+k_s)^t} \tag{8-7}$$

假定公司每年的股利增长率 g 保持不变，那么，可以把式（8-7）推导为

$$W=\frac{D_1}{k_s-g} \tag{8-8}$$

这里，D_1 为下一年发放的股利。如果 D_1 表示的是每股股利，那么，W 就是每股普通股的价格，解 k_s 得

$$k_s=\frac{D_1}{W}+g \tag{8-9}$$

从式（8-9）中我们看到，股东的预期收益（回报）由两部分组成：一部分是股利，它的收益率称为股利收益率，等于 $\frac{D_1}{W}$；另一部分是资本利得，即由于预期以后股票涨价会给股东带来的收益，它的收益率称为资本利得收益率，在股利增长率 g 保持不变的情况下，它等于 g。

由于对企业来说投资者的必要收益率就是资金成本，所以，式（8-9）也就是估计普通股资金成本的基本公式。

【例 8-8】 假定某企业现在普通股的市场价格为每股 20 元，下一期的股利预期为每股 1.6 元，每年股利增长率预期为 6%，那么，该普通股的资金成本应为

$$k_s=\frac{1.6}{20}+0.06=0.08+0.06=0.14=14\%$$

普通股的成本是以股利形式从税后利润中开支的，它不影响应纳税收入，从而不影响税金的大小。所以，估计普通股的资金成本时，不必计算税后资金成本。

3. 加权平均资金成本

假定某公司的税后债务成本为6%，权益资本成本为14%，又假定来年该公司完全靠借债筹集资金来实施它的投资方案。这是不是意味该投资方案的资金成本就等于税后债务成本6%呢？不是。

一般来说，借债是成本最低的一种资金来源。但企业不可能无限度地使用债务，因为如果借债过多就会使权益资本所占比重减少，债务的偿还就会缺乏保障，这会加大企业的风险，又使资金成本升高。所以，企业的借债能力总是有限的。这一次靠借债来筹资，就意味以后的某一时间必须靠增发股票来筹资。也就是说，今天以较低的债务成本筹资，必须以牺牲将来借债的机会为代价。所以，虽然这一次投资方案的实施是完全靠举债筹资，但它的机会成本要大于债务成本本身。

假定某企业第一年大量举债筹资，债务成本为6%，那么回报率为7%的方案是可以接受的。到第二年，因企业借债能力耗尽，必须使用权益资本，它的成本为14%。所以，到第二年，回报率超过14%的方案才是可以被接受的。这样，如果第一年按债务成本6%作为资金成本，第一年回报率为7%的方案就会把第二年回报率更高的（如13%）的方案挤走。这显然是不合理的。为了避免这类问题的产生，在投资决策中，就不能单纯使用债务成本，也不能单纯使用权益资本，而是应当使用加权平均资金成本（或称综合资金成本）。其公式为

$$k_a = p_d k_d + p_e k_e \tag{8-10}$$

式中 k_a——加权平均资金成本；

k_d——税后债务成本；

k_e——权益资本成本；

p_d，p_e——根据公司的最优资本结构，债务和权益资本分别在全部资本中所占的比重。

资本结构是指债务和权益资本在全部资本中所占的比重。所谓最优资本结构，是指能使企业的综合资金成本最低的资本结构。每个企业都会有自己的最优资本结构。

在［例8-8］中，假定该企业的最优资本结构是债务40%，权益资本60%，那么，该企业的综合资金成本为

$$\begin{aligned} k_a &= 7\% \times 40\% + 14\% \times 60\% \\ &= 2.8\% + 8.4\% \\ &= 11.2\% \end{aligned}$$

因此，该企业在评价投资方案时，应使用贴现率11.2%作为资金成本。

第三节 投资方案的评价方法

在对不同的投资方案的基本数据做出估计之后，就可以对不同的方案进行评价。评价投资方案的方法很多，最常用的有下面3种。

一、返本期法

这种方法主要是计算投资所需的返本期的长短。如果每年的净现金效益相等，则可用下

式计算返本期。

$$返本期=\frac{净现金投资量}{每年的净现金效益量}$$

如果每年的净现金效益量不等，就需要用推算的方法求返本期。

【例 8-9】 假如某投资方案的净现金投资量为 15000 元。第一年的净现金效益为 9000 元，第二年为 7000 元，第三年 5000 元。问它的返本期是多少？

$$9000+7000=16000\text{ 元}>15000\text{ 元}$$

所以，不到两年就可收回全部投资。

使用返本期法评价投资方案，需要先确定一个标准返本期（即最低限度的返本期），建议的投资方案的返本期如果小于标准返本期，就是可以接受的。返本期较短的方案是较好的方案。如果标准返本期是 3 年，那么上例中的投资方案（返本期为 2 年）是可以接受的。

返本法的优点是简便。但它有以下几个严重的缺点。

1. 不考虑货币的时间价值

例如，有两个投资方案，其净现金投资量均为 30000 元，各年的净现金效益量如表 8-4 所示。

表 8-4 各年的净现金效益量（一） 单位：元

	第一年净现金效益量	第二年净现金效益量	第三年净现金效益量
方案Ⅰ	15000	10000	5000
方案Ⅱ	5000	10000	15000

如用返本期法评价，这两个方案的返本期均为 3 年，故不分优劣。但从货币的时间价值来考虑，方案Ⅰ较好，因为方案Ⅰ大部分投资在近期就能收回，而方案Ⅱ大部分投资要到后半期才能收回。

2. 不考虑返本完了之后的净现金效益

例如，有两个投资方案，其净现金投资量均为 15000 元，但各年的净现金效益量如表 8-5所示。

表 8-5 各年的净现金效益量（二） 单位：元

	第一年净现金效益量	第二年净现金效益量	第三年净现金效益量
方案Ⅰ	7500	7500	0
方案Ⅱ	7500	7500	7500

如用返本期法评价，这两个方案的返本期均为两年，所以是一样好的。但事实上，方案Ⅱ比方案Ⅰ更好，因为方案Ⅱ在第三年还能有净现金效益。

二、净现值法

净现值的计算公式为

$$净现值=净现金效益量的总现值-净现金投资量$$

或

$$NPV=\sum_{t=1}^{n}\frac{R_t}{(1+i)^t}-C_0 \tag{8-11}$$

式中 NPV——净现值；

R_t——第 t 年年末的净现金效益量；

n——投资方案的寿命；

C_0——净现金投资量；

i——资金成本（贴现率）。

净现金效益量的总现值是因投资方案引起的按现值计算的收入，净现金投资量则是因投资方案引起的期初的支出，两者的差额表明方案能给企业净增加多少价值。所以，如果净现值为正值，说明方案能够为企业增加价值，因而是可以接受的；如果净现值为负值，说明方案会使企业价值减少，因而是不可以接受的。净现值越大越好。

【例 8-10】 假定某投资方案的净现金投资量为 15000 元，第一年末的净现金效益为 9000 元，第二年末的净现金效益为 7000 元，第三年末的净现金效益为 5000 元。贴现率为 10%。问它的净现值是多少？这个方案可否接受？

解：

$$
\begin{aligned}
\text{净现值} &= \frac{9000}{1+10\%}+\frac{7000}{(1+10\%)^2}+\frac{5000}{(1+10\%)^3}-15000 \\
&= 9000\times 0.909+7000\times 0.826+5000\times 0.751-15000 \\
&= 2718\ (\text{元})
\end{aligned}
$$

净现值为正值，说明这个方案是可以接受的。

如果有两个方案，其净现值均为正值，则尚需看这两个方案是否独立。若二者各自独立，就均可采纳；若二者互相排斥，则只能取其一，应该选择净现值较大者。

三、内部回报率法

内部回报率法是另一种对未来的现金流量计算现值的方法。它与净现值法不同之处在于：净现值法是先根据预期的在金融市场上筹措资金的资金成本确定贴现率，然后根据这个贴现率计算方案的净现值。如果方案的净现值是正值，说明方案是可以接受的。内部回报率法则是计算能使净现值为零的贴现率是多少。也就是说，当投资方案的净现金效益量的总现值与净现金投资量相等时，贴现率应当是多少。这个贴现率称之为内部回报率。如果内部回报率大于金融市场上预期的资金成本，方案是可取的。否则，就是不可取的。

内部回报率的计算公式为

$$
\sum_{t=1}^{n}\frac{R_t}{(1+r)^t}-C_0 \qquad (8\text{-}12)
$$

根据公式，如已知各年的净现金效益量 R_t 和期初的净现金投资量 C_0，就可以求出内部回报率 r 的值。

不过，这个公式是一个 t 次方程，要解这个方程求内部回报率 r 的值，靠手算是很困难的。如果有计算机，可以用计算机来算。如果没有计算机，一般采用试算法。下面用例 8-10 来说明怎样用试算法求内部回报率 r 的值。

根据上例，有

$15000=\dfrac{9000}{1+r}+\dfrac{7000}{(1+r)^2}+\dfrac{5000}{(1+r)^3}$，求 r。

解：先按 $r=20\%$ 进行试算。查表 8-2，得当贴现率为 20%时，第一年、第二年、第三年的现值系数各为 0.833，0.694 和 0.579。根据这些系数算得按 20%贴现率计算的净效益量的总现值。大于期初的净投资量，说明内部回报率比 20%要大。再试按 $r=22\%$ 进行试算，用同样方法，算得净效益量的总现值小于期初的净投资量，说明内部回报率比 22%要小。因此，内部回报率在 20%～22%之间。具体试算如表 8-6 所示。

表 8-6 计算表 单位：元

年份	净现金效益	20%贴现率的现值系数	22%贴现率的现值系数	按20%贴现率计算现值	按22%贴现率计算现值
	(1)	(2)	(3)	(1)×(2)	(1)×(3)
1	9000	0.833	0.820	7497	7380
2	7000	0.694	0.672	4858	4704
3	5000	0.579	0.551	2895	2755
净效益量的总现值				15250	14839

内部回报率 r 在20%～22%之间什么位置呢？

可以用插入法来找。

贴现率＝20%时，现值＝15250元
内部回报率＝$(20+x)$%时，现值＝15000元 } 差额＝250元
贴现率＝22%时，现值＝14839元 } 差额＝411元

$$x\%=\frac{250}{411}\times(22-20)\%=1.2\%$$

则内部回报率为

$$r=20\%+1.2\%=21.2\%$$

用这种插入法算得的内部回报率是近似值，但一般已经够用了。

上面的例子是属于每年净现金效益量不等的情况。如果各年净现金效益量相等，就可不使用试算法，而用更简便的方法。假设在上例中，每年的净现金效益量都为6000元，15000÷6000＝2.5。从表8-3中可查到每年收入1元，3年后可得总现值2.5元的贴现率在8%～10%之间。再用插入法。

贴现率＝8%时，总现值系数＝2.577
内部回报率＝$(8+x)$%，总现值系数＝2.5 } 差额＝0.077
贴现率＝10%时，总现值系数＝2.487 } 差额＝0.090

$$x\%=\frac{0.077}{0.090}\times(10-8)\%=1.7\%$$

$$r=8\%+1.7\%=9.7\%$$

因此该方案的内部回报率为9.7%。

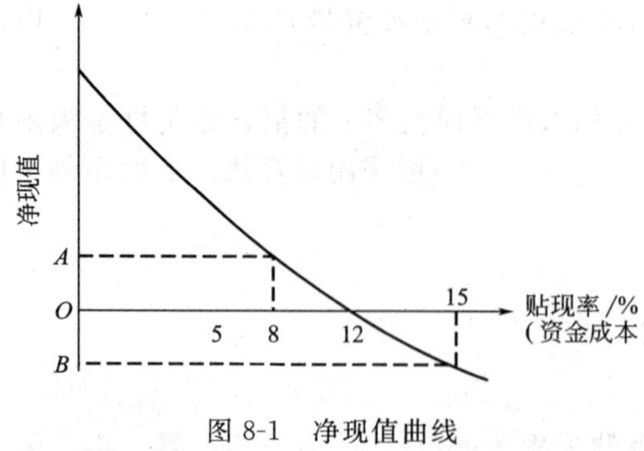

图 8-1 净现值曲线

当评价单个投资方案或互相独立的投资方案时，用净现值法和内部回报率法评价投资方案的效果是一样的。图8-1表示用净现值法和内部回报率法评价某一投资方案的情况。纵轴表示净现值大小，横轴表示贴现率大小。净现值曲线表示在不同贴现率条件下，该方案的净现值的轨迹。当贴现率为12%时，投资方案的净现值为零，此时，12%就是它的内部回报率。

假如预期的市场贴现率为8%。如用净现值法评价方案，净现值为 OA（是正值），说明方案是可取的。如用内部回报率法评价方案，内部回报率（12%）大于贴现率（8%），也说明方案是可取的。假如预期的市场贴现率为15%。如用净现值法评价方案，净现值为 OB（是负值），说明方案不可取。如用内部回报率评价方案，内部回报率（12%）小于贴现率（15%）也说明方案不可取。由此可见，在上述情况下，按两种方法评价投资方案，结果是相同的。

但当评价互相排斥的投资方案时，按这两种方法评定投资效果，有时候会出现不同的结果。下面举例说明。

假定有两个互斥的投资方案，其期初净现金投资量均为 15000 元。预期的资金成本均为 10%。两个方案各年的净现金效益量和求得的内部回报率及净现值如表 8-7 所示。

表 8-7 两方案各年净现金效益量、内部回报率和净现值 单位：元

项目		净现金效益量	
		方案 A	方案 B
年份	1	9000	0
	2	7000	6000
	3	5000	18000
内部回收率		21%	19%
净现值		2723	3482

对这两个方案，如果用内部回报率法评价，A 方案的内部回报率高，所以 A 方案是较优方案。如果用净现值法来评价，则 B 方案的净现值大，所以，B 方案是较优方案。可见，两种评价方法得出了两种结果。

为什么会产生两种不同的结果？这是因为两个方案特点不同。方案 A 的特点是近期效益大，远期效益小。方案 B 的特点是近期效益小，远期效益大。采用内部回报率是假设每年产出的净现金效益量能够按它的内部回报率进行再投资，在内部回报率高于资金成本的情况下，采用内部回报率法当然更有利于近期效益大、远期效益小的方案。采用净现值法是假设每年产生的净现金效益量能够按照预期的资金成本进行再投资，在资金成本低于内部回报率的情况下，采用净现值法当然更有利于近期效益小、远期效益大的方案。

那么，在上述情况下，应当选用哪一种方法呢？一般认为使用净现值法比使用内部回报率法要更好些，原因主要有以下 3 点。

① 内部回报率法是假设每年的净现金效益量是按内部回报率来贴现的，而净现值法则假设按资金成本来贴现。资金成本是资金的市场价格，代表现实的贴现率，而按内部回报率来贴现则是不现实的。所以，采用净现值法比内部回报率法更合理。

② 净现值法比内部回报率法计算简便。

③ 净现值法更便于考虑风险。因为它可以根据风险大小来调整贴现率。如风险大，贴现率就可以定得高一点，以弥补风险带来的损失。

由于以上原因，净现值法比内部回报率法使用得更为普遍。

第四节 有风险条件下的投资决策

决策总是面向将来的，但将来的事很多是不确定的。因为利用今天可得到的信息，往往不可能准确地预测将来会发生的结果。根据将来执行决策发生结果的确定程度，可以把决策分为确定条件下的决策、有风险条件下的决策和不确定条件下的决策 3 种。如果管理者有足够的信息，能够准确地预测将来的结果，这种情况下的决策就是确定条件下的决策。在复杂多变的企业环境中，如果管理者能够预测出执行决策将来可能会得出几种结果和每种结果的概率是多少，在这种条件下做决策就叫做有风险条件下的决策。如果决策会有多个结果，但这些结果的概率都无法知道，这种情况下的决策就属于不确定条件下的决策。这种情况之所以存在，主要是因为将来的环境因素太复杂，以致对将来结果的概率也无法估计。

本节将在对企业风险进行分析的基础上，探讨有风险条件下的管理决策问题。

一、风险概念和风险衡量

1. 风险的概念

风险是指一特定策略所带来的结果变动性的大小。如果一个决策只有一个可能的结果，就说它没有风险；如果有许多可能的结果，且这些结果回报的金额差别很大，就说它风险较大。例如，有一名经理准备投资 100 万元，有两个方案。他可以购买国库券，年利为 6%。到年末，100 万元投资可收回 106 万元。这一投资的唯一风险是政府可能无力偿还。但这是不大可能的。因此，这一投资基本上没有风险（即只有一个结果）。事实上，人们常把国库券称为无风险投资。第二个方案是在未探明石油储量的地区打油井。如果出油，则这口井值 5000 万元（即出售油得到的净利润的现值）。如果没有油，这口井就一文不值。这是一个风险投资，因为可能的结果变动的范围很大。一般来说，结果的变动性大，风险也就大。风险就是指决策结果的变动性。

为了进行风险分析，首先需要对策略、自然状态、结果和收益矩阵等术语进行定义。一种策略是指若干个可供选择的行动方案中的一个，它能够被实施来实现管理目标。所以，不同的策略也就是指不同的方案。例如，一名经理可以考虑用 3 种策略来增加利润：①建设一座新的、技术上更先进的工厂，以便进一步降低成本；②实施一项新的市场营销方案以增加销售量；③对产品重新进行设计以降低成本，或因改进后的产品得到了顾客的更大认可而增加销售量。

自然状态是指将来可能存在的某种条件，它对策略的是否成功会产生重大影响。在做关于建新厂的决策中，一个重要的自然状态就是今后几年国民经济的预期状况。在这方面，可能的自然状态是衰退、正常、繁荣。

结果是说明特定的策略和自然状态相结合会产生多大的得或失（通常用货币来度量）。例如，建新厂的决策的结果是未来全部净利润的现值。

收益矩阵列出了策略和自然状态的每一组合所带来的结果。表 8-8 是收益矩阵的一个例子。例如，如果建新厂和经济处于衰退状况，估计亏损为 4000 万元。反之，一个新的市场营销方案与正常的经济状况相结合估计能获得利润 3500 万元。如果每种自然状态的概率已知，那么，这些概率和每种策略的收益相结合就构成一个概率分布。

表 8-8 收益矩阵：每个策略和自然状态组合的利润 单位：万元

策 略	自然状态(经济条件)		
	衰 退	正 常	繁 荣
新厂	−4000	2500	4000
新的市场营销方案	−2000	3500	7000
新的产品设计	−1500	3000	6000

2. 风险的衡量

决策方案的优选，不仅要分析比较各种方案的效益指标，还要分析比较各种方案的风险程度。“概率”则是研究投资风险的一个重要工具。概率是反映不确定条件可能发生机会的变量。例如，服装厂生产的某件衣服可能是合格品，也可能是残次品。据统计资料显示，该厂服装合格率为 95%。这里的合格率就是一个反映合格产品发生机会的变量，也就是生产合格产品的概率，表示人们在不经检验的情况下购买该厂的服装，买到合格品的概率是 95%。这 95%的合格率是指对这个厂生产的大批量服装而言的，并不是指个别服装。因为对某一件特定的衣服来说，不是 100%的合格，就是 100%的不合格，只有这两种可能，没有其他的选择。也就是说，某个事件概率的最大值为 1，表示这个事件必然会发生；该事件的概率最小值为 0，表示这个事件根本不可能发生。一个事物可能发生事件 i 的概率用 P_i 表示。概率必须符合以下两项规则：

① $0 \leqslant P_i \leqslant 1$；

② $\sum_{i=1}^{n} P_i = 1$（n 为所有可能出现事件的数量总和）。

在计算期望值和方差时以及在后面的决策树的学习中都将使用到概率。“期望值-标准差法”是当两个或两个以上方案的期望收益值或期望损失值相等时，在缺乏比较的依据时，为决策者提供的优选方案的依据。“期望值-标准差法”是对风险进行衡量测定的一个有效方法。

期望值是方案实施中可能出现的各种结果的平均值，其实质是以概率为权数的方案实施各种可能结果的加权平均数。

期望值的计算公式为

$$E(X) = \sum_{i=1}^{n} X_i P_i \tag{8-13}$$

式中　$E(X)$ ——期望值；

X_i——方案实施中可能出现的第 i 种结果；

P_i——第 i 种结果出现的概率；

n——可能出现的结果的总数。

但是，方案一旦付诸实施，它的结果一般不会恰好等于期望值。这样，方案实施后很有可能出现结果与期望值产生偏差的情况。其偏差越大，以期望值作为依据的决策风险也就越大。一种方案实施可能出现的结果有多种，所以也就会出现多种偏差。那么，究竟以哪种偏差作为衡量风险程度的依据呢？这就会涉及到标准差。我们通常是以标准差作为反映决策风险程度的指标。其计算公式为

$$\delta = \sqrt{\sum_{i=1}^{n} P_i [X_i - E(X)]^2} \tag{8-14}$$

式中　$E(X)$——期望值；

X_i——方案实施中可能出现的第 i 种结果；

P_i——第 i 种结果出现的概率。

我们可以发现在方案选优时，应当遵守期望值最大或者标准差（或方差）最小的原则。而且，尽量不要把它们视为两个独立的原则，而是作为一个相互关联的标准。在进行方案比较和优选时，首先考虑的是方案的期望值，期望值最大的方案即为所要选取的最佳方案。如果出现有两个（或两个以上）方案的期望值相同的情况，则应选择其中标准差最小的一个方案。

【例 8-11】 某皮鞋厂开发生产某种新产品有两个投资方案可供选择。这两个方案在产品市场需求高、中、低 3 种不同状态下具有不同的投资效果，其具体资料如表 8-9 所示。问：该厂应选择哪个方案？

表 8-9　市场需求统计资料表　　单位：万元

市场需求	概率	方案一的投资效果	方案二的投资效果
低	0.25	1000	0
中	0.5	2000	2000
高	0.25	3000	4000

解：①计算两个方案的期望值。

方案一：

$$E(\mathrm{A}) = 1000 \times 0.25 + 2000 \times 0.5 + 3000 \times 0.25 = 2000\text{（万元）}$$

方案二：

$$E(\mathrm{B})=0\times0.25+2000\times0.5+4000\times0.25=2000\text{（万元）}$$

② 计算两个方案的标准差。

方案一的标准差：

$$\delta=\sqrt{4500000-4000000}=707.1\text{（万元）}$$

方案二的标准差：

$$\delta=\sqrt{6000000-4000000}=1414.2\text{（万元）}$$

由于以上两个方案的期望值均为2000万元，所以风险大小按照标准差的大小进行比较。我们可以得出方案二的风险较大，故应选择方案一。

通过以上介绍，可以基本掌握如何衡量和测定风险，为投资决策打下了良好的基础。

二、经济学对人们厌恶风险的解释

不同组织及其决策者对待风险的不同态度会影响决策方案的选择。愿意承担风险的组织，通常会在被迫对环境做出反应之前就已采取进攻性的行动；不愿承担风险的组织，通常只对环境做出被动的反应。

在现实中，我们可以观察到两种现象：有些人为了减少未来收入和财富等方面的不确定性及风险性到保险公司投保，而另一些人却为了增加生活中的不确定性及风险性而进行赌博等类似性质的活动。例如，在世界不少地方，保险公司与赌马场一样的生意兴隆。那么，到底人们是喜欢风险还是害怕风险呢？我们可以通过下面这个小事例来进行分析。

首先，假定每个人都可以自愿、自由地参加下面这场“博彩游戏”。如果抛一枚正规的硬币出现的是正面，则参加者可以得到1万元钱的奖励；如果抛硬币出现的是反面，则参加者需付出1万元钱的代价。其实，通过期望值的计算我们可以发现，这是一场“公平”的赌博，因为从赌博中可获得的期望值（或预期收益）为

$$1\times50\%+(-1)\times50\%=0$$

也就是说，如果一个人重复多次这样的赌博，则他的盈与亏应该大致相抵。这样的“公平”赌博的组织者从平均意义上说是不可能有利润的。

面对这样一种赌博，第一种人欣然参加且对得到收益的期望很大，称为“风险爱好者”；第二种人坚决不参加，害怕受到损失，称为“风险规避者”；第三种人觉得参加与不参加没有什么差别，对这样的赌博觉得无所谓，可有可无，称为“风险中立者”。

可见，风险爱好者喜欢大得大失的感觉，当然从心理上说往往对得到收益的期望是很大的；风险规避者则希望在预期收益值既定的前提情况下，不确定性风险越小越好，而且最好是没有任何风险只有利润。但是，如果当参加赌博的预期收益值大大高于不参加赌博的预期收益值时，风险规避者也是偶尔会参加赌博的。例如，很少会有人拒绝下面这种赌博：假设90%的可能赢1万元，10%的可能输10元。因为这种赌博的预期收益为：$1\times90\%+(-0.001)\times10\%=0.8999$（万元），远远高于不参加赌博的预期收益值“0”。

相比之下可以发现，风险中立者显得对风险大小毫不关心，在考虑任何经济活动时，他们只考虑预期收益是多少，即使灾难性损失与巨额赢利的可能性并存，他们也无动于衷。

然而，以上的分类都是在具体数值和理论的基础上，而现实中的人比理论归类要更复杂一些。例如，同时参加赌博（往往是不利赌博）和购买保险单的大有人在。街上出售的奖券、彩票提供的都是不利的赌博，因为只有返奖率为100%的彩票，也就是所有彩票出售收

入都作为奖金才是公平的赌博，但又有哪位组织者会出售这样的彩票呢？难道所有购买奖券、彩票的人都是风险爱好者吗？答案是否定的。对此矛盾有以下两种解释。

一种解释认为，总的来说人们是厌恶风险的，但在金额出入不大的时候，很多人还是喜欢刺激和风险的，并且一般自己付出的金额也限制在较小的数额之内，以免出现动荡。当金额出入相当大时，绝大多数的人还是以求稳为主，宁可支付小额保险费来保证当遭受可能出现的大损失时得到补偿。例如，许多购买保险单的人多半是为了应付将来可能发生的重大事故（如医疗保险、家庭财产灾害保险等）。街上出售的彩票、奖券等大多面值很低，大多数人也都是浅尝辄止，只有很少一部分人敢将自己相当一部分财产（甚至通过借债）作为投资，这种人才是真正的风险爱好者（甚至可以说是赌徒）。

另一种解释认为，对个人来说，存在着主观概率和客观概率的差别。当某人购买一张奖券时，万分之一的中大奖的概率对他是无关痛痒的，他所关心的是自己的运气如何，而非一定得到最大奖。这时，又涉及到了“效用”这一概念。我们把从商品和服务的消费中得到的满足感称为效用（utility）。总效用就是消费者从商品和服务的消费中得到的满足总量。边际效用是指每增加一个单位消费量所引起的总效用的增量，也可以说是消费者最后一个单位商品或服务所带来的效用增量。如果财富增加时，边际效用呈递减状，而赌博的期望值不能产生更多的效用，则该投资者是一个风险规避者（或者说风险厌恶者）；如果财富增加，边际效用递增，且赌博能产生更多的效用，则该投资者是一个风险爱好者。可以说投资者对风险的态度取决于财富的变动对边际效用的影响，当然大多数人是厌恶风险的。

此外，从经济学的观点来看，肯定的一元钱收入与不肯定的一元钱收入是不一样的。这是因为不肯定的收入要承担可能预测不到的风险。许多投资，尤其是固定资产投资，通常都要经过较长时期才能逐渐收回，并且在这一时间内往往又会碰到许多不肯定的因素，这也就是我们所说的企业所要承担的风险。这里，我们所讲的风险投资，尤其是长期投资，人们多为风险厌恶者。这些投资者宁愿要肯定的某一报酬率，也不愿意要不肯定的同一报酬率，这一现象便是“风险反感”（risk repugnancy）。投资期越长，期间的变化越复杂，执行的结果越难预料，投资者所冒的风险越大，对风险的反感越强。

三、在投资决策中如何考虑风险

1. 决策树法

决策树法是借助概率研究风险问题的一种有效方法。决策树（decision trees）是一种描述风险条件下投资决策问题的树形网络图。它把各个备选方案、未来可能发生的各种客观状态及其发生的概率以及各种条件下各方案的损益值直接标在图上，通过综合期望值的比较，进行方案选择。可以说，决策树是一种实用性很强的决策工具。

在决策树中，□表示决策节点，即决策始点。由决策节点引出的向不同方向延伸出去的直线形枝杈称为方案枝。每一方案枝代表一个方案。○表示状态节点。由状态节点引出的直线称为状态枝或概率枝。每一状态枝代表一种自然状态（包括状态发生的概率），在状态枝末端列出不同状态下的收益值或损失值。决策树的发散方向是从左至右的，可以和决策方法相呼应。利用决策树对多阶段风险型决策问题进行分析，通常是依据期望值准则。具体做法是，先从树的末梢开始，从后向前逆向进行。根据各种状态下的条件效果和各种状态发生的概率计算出不同方案（各个节点上）的期望值，并标在相应的决策点旁。然后，根据期望收益最大的原则从后向前进行“剪枝”（在决策树上进行剪枝，在方案枝上以//表示），从中淘汰差的方案，保留好的方案，直到最开始的决策点。最后，决策树上留下的方案枝就是所要选择的最优方案。这样，得到了一个由多阶段决策构成的完整的决策方案。

【例 8-12】 某企业现在有一笔资金可以用来开发新产品。目前有两个待开发产品项目：

甲产品和乙产品。开发两种产品的投资回收率、市场销售情况及概率等数据资料如表 8-10 所示。问：应选择开发哪一种产品？

解：根据表 8-10 的数据，我们可以画出如图 8-2 所示的决策树。

表 8-10 市场情况统计资料表

市场销售情况	甲产品		乙产品	
	回收率/%	概率	回收率/%	概率
好	50	0.1	60	0.2
一般	40	0.7	30	0.6
差	10	0.2	10	0.2

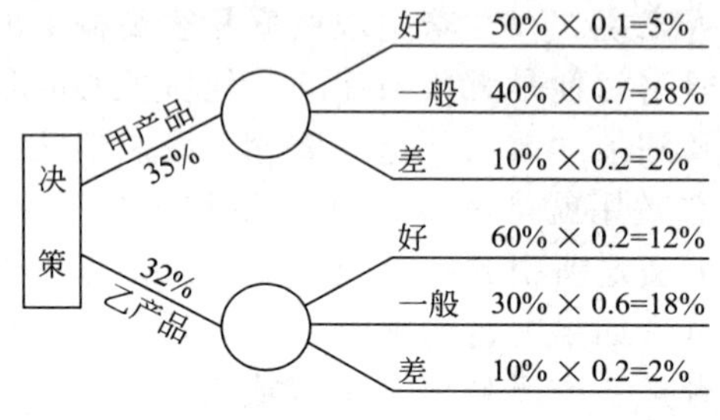

图 8-2 决策树

开发甲产品投资回收率的期望值为

$$E(X)_{甲}=5\%+28\%+2\%=35\%$$

开发乙产品投资回收率的期望值为

$$E(X)_{乙}=12\%+18\%+2\%=32\%$$

因为 $E(X)_{甲}>E(X)_{乙}$，所以在风险程度相等的情况下，开发甲产品为最优方案。

2. 使用经过风险调整的贴现率

我们现在对投资中可能出现的风险问题已经做了较为详细的论述。任何一个人或者单位，做事情的时候不能只想到风险的一面、不好的一面。由于事物具有两面性，机遇和挑战并存，风险也和利润同在。前面已经讲过，往往风险越大，利润就越丰厚。从经济学的角度来看，肯定的一元钱收入与不肯定的一元钱收入是不一样的。这是因为，不肯定的收入要承担许多想不到的风险。在投资期内不肯定因素越多，投资者所冒的风险就越大。这时，投资者为了补偿可能出现的风险，对投资报酬率的要求就越高。所以，在投资决策中，我们在考虑风险时，不能忘记利润、报酬，应当把两者联系起来加以考虑。

投资方案实施所带来的收益率可以看作是对企业投资的报酬，包括无风险报酬和有风险报酬两部分。无风险报酬是指投资一定会得到的收益，如银行存款利息等；有风险报酬是指在含有不确定因素条件下的预期收益，也就是含有风险因素的预期收益。正是由于风险的存在，投资者要求得到比无风险条件下更多的收益，用来补偿自己所冒的风险，获得风险报酬。顾名思义，这种由于投资存在风险而要求的预期收益的增加额就是我们所说的风险报酬或风险补偿金。图 8-3 为风险与利润率之间的关系。

图 8-3 中的横轴代表风险大小，纵轴代表投资决策者期望得到的利润率。其中，方案 A 属于无风险报酬，其利润率为 5%。属于有风险报酬的方案 B、C、D 的期望利润率分别为 8%、12%、16%。对于投资决策者来说，图中曲线上的每一个点的效用都是一样的，也就是说收益较小、风险较小，同收益较大、风险较大的效用是相等的。这正说明了对于较大的

风险，投资决策者要求利润率高，用以补偿风险可能带来的损失。某项有风险投资的风险补偿率，等于该项投资的期望利润率与无风险投资的期望利润率之间的差额。以上图为例，其中方案D的风险补偿率为：16％－5％＝11％。

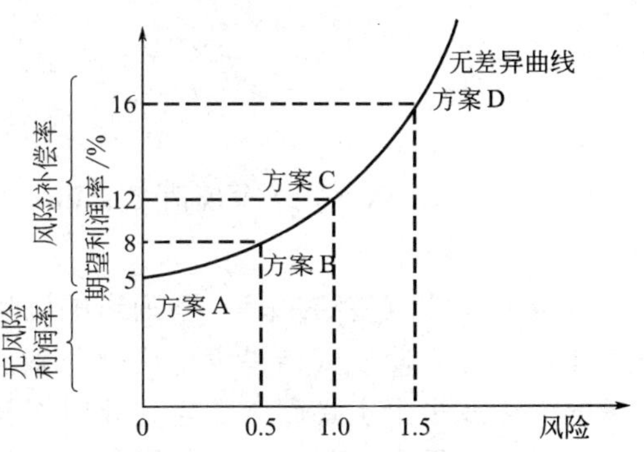

图 8-3 风险与利润率的关系

风险补偿率并不等于风险报酬。风险补偿率是一种比率，而风险报酬往往是一个数值。我们说投资所冒的风险越大，要求取得的风险报酬或补偿就越高，也就是说风险报酬应当与风险程度成正比关系。在计算风险报酬时，要用到风险报酬系数、期望值、标准差等。

值得注意的是，风险报酬系数的大小往往与决策者本身的性格有关。那些敢于冒险追求高利润，对利益敏感的人往往对风险报酬系数的估计要小一些。反之，那些不愿冒大风险的风险规避者往往对风险报酬系数的估计要大一些。这体现了风险利润有人性化的一面。

总之，任何决策都是针对未来的事情，具有未知性，所以或多或少都会有风险。在进行决策时，需要权衡风险和报酬才能获得较好的结果。在多数情况下，对方案的选择是通过调整后的贴现率来计算得到的。其方法是在计算方案净现金效益的现值时，对风险方案根据其风险大小提高其贴现率。

在无风险情况下，净现值为

$$NPV=\sum_{t=1}^{n}\frac{A}{(1+r)^{t}}-C_0 \tag{8-15}$$

在有风险情况下，净现值为

$$NPV=\sum_{t=1}^{n}\frac{A}{(1+k)^{t}}-C_0 \tag{8-16}$$

式中 C_0——净现金投资量；

A——每年期望净现金效益量；

k——经过风险调整后的贴现率，$k=r+p$；

r——无风险的贴现率；

p——风险补偿率。

【例 8-13】 有甲、乙两个投资方案，投资均为500000元。在以后10年中，甲方案每年期望净现金效益量为100000元，乙方案每年期望净现金效益量为90000元。甲方案风险较大，乙方案风险较小。企业根据两个方案风险大小不同，规定甲方案的贴现率为10％，乙方案的贴现率为6％。问：①如果不考虑风险，哪个方案好？②若考虑风险，哪个方案好？

解：① 如果不考虑风险，甲方案每年期望净现金效益量（100000元）大于乙方案每年期望净现金效益量（90000元），所以，甲方案好。

② 若考虑风险，则甲方案净现值为

$$\begin{aligned}NPV_{甲}&=\sum_{t=1}^{10}\frac{100000}{(1+10\%)^{t}}-500000\\&=100000\times 6.145-500000=114500\ (元)\end{aligned}$$

乙方案净现值为

$$NPV_{乙}=\sum_{t=1}^{10}\frac{90000}{(1+6\%)^t}-500000$$
$$=90000\times7.36-500000=162400（元）$$

因为净现值 $NPV_{乙}>$净现值 $NPV_{甲}$，所以乙方案优于甲方案。

3. 敏感性分析

投资方案的实施结果是一系列影响因素发生变动产生的结果。这些影响因素中任何一个发生变动，都将使投资结果发生变化。敏感性分析（sensitivity analysis）是考察与投资项目有关的一个或多个主要因素发生变化时对该项目投资经济效果的影响程度。不确定性因素中对方案经济效果影响程度较大的因素被称为敏感性因素。可见，作为投资者，很有必要及时把握敏感性因素，并通过敏感性因素变化的可能性及测算的误差分析方案风险的大小。

（1）敏感性分析的方法和步骤

① 确定需要分析的经济效益指标（即敏感性分析的对象）。敏感性分析是为了测算相关因素的变动对投资项目价值指标的影响程度。然而，在实际的工作中，我们不可能，也没有必要对每种投资价值指标都进行敏感性分析，而只针对投资项目的特点和指标的重要程度选择一种或两种指标作为研究对象进行敏感性分析即可。评价投资项目的经济效益指标主要包括：净现值、内部收益率、投资利润率、投资回收期等。不同的阶段所选择的分析对象不相同。例如，在项目的可行性研究阶段，主要选择净现值和内部收益率指标来作为分析的对象。

② 选择需要分析的不确定性因素。影响项目投资价值指标的不确定性因素很多，在实践中同样没有必要对所有的不确定性因素都进行敏感性分析。通常情况下，我们选择那些预计对项目投资的经济结果会产生较大影响的、主要的不确定性因素，或者是在进行确定性因素分析时对数据的准确性把握不太大的因素进行敏感性分析，如产品的产（销）量、产品的销售价格、经营成本、投资建设年限等。

③ 分析不确定性因素的变动对投资项目经济效果的影响。通过计算测定一个或若干个不确定性因素在可能的变动范围内发生不同幅度的数量变动，分析所产生的全部投资净现值或内部收益率等投资经济效果的相应的变动结果。

④ 确定敏感性因素。敏感性因素是指那些能对投资的经济效果产生显著影响的因素。确定敏感性因素的方法主要有两种。一种是相对测定法，即计算和比较在同一变动幅度下各因素的变动对投资方案经济效果的影响，并按影响大小对各因素进行排序，其中对经济效果影响最大的因素就是敏感性因素。另一种是绝对测定法，即所选择的各因素均向对投资方案经济效果产生不利影响的方向变动，若所得结果会改变项目的可行性，则表明该因素是投资项目的敏感性因素。在实际工作中这两种方法经常结合起来使用。

通过对敏感性分析方法和步骤的介绍，我们不难发现，敏感性分析可以分为单因素敏感性分析和多因素敏感性分析。单因素敏感性分析是假定只有一个不确定敏感性因素发生变化，而其他因素不变的情况下进行的一种敏感性分析。也就是说，假定其他所有因素保持不变而只有某个因素单独发生变化时，对该因素对投资方案经济效果所产生的影响程度和敏感程度的测算。多因素敏感性分析则是在不确定性因素有两个或多个同时变化时，分析其对投资方案经济效果的影响程度。多因素敏感性分析计算起来虽比较麻烦，但克服了单因素敏感性分析的局限性，更具有实际意义，因为在实际中往往会有两个或两个以上的不确定性因素同时发生变动。

（2）敏感性分析的用途

① 测定投资方案对不同影响因素变化的敏感程度。不同的影响因素对投资方案结果的影响程度是不同的，有的影响因素稍有变化，就会导致原来决策的失误，而有些影响因素即

使发生较大变化也不会影响原来的决策。我们称投资决策对前者的敏感性大，对后者的敏感性小。所以，在实际工作中决策者一定要对敏感性大的影响因素给予特别的重视。至于如何识别投资决策对各个变量敏感性的大小，简单的方法便是把投资决策方案中的某个变量加大或减小一定的百分比（其他变量不变），然后计算该方案净现值的变化。如果净现值变化率大，其敏感性就大，反之就小。

② 测算某一影响因素在一定范围内发生变动时，对投资决策经济效果产生的影响。在现实生活中，很多影响因素的实际变动数值是很难精确测定的，因此人们往往只能靠经验估计出它的一个变动幅度。例如，假定某一投资方案的投资额为90000元，建立后的年净现金效益量将会在10000～20000元之间变动，残值为20000元，贴现率为10%，项目寿命期为10年，则

如果实际的净现金效益量为10000元，则净现值为

$$NPV=10000\times6.145+20000\times0.386-90000=-20830\text{（元）}$$

如果实际的净现金效益量达到20000元，则净现值为

$$NPV=20000\times6.145+20000\times0.386-90000=40620\text{（元）}$$

由此可见，若净现金效益量在10000～20000元之间上下变动，这个投资方案有使企业价值减少20380元左右的可能，所以不可取。但同时我们也可以发现，它也有使企业价值增加40620元左右的可能，所以它又是可取的。这时，主要就要看投资决策者是风险爱好者还是风险规避者，是否愿意承担这一风险。

③ 测算各影响因素的允许变动范围，以确保方案的可取性。因为只有当方案的净现值大于等于零时，投资方案才具有可取性。所以，在计算净现值的公式中令净现值等于零，其他因素保持不变，便可以求出某一影响因素允许的变动范围。上例中，净现金效益量最低应保持在什么水平上投资方案才具有可能性呢？

若令净现值=0，则有

$$6.145X+20000\times0.386-90000=0$$
$$X=(90000-7720)/6.145=13390\text{（元）}$$

可见，净现金效益量只有在大于或等于13390元时才是可取的。

同理，我们可以用同样的方法求出其他因素的允许变动范围。

前面我们已经对敏感性分析进行了较为详细的论述，可以说它是一种动态不确定性分析，是项目评估中不可或缺的组成部分。它可以分析项目经济效益指标对各不确定性因素的敏感程度，找出敏感性因素及其最大变动幅度，并据此判断项目承担风险的能力。但是，这种分析尚不能确定各种不确定性因素发生一定幅度的概率，因而其分析结论的准确性会受到一定影响。实际生活中，可能会出现这样的情形：敏感性分析找出的某个敏感性因素在未来发生不利变动的可能性很小，引起的项目风险不大；另一因素在敏感性分析时表现出不太敏感，但在未来发生不利变动的可能性却很大，进而会引起较大的项目风险。所以，敏感性分析从本质上说还只能算做一种定量分析，为了克服敏感性分析存在的局限性，还必须和风险分析、概率分析相结合。

本章小结

投资是指当前的能够在以后较长的时间里给投资者带来收益的支出。投资决策就是对不同的投资方案进行评价并从中择优。投资决策有两个重要的特点：一是要计算货币的时间价

值；二是要考虑风险。

净现金投资量是指因决策引起的投资增加量。净现金效益量是指企业在经营中因决策引起的现金效益增加量，它等于利润的增加量加折旧的增加量。计算净现金投资量和净现金效益量都必须遵循增量分析法。

在投资决策中，为了比较不同时期现金的收支，需要计算货币的时间价值，最常用的方法是把不同时间上的收支折算成现值。第 n 年年末一笔款项 S_n，贴现率为 i 的现值 PV 的计算公式为：$PV=\frac{S_n}{(1+i)^n}$。假如在 n 年内，每年的现金流量（R_t）都相等，贴现率为 i，则其总现值（TPV）的计算公式为：$TPV=\sum_{t=1}^{n}\frac{R_t}{(1+i)^t}$。

资金成本可按资金的来源分为债务成本和权益成本。税后债务成本＝利息率×(1－税率)。权益资本中最主要的是普通股资金成本。普通股资金成本等于股利收益率加资本利得收益率，即 $k_s=\frac{D_1}{W}+g$。企业的加权平均资金成本等于各种来源的资金成本的加权平均数。这里，“权”是指在企业最优资本结构中，各种来源的资金所占的比重。在投资决策中使用的应是加权平均资金成本。

评价投资方案可以采用返本期法、净现值法和内部回报率法。后两种方法考虑货币的时间价值，因而是较为科学的方法，其中尤以净现值法最为常用。

“投资风险”是指由于主、客观因素的影响使得投资方案在实施过程中存在出现不利情况的可能性。我们主要用“期望值-标准差法”和决策树法进行风险的测定和方案选优。“敏感性分析”则是考察与投资项目有关的一个或多个主要因素发生变化时对该项目投资经济效果的影响程度，进而可以用它判断投资方案的风险大小、各影响因素允许的变动范围等。当然，敏感性分析本身也存在一定局限性。

重要名词术语

投资风险	净现金投资量	净现金效益量
货币的时间价值	资金成本	返本期法
净现值法	内部回报率法	期望值-标准差法
决策树	敏感性分析	

复习思考题

1. 什么是投资？它与经营费用有何区别？
2. 决策应该坚持什么原则？
3. 资金时间价值的含义是什么？
4. 资金成本的含义是什么？包含哪些内容？
5. 什么是净现值法和内部收益率法？试比较这两种方法。
6. 试述经济学对人们厌恶风险的解释。
7. 敏感性分析的主要步骤包括哪些内容？

作　业　题

1. 某外国公司拟在中国投资建设一个电视机组装工厂，估计需投资 312700 元，每年可得税后净现金效益 100000 元。根据协议，到第五年末该工厂将无偿移交中国政府。

① 这个投资方案的内部收益率是多少?

② 若该公司的资金机会成本为 12%，请问该公司的投资是否合算?

2. 某车间打算用数控车床更新旧的六角车床（假定旧车床残值为零）。新车床价格为 80000 元，更新后折旧费每年增加 8000 元。预计更新后税后利润每年能增加 12000 元。

① 问每年净现金效益量是多少?

② 假定每年的净现金效益量在 5 年内不变，还假定第五年末新机器的残值为 40000 元，企业的资金成本为 15%，更新车床是否合算?

3. 光明油漆厂打算建立一条生产油漆刷的生产线。提出了 3 个设计方案。各个方案的固定成本、变动成本、售价以及每年的销售量各不相同，其资料如下。

单位：元

项　　目	方　案　A	方　案　B	方　案　C
价格	5	6	7
单位变动成本	2	2.30	2.50
全部固定成本	30000	30000	30000
每年的销售量	800000	650000	450000
每年的销售费用	60000	45000	25000
投资费用	2000000	1500000	1000000

假定：①企业的所得税率为 50%；②各个方案的使用寿命均为 6 年；③在寿命期间，每年平均分摊折旧；④加权平均资金成本为 10%；⑤企业为了设计这条生产线，已花去研究费 60000 元，这笔钱计划在 6 年内摊回。

问：①各方案每年的税后净现金效益量是多少?（提示：税后净现金效益量等于税后利润加上折旧和其他分摊费用。）

② 每个方案的净现值是多少? 应选哪个方案?

4. 方案甲的投资额为 20000 元，预期寿命为 5 年，在 5 年内每年的净现金效益量为 6687.62 元。

① 这一方案的返本期是多少?

② 假定资金成本为 12%，问该方案的净现值是多少?

③ 这一方案的内部回报率是多少?

5. 最近有人拟向大昌房地产公司购买一幢办公楼，他愿意先付 200000 元现金，然后在以后 5 年中每年底再付 50000 元（总共付 450000 元）。大昌公司是在 15 年前买这块地皮和建造这幢楼的。当时地皮的价格是 40000 元，建造费用为 600000 元。楼房每年的折旧费用为 20000 元。现在地皮值 100000 元。办公楼还能用 10 年，10 年后估计还能按 150000 元价格出售。大昌公司估计今后 10 年内，如果把办公楼出租，每年可得利润收入 30000 元。其计算过程如下。

每年租金收入	79000
每年开支	
其中：	
税金	4000
修理	12000
折旧	20000
供暖	13000
利润收入	30000(元)

假定大昌公司的资金成本为 10%，问该公司是出售办公楼好，还是租好?

6. 大通公司要在两个互相排斥的投资方案中进行选择。每个方案的投资额均为 6000 元，预期寿命均为 4 年。投资一年后，每个方案即可每年获得净现金效益。其资料如下。

单位：元

方案A		方案B	
概　　率	每年净现金效益量	概　　率	每年净现金效益量
0.05	2200	0.15	300
0.40	3300	0.35	3700
0.25	3800	0.22	6900
0.30	3600	0.28	6200
1.00		1.00	

两个方案中，风险较大的方案，公司决定资金成本按14%计算；风险较小的方案，决定按12%计算。问：①每个方案的期望净现金效益是多少？

② 每个方案经过风险调整后的净现值是多少？

7. 大明化妆品公司正在考虑是否要开发和销售一种男士用香水。开发成本估计为125000元，开发成功的概率为70%。如果开发成功，该产品的售价为4元/瓶，生产成本估计为每瓶1.50元（不管产量是多少）。如果成功，高度成功的概率为35%，其年销售量为95000瓶；中度成功的概率为45%，其年销售量为33000瓶；初步成功的概率为20%，其年销售量为10000瓶（35%+45%+20%=100%）。如果公司不开发这种产品，它可以与一家连锁店签约，利用其生产能力每年为其生产普通香水20000瓶，每瓶可获利1.25元。

① 请画出决策树反映上述决策问题。

② 大明化妆品公司是否应开发男士用香水（假定所有的成本和收入都只在当期发生，故不必折算成现值）？

第九章　政府与企业

学习目标

1. 正确理解市场效率、市场失灵等概念。
2. 了解市场失灵的原因。
3. 理解政府如何通过经济政策对市场进行干预，进而对企业进行引导和管理。

在社会主义市场经济条件下，市场的价格机制在资源配置中起着基础作用，它像一只看不见的手引导着资源得到合理的配置和利用。但是，在现实生活中，由于一些因素的干扰，使这只看不见的手经常不能正常发挥作用，导致市场失灵，资源配置达不到最优状态。市场失灵主要是由于出现垄断、市场供求非均衡、市场信息不完全、存在外部影响以及经济周期带来的经济波动等造成的。这些因素干扰了价格机制，引起了市场机制的障碍。另外，市场价格机制的种种规则对公共物品的管理失效，而且市场机制无法兼顾公平和效率。由于存在这些市场缺陷，迫使政府必须对经济进行干预和管理，执行各类宏观经济政策对这些市场缺陷进行矫正，使经济运行重新恢复良性循环状态。因此，经济的运行除了需要一只看不见的手——市场价格机制进行调节外，还需要一只看得见的手——“国家之手”进行调节。企业在经营决策中不仅要考虑微观的市场经济环境，也要考虑政府的宏观经济政策环境。这构成了本章分析论述的重点。

第一节　市场效率和市场失灵

一、市场效率

1. 市场效率的概念

由于资源的稀缺性，人们一般希望资源能够得到充分的使用。市场的效率是指市场在配置资源方面的效率。那么，衡量市场在资源配置上是否有效率的标准是什么呢？经济学界的理解各不相同，目前主要有以下几种观点。①认为当资源使用无浪费现象时，资源配置最有效率。②认为当经济社会能达到用最低的成本生产人们所需要物品的状态时，市场效率达到最优。③认为市场最有效率指的是在既定投入和技术条件下，资源的利用能带来最大可能的满足水平的状态。

目前被大多数经济学家接受的衡量市场是否有效率的标准，是以 19 世纪末 20 世纪初意大利经济学家帕累托名字命名的“帕累托标准”或称“帕累托最优”。

2. 帕累托最优

帕累托在他的《政治经济学》讲义一书中首先提出生产资源的最适度配置问题。他认为，在分配标准既定时，现状的改变如果使每个人的福利都增加了，这种改变就是有利的；如果使每个人的福利都减少了，这种改变就不利；如果使一些人福利增加而使另一些人福利减少，对整个社会来说就不能认为这种改变是有利的。因此，帕累托认为资源配置最有效率的状态是指任何的改变都不可能使一个人的境况变好而不使别人的境况变坏的状态。换句话说，如果一种改变有可能使一个人的境况变好而又不使别人的境况变坏，这种状态就不是帕累托最优状态。

经济学界所说的最有经济效率的状态一般就是指帕累托最优状态。具体来说，如果产品在消费者之间的分配已达到这样一种状态，即任何重新分配都会至少降低一个消费者的满足水平，那么这种状态就是最优的或最有效率的状态。同样的，如果生产要素在企业之间或企业内部的配置已达到这样一种状态，即任何重新配置都至少会降低一个企业或一种产品的产量，那么这种状态也是帕累托最优状态。

帕累托最优为衡量经济运行的效率提供了一个标准。如果一种资源的配置还没有达到帕累托最优，那就存在着某种方法来改进资源的配置，至少可以使其中一些人的境遇变得更好，而同时又没有损害其他人的利益。

西方经济学家们一般认为完全竞争的市场经济可以导致帕累托最优。但完全竞争是以一系列严格的假设条件为前提的。在现实的经济活动中，只要有一个假设条件不成立，就会导致资源配置的效率损失，导致非帕累托最优状态，出现市场失灵。

二、市场失灵

1. 市场失灵的概念

市场的价格机制在经济运行中起着重要的作用，它像一只看不见的手引导着资源得到合理的配置。但在现实经济生活中，看不见的手这一原理一般来说并不能成立，帕累托最优状态通常不能得以实现。换句话说，现实的市场价格机制在很多场合不能导致资源的有效配置，它存在着一定的缺陷和不足，这种情况被称为“市场失灵”。

2. 市场失灵的原因

引起市场失灵的原因有很多，美国经济学家科勒将市场失灵问题概括为 3 类，即无效率、不公平和经济周期。

（1）无效率　这类市场失灵主要是由垄断、公共物品、外部影响以及信息的不完全和非对称引起价格故障。它也被称为狭义的市场失灵。

① 垄断。市场竞争的一个显著特点就是优胜劣汰。劣者在竞争的过程中不断被淘汰，而优者在竞争过程中则不断壮大，这就产生了集中的趋势，有的甚至会导致垄断。对于有明显规模经济的行业，更容易走向自然的垄断。一旦有了一定程度的垄断，垄断者就能影响价格并从中得到好处。所以，市场优胜劣汰的结果导致的集中趋势反而破坏了竞争，垄断的存在会大大降低市场配置社会资源的效率，使整个经济偏离帕累托最优状态，均衡于低效率之中。

② 公共物品。在经济学中将物品分为两类：一类为私人物品，另一类为公共物品。私人物品是普通市场上常见的那些物品，如穿的鞋、吃的水果等。它在消费和使用上具有两个特点：第一是竞争性，即如果一个人已消费了这种商品，别人就无法消费了；第二是排他性，即只有对商品支付价格的人才能消费商品，其他人则不能这样做。市场的价格机制只有在具备上述两个特点的私人物品的场合才真正能发挥作用，对社会资源实行优化配置。

在经济生活中还存在许多不满足竞争性或排他性特点的商品。通常将不具备消费或使用的竞争性的商品叫做公共物品。例如，国防、道路和电视广播等，增加一个消费者，并不需要减少任何其他消费者对这种产品的消费。新生人口一样享受国防提供的安全服务，而原有人口对国防的“消费”水平不会因此而降低（非竞争性意味着公共物品提供服务的增加，所引起的边际成本几乎为零)；在达到一定点之前，道路上多一辆汽车不会妨碍原有汽车的行驶；某个人打开电视广播同样不会影响其他人收听。公共物品还可以进一步分类。如果某公共物品同时还具备非排他性，即无法排除一些人不支付便消费，则称之为纯公共物品，否则称为非纯公共物品。例如，国防就是纯公共物品，一个人即使拒绝为国防纳税，也可以享受国防的好处。正因为如此，国防虽然必要，但许多人却想逃避为国防而纳税，即想做一名"免费搭车者"。上面所举的电视、广播和道路则是非纯公共物品，因为原则上可以对使用电视、广播和道路者收费，尽管这样做有时成本很大。

由于公共物品不同于私人物品，因此适用于私人物品的选择原则、市场定价和资源配置等原理未必适用于公共物品。例如，私人物品的供给者是根据边际成本和边际收益来确定他的供给数量和价格。由于公共物品的边际成本等于零，消费者就有理由认为可以免费享用公共物品。而且，一般情况下，很难要求公众真实而准确地说出他们对公共物品的偏好，从而无法得出公共物品的需求曲线。这样，公共物品的均衡数量及价格就无法由市场供求关系来决定。另外，即使公共物品有价格，也难以解决公共物品的收费及管理问题。也就是说，在多数情况下，市场机制对公共物品的配置是无能为力的。因此，西方经济学者认为，公共物品的存在是干扰自由竞争市场的重要原因之一。

③ 外部影响。完全竞争的市场机制能够实现资源的最优配置，要依赖于一个隐含的假定，即单个生产者或消费者的经济行为不会对其他人的福利造成影响，也就是不存在所谓"外部影响"。换句话说，单个经济单位从其经济行为中产生的私人成本和私人利益被看成为等于该行为所造成的社会成本和社会利益。但是在现实生活中，这个前提经常会受到破坏，因为经济生活中，生产者和消费者是相互联系、相互作用的经济单位。当某生产者或消费者的一项经济活动给社会上其他成员带来危害，但他自己却并不为此而支付足够抵偿这种危害的成本，此时这个人为其活动所付出的私人成本就小于该活动所造成的社会成本。这种性质的外部影响被称为"外部不经济"。工厂在生产产品时向厂外排废气、废水影响居民健康是外部不经济的典型例子。工厂的废气、废水不经治理便排出厂外，对工厂来说，可以降低成本，然而社会由于承受了这种有害的外部影响而受到损失。在存在外部不经济的情况下，社会成本大于私人成本，但企业在做产量决策时只根据私人成本，不根据社会成本，这样可能会过多生产社会成本较高的产品。例如，在图 9-1 中，假定 MR 为企业生产某产品的边际收入曲线（为分析方便，假定它为水平线）。MCP 为生产该产品的边际私人成本曲线，MCS 为生产该产品的边际社会成本曲线。在市场经济中，企业根据私人成本进行决策，按照 $MR=MC$ 的规则，就会把产量定在 Q_1 上。若按社会成本作决策，产量应该定在 Q_2 上。Q_1 和 Q_2 之间的差额说明由于外部不经济的存在而导致资源配置上的失误。

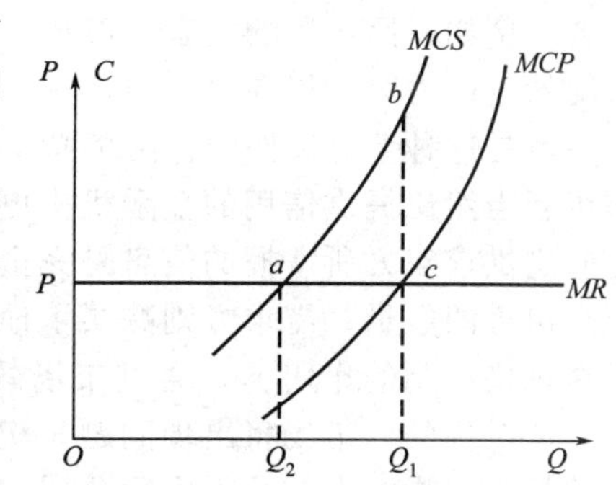

图 9-1　外部不经济情况

在另外一些情况下，某个生产者或消费者的一项经济活动可能会给社会上其他成员带来好处，但他自己却不能由此而得到补偿。这时，这个人从其活动中得到的私人利益就小于该活动所带来的社会利益。这种性质的外部影响被称为"外部经济"。例如，一个企业对其所雇用的工人进行培训，而这些工人可能转到其他单位去工作，该企业往往并不能从其他单位索回培训费用或其他形式的补偿。在存在外部经济的情况下，产品的社会利益要大于私人利益。但在市场经济中，企业的产量决策只根据私人利益，而不根据社会利益，这样企业往往就会较少地生产对社会有益的产品。

由于外部影响扭曲了价格机制，使价格体系不再传递为获得效率所必需的正确信息，结果使整个经济的资源配置不可能达到帕累托最优状态，“看不见的手”在外部影响面前失去了作用。

④ 信息的不完全和非对称。完全竞争市场的一个重要假定是完全信息，市场的供求双方知道市场上各种商品以及它们的价格，知道各种可供选择的消费和生产机会。消费者知道商品的特性和特点以及自己对各种商品组合的偏好，从而能做出最合理的选择。生产者知道各种可供选择的生产技术、生产要素的生产能力、所用要素的价格和生产出来的产品的价格，因而也能做出优化的选择。完全信息的假定（以及其他一些关于完全竞争市场的假定）保证了帕累托最优状态的实现。

但是上述关于完全信息的假定并不符合现实情况。在现实经济中，信息常常是不完全和非对称的。这里，信息不完全不仅是指绝对意义上的不完全，即由于认识能力的限制，人们不可能知道在任何时候、任何地方发生的或将要发生的任何情况，而且指相对意义上的不完全，即市场经济本身不能够生产出足够的信息并有效地配置它们。这是因为信息作为一种商品，不同于普通的商品。人们在购买普通商品时，先要了解它的价值，看看值不值得买。但是，购买信息商品却无法做到这一点。人们之所以愿意出钱购买信息，是因为还不知道它，一旦知道了它，就没有人会愿意再为此进行支付了。这就出现了一个难题：卖者让不让买者在购买之前就充分地了解所出售的信息的价值呢？如果不让，则买者就可能因为不知道究竟值不值得去购买它而不去购买；如果让，则买者又可能因为已经知道了该信息也不去购买它。在此情形下，要能够做成“生意”，只能靠买卖双方的并不十分可靠的相互依赖。卖者让买者充分了解信息的用处，而买者则答应在了解信息的用处之后会购买它。显而易见，市场的作用在这里受到了很大的限制。

此外，在一般商品市场，买方与卖方所掌握的信息常常是不对称的。一方掌握的信息多一些，另一方所掌握的信息少一些。在多数的商品和生产要素市场上，卖者掌握的信息多于买者。例如，照相机的卖者一般比买者更了解照相机的性能，而劳动力的卖者比买者更了解劳动的生产力等。但在另一些市场，买方所掌握的信息也可能多于卖方，如保险与信用市场往往就是这种情况。医疗保险的购买者显然比保险公司更了解自己的健康状况，而信用卡的购买者当然比提供信用的金融机构更了解自己的信用状况。以前我们在讨论市场均衡时，都是假定供求双方所掌握的信息是完全对称的，在供求双方都接受的价格下，供给方出售了他愿意出售的数量，需求方则购买了他愿意购买的数量，双方都没有欺骗对方，买卖双方的意愿在价格机制的作用下，通过市场的自由交易实现了。一旦供求双方所掌握的信息是不完全、非对称的，市场将出现问题，卖方可能以假冒伪劣商品欺骗消费者，消费者则可能出现败德行为（指个人在获得保险公司的保险后，缺乏提防行动，而采取更为冒险的行动，使发生风险的概率增大的动机）。不利选择是保险公司面临的又一大问题。在保险市场上，想要为某一特定损失进行投保的人实际上是最有可能得到赔偿的人，所以保险公司的赔偿概率将会超过公司根据大数法则统计的总体损失发生概率，这就是保险公司的不利选择。败德行为和不利选择的存在会破坏市场的运作，若情况严重，会使得某些服务的私人市场难以建立。在信息不完全和非对称的情况下导致的均衡结果对社会来讲可能将是一种无效率的状况。

（2）不公平　市场缺陷不仅表现在帕累托最优的假设条件在现实生活中难以实现，从而导致市场失灵、市场机制运行出现故障、资源配置低效以及市场机制对公共物品的生产和管理在一定程度上的失效，还表现在不能兼顾公平和效率。

如果说市场机制运行的故障和经济活动的外部性是属于市场机制上的缺陷的话，那么市场的运行机制不能解决贫富悬殊、不能兼顾公平和效率则是市场的痼疾。经济学家认为，收入分配有 3 种标准。第一种是贡献标准。它是按生产要素的价格即按社会成员的贡献来分配国民收入，这种分配标准能保证经济的效率，但由于社会各成员在能力和机遇上是有差别的，这种分配标准又会引起收入分配上的不平等。第二种是需求标准。它是按社会各成员对生活必需品的需要来分配国民收入。第三种是平等标准。它是按公平的准则来分配国民收入。后两个标准虽然有利于收入分配的平等化，但不利于经济效率的提高。有利于经济效率则会不利于平等，有利于平等则会有损于经济效率。这就是经济学中常说的平等和效率的矛盾。如果我们只强调效率而忽视平等将会影响社会的安定。反之，如果只强调平等而忽视效率，就会限制经济的增长，导致普遍的贫穷。可以说，在资源的配置与收入分配上，平等与效率是一个两难的选择、难解的矛盾。

总的来说，通过市场的竞争，优胜劣汰，市场机制在提高经济效率上还是有所作为的，但在社会公平方面的作为却极为有限。各人的天赋条件不同，机遇各异，竞争结果必然导致强者在竞争中地位不断加强，变得更加富裕；弱者在竞争中处于劣势，地位不断减弱，变得更加贫穷。市场竞争是天然有利于强者，结果势必是两极分化，贫富悬殊。

为了衡量一个国家的贫富差距，美国统计学家劳伦茨提出了著名的劳伦茨曲线。见图 9-2。图中以横轴表示人口累计百分比，纵轴为收入累计百分比。当收入是完全平均分配时，劳伦茨曲线是通过原点的 45°线 OL；当收入是完全不平均分配时，即全国所有的收入全部集中于一人之手，劳伦茨曲线就是 OHL 折线。实际情况是介乎于这两者之间。由 ODL 和 OL 所包围的面积 A 和三角形 OHL 的面积 B 之比，称为基尼系数。它用来衡量一个国家的贫富差距（设 g 为基尼系数，$g=A/B$）。联合国有关组织规定：若基尼系数低于 0.2 表示收入绝对平均；0.2～0.3 表示比较平均；0.3～0.4 表示相对合理；0.4～0.5 表示收入差距较大；0.6 以上表示收入差距悬殊。

我国实行改革开放以来，从总体上讲，城乡人民生活水平不断提高，但贫富之间的差距也有所加大，已超过了国际上中等不平等程度，基尼系数约为 0.43～0.45。这与我国目前个人收入分配坚持以按劳分配为主，多种分配方式并存，体现效率优先，兼顾公平的原则相一致。让一部分人先富起来，使我国的经济有更快的发展，是符合我国人民的根本利益的，但贫富差距不能过大，先富要带动后富。市场机制是解决不了贫富悬殊问题的，这是市场竞争的痼疾，需要政府的干预。

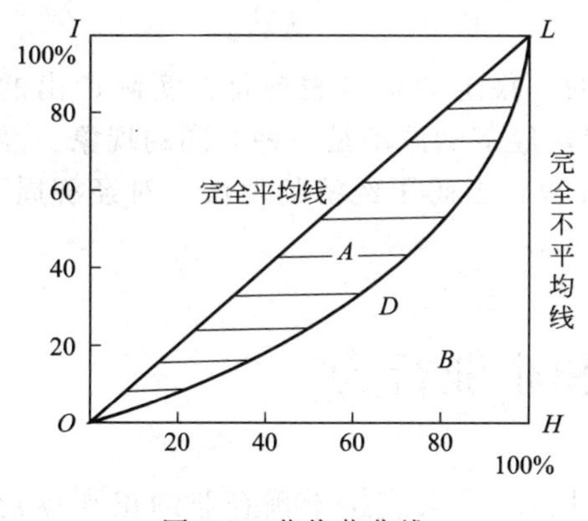

图 9-2　劳伦茨曲线

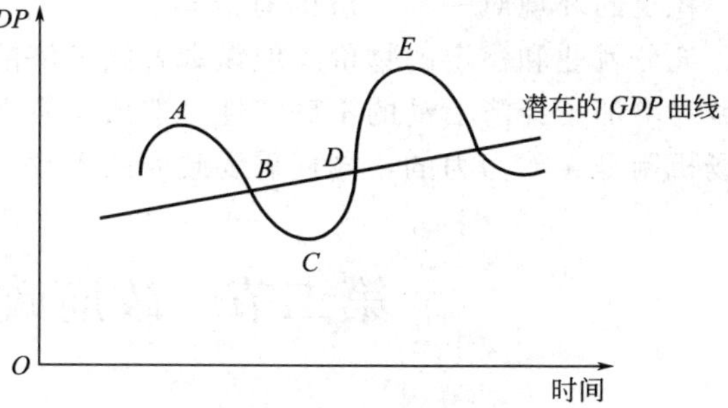

图 9-3　经济周期曲线

A—顶峰；$A \to B$—衰退；$B \to C$—萧条；C—谷底；$C \to D$—复苏；$D \to E$—繁荣；E—顶峰

（3）经济周期　近年来不少经济学家认为市场失灵的概念要扩大，应包括宏观经济的市场失灵，因为经济周期带来的振荡会给经济造成巨大损失。

经济周期是指国民收入及经济活动的周期性波动。它分为繁荣、衰退、萧条和复苏 4 个阶段，其中繁荣与萧条是两个主要阶段，衰退与复苏是两个过渡性阶段。见图 9-3。

① 繁荣期。它是国民收入和经济活动高于正常水平的一个阶段，其特征是生产迅速增加，投资增加，信用扩张，价格水平上升，就业增加，公众对未来乐观。繁荣的最高点称为顶峰，这时就业与产量水平达到最高，但股票与商品的价格开始下跌，存货水平高，公众的情绪正由乐观转为悲观，这也是由繁荣转向衰退的开始。

② 萧条期。它是国民收入与经济活动低于正常水平的一个阶段，其特征是生产急剧减少，投资下降，信用紧缩，价格水平下跌，失业严重，公众对未来悲观。萧条的最低点称为谷底，这时就业与产量水平跌至最低，但股票与商品的价格开始回升，存货减少，公众的情绪正由悲观转为乐观，这也是萧条转向复苏的开始。

③ 衰退期。它是从繁荣到萧条的过渡时期，这时经济开始从顶峰下降，但仍未低于正常水平。

④ 复苏期。它是从萧条到繁荣的过渡时期，这时经济开始从谷底回升，但仍未达到正常水平。

这 4 个阶段循环一次，即为一个经济周期。

经济学家们力图寻找引起经济周期的原因，19 世纪中期以来，提出的经济周期理论有几十种之多，影响比较大的主要是乘数-加速数相互作用理论。这种理论认为经济中之所以会发生周期性波动，其根源就在于乘数原理和加速原理的相互作用。具体来说，投资增加引起产量的更大增加，产量的更大增加又会引起投资的更大增加，这样经济就会出现繁荣。但是当产量达到一定水平区，由于社会需求与资源的限制，产量无法再增加，这时就会由于加速原理的作用使投资减少。投资的减少又会由于乘数的作用使产量继续减少。这两者的共同作用使经济出现萧条。萧条持续一定时期后，产量回升，使投资和产量增加，从而经济再次出现繁荣。正是由于乘数与加速原理的共同作用，经济形成了由繁荣到萧条，又由萧条到繁荣的周期性运动。其他较重要的解释经济周期的理论还有用货币因素来解释经济周期的纯货币理论、用生产资料的投资过多来解释经济周期的投资过度理论、用技术创新来解释经济周期的创新理论、用消费不足来解释生产过剩的消费不足理论、用预期的形成与作用来解释周期的预期理论等。这些理论尽管内容不同，但有一个共同点，它们都认为经济周期是由经济体系内的某些内在因素所引起的。这些理论的差别在于，所强调的引起周期的关键因素不同。目前还没有一种公认的经济周期理论。

稳定的环境对一国经济的有效运行是非常重要的，稳定的具体表现是：实际产出的增长、充分就业和稳定的物价。但纵观各国经济的发展，经济的波动是一种共同的现象。经济的波动增加了经济活动的不确定性，造成了资源的浪费，阻碍了经济的发展。对经济周期，市场机制是无能为力的，同样需要政府的干预。

第二节　政府政策和企业行为

在社会主义市场经济条件下，政府主要不是通过行政手段直接干预企业的正常经营决策，而是通过对企业经营决策中所面临的外部社会经济条件施加影响来控制和引导企业行为，以实现社会资源配置尽可能的优化。政府和企业的关系可以用政府调控市场，市场引导企业来概括。

本节侧重讨论当出现市场缺陷，市场失灵无法解决时，政府如何通过经济政策对市场进行干预，进而对企业进行引导和管理，而政府对市场的干预则直接关系着企业的行为和决策。

一、反垄断政策

经济学界对垄断问题存在着争议。有的学者赞成垄断，认为大企业的联合比单个厂商更能展开有效竞争，更能从事大规模生产，更能进行研究与开发工作。但更多的人反对垄断，认为垄断有许多弊端，主要表现在垄断企业通过控制产量提高价格的办法获取高额利润，使资源配置和收入分配不合理；垄断造成经济和技术停滞；垄断产生的产业和政治的结合只会有利于大企业而不利于社会。因此，他们认为必须反对垄断，推动竞争，让“看不见的手”发挥作用。

由于垄断企业存在弊端，许多国家政府都不同程度制定并执行了反垄断政策（或称“反托拉斯法”），其中尤以美国最为突出。1890～1950 年，美国国会通过一系列法案，反对垄断。其中包括《谢尔曼法》（1890）、《克莱顿法》（1914）、《联邦贸易委员会法》（1914）、《罗宾逊-帕特曼法》（1936）、《惠特-李法》（1938）和《塞勒-凯弗维尔法》（1950），统称反托拉斯法。

我国至今还没有制定出系统的反垄断法规。国外的反托拉斯法主要是限制贸易的协议或共谋、垄断或企图垄断市场、兼并、排他性规定、价格歧视、不正当的竞争或欺诈行为等。对垄断企业，政府可用税收政策、价格管制、分解垄断企业等政策进行控制。但这些法律实际上往往很难行得通，垄断者可以钻法律的空子，逃避对他们垄断行为的限制与惩罚。这是因为不容易确立垄断组织行为的判断标准，不容易对垄断组织进行调查，对垄断组织的行为也缺乏足够的控制力。对于大多数诉讼案来说，政府要想证明企业之间是否存在密谋定价，很难划清界限。从经济的角度上讲，这种暗中价格制定与公开勾结一样会引起消费者的损失，在法庭上很难证实它的存在。此外，西方国家虽然在形式上存在反垄断法，但对它们的执行并不十分认真，况且西方的企业合并浪潮屡次出现，生产的规模越来越大、越来越集中。

除了反托拉斯法，还有一种反垄断的政策是有效竞争。它主张对不同的产业部门采取不同的反垄断政策。具体来说，对于主要由中小企业组成的轻工业部门与零售商业部门，自由竞争是有利的，政府应采用禁止性的反垄断政策。对于重工业部门，垄断有助于最优规模经济的实现，宜实行有限的反垄断政策，即允许垄断的存在，只是要对它的行为进行适当的管制。对于公用事业和其他某些天然具有垄断性的部门，可以实行国家垄断。但为了克服垄断带来的弊端，要对它实行管制，主要表现在两个方面：价格管制和限制新企业的进入。在对垄断企业规定最高价格时，存在争议。见图 9-4。

从理论上讲，为了克服垄断带来的弊病，应让企业将价格和产量定在 $P_1=LMC$ 处，这时社会总福利效益最大，但由于这时 $P_1<LAC$，企业必然要亏损，这样就不会有人投资。可见，按边际成本定价，虽然理论上正确，但实际上不可行。还有一种定价方法是按企业的平均成本定价，即在 $P_2=LAC$ 处定价。在这里，平均成本中包含正常利润。这种定价方法比较常用，但也存在问题，最主要的是它会削弱企业改进经营管理、降低成本的积极性，因为企业不管经营好坏，都可以在成本基础上获得一笔按标准收益率计算的利润。

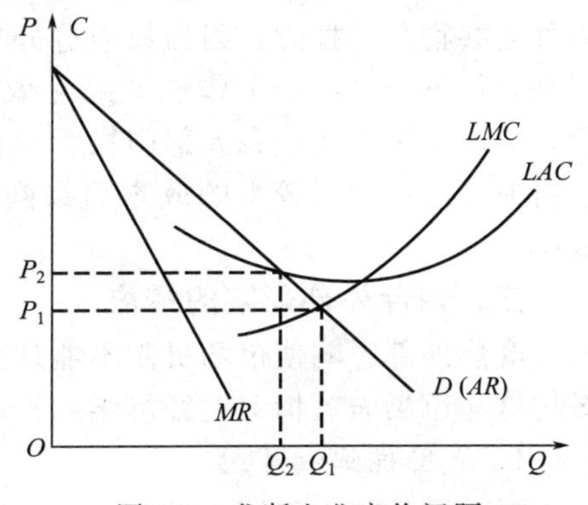

图 9-4　垄断企业定价问题

对国家垄断行业，政府的另一种管制是限制新企业进入该行业。因为自然垄断企业一般属于公用事业性质，要求“为人人服务”，即要求社会上所有的人都能平等地按同一价格得到服务。但公用事业在不同地区的成本可能是不一样的，因而需要用一些地区较高的利润来弥补另一些地区的亏损。这时，有些新企业可能乘机进入利润较高的地区，为自己攫取高额利润，而把亏损地区留给以“为人人服务”为宗旨的公司去经营。因此，为了保护后者的利益，政府需要限制新企业的进入，主要是通过控制经营许可证或特许权的发放来实施。近年也有不少人对政府管制企业的做法提出异议，认为不管政府是有意还是无意，管制都会削弱企业对改进经营管理的关心。

我国理论界一般主张采用有限的反垄断政策。

二、公共选择理论

公共物品的生产和消费不能用市场的个人决策来解决，必须用其他办法。西方学者常提到的一个办法是成本-效率分析法，它是用来评估经济项目和非经济项目的一种办法。公共物品也可以看成是一个项目，对它的成本和收益进行评估。如果评估的结果是该公共物品的收益大于或至少等于其成本，则它就值得生产，否则便不值得。但这种方法在使用中也常常会碰到许多具体困难，如对收益的估计难以摆脱人们主观判断的影响，从而出现过高估计或过低估计。另外，对成本的计算也经常遇到许多复杂情况。因此，它不是一个很科学的方法。

二战后，西方世界的公共物品比重有很大增长，政府是否以及在何种程度上提供公共物品成为日益重要的问题。在西方，逐渐出现了公共选择理论。它是应用经济学来分析政府的运行，说明政府的选择，研究非市场的集体决策。就公共物品来说，关于生产什么、生产多少等问题，公民的意见往往存在分歧，而投票可以有效和公平地表达选民们对公共物品的偏好。投票是按一定的规则进行，不同的决策规则会产生不同的结果，公共选择理论特别注意一致同意规则和多数票规则，认为它们可以表现出集体决策规则的特点。但是以投票的方式对公共物品的生产进行表决并非十全十美。例如，在多数票规则下，总成本超过总收益的政府项目可能被通过，而总收益超过总成本的政府项目可能被否决。同时，按照多数票规则，中间投票集团所做好的方案总会获得通过，这样可能就会使一部分人遭受损失。此外，投票的顺序不同，投票的结果就不同。如果对多种方案按照不同顺序进行反复投票，所获得的多种投票结果还可能是相互矛盾的。但是，用投票方式决定公共物品的方案仍是目前较好的方法。

此外，公共物品一般由政府生产和经营，但由于多种原因往往会缺乏效率。第一，政府部门在生产和经营公共物品时，往往处于垄断地位，没有私人部门和它竞争，而垄断会产生低效率。第二，政府部门是非营利机构，生产和经营公共物品是为大众服务，因而缺乏利润动机的刺激。第三，政府部门生产和经营公共物品的支出来自预算，不同的部门为了各自的利益考虑，往往都强调本部门所生产和经营的公共物品的重要性，尽可能地扩大预算的比例，结果势必造成某些部门的过度供给，损害效率。

如何提高政府部门在生产和经营公共物品时的效率呢？有些专家建议分散政府部门生产某种公共物品的权力，因为权力过分集中，易产生腐败和不正之风，而规模过于庞大，运行起来自然不会灵活，工作也就缺乏效率。在分散政府部门权力的同时，让私人部门参与竞争，如用招标方式让私人部门投标承包公共物品的生产。这样，通过私人部门之间的相互竞争将使政府部门以较少的成本购买同样数量的公共物品，从而提高公共物品生产和经营的效率。

三、消除外部影响的措施

既然外部影响使市场机制不能达到有效率的帕累托最优状态，因而国家必须执行政策来对付这一市场失灵情况。经济学家提出的政策建议主要有以下几种。

1. 使用税收和津贴

对造成外部不经济的企业，国家应该征税，其数额应该等于该企业给社会其他成员造成的损失，以便使企业私人成本和社会成本相等，从而达到符合最有效率的状态。例如，可以向造成污染的企业征税，其数额等于治理污染所需的费用，从而使企业的成本提高到和社会成本相一致，这样企业就会减少产量，使资源配置符合帕累托最优状态。反之，在存在外部经济的情况下，国家则可以采取津贴的办法，使得企业的私人利益与社会利益相等，这样可以促使企业增加产量，使资源配置达到最优。总之，政府干预的原则是使外在成本或外在效益内部化，以便使企业的产量决策能够符合资源合理配置的要求。这里，外在成本和外在效益分别是指社会成本与私人成本之间的差额以及社会利益与私人利益之间的差额。当然，在实践中，要准确估计社会成本和社会利益的大小不是一件很容易的事情。

2. 使用合并企业的方法

这种方法既可能是产生于外部性制造者与受外部性影响者之间的自愿交易，也可能是产生于政府的干预。例如，一个企业的生产影响到另一个企业，如果是积极的影响，则第一个企业的生产就会低于社会最优水平。反之，若是消极的影响，则第一个企业的生产就会超过社会最优水平。但若将两个企业合并，就可以将外部影响内部化。合并后的单个企业为了自己的利益，将使自己的生产确定在边际成本等于边际收益的水平上，此时不存在外部影响，所以合并企业的成本和收益就等于社会的成本与收益，于是资源配置达到帕累托最优状态。这个办法在理论上似乎很完美，但在实践中要合并企业并不是一件简单的事。

3. 采用明确产权的方法

通过产权的明晰化来解决外部性问题的思想是以科斯为代表的所有权学派经济学家提出的。著名的科斯定理概括了这一思想。科斯定理表述如下：只要产权是明确的，并且其交易成本为零或者很小，则无论在开始时将产权赋予谁，市场均衡的最终结果都是有效率的。实际上，科斯定理进一步扩大了“看不见的手”的作用。按照这个定理，只要那些假设条件成立，市场力量足够强大，就总能使外部影响以最终经济的办法加以解决，从而仍然能够实现帕累托最优状态。原因在于，明确的产权及其转让可以使得私人成本（或利益）与社会成本（或利益）趋于一致。例如，以化工厂污染所造成的外部性为例，只要给予周围农场不受污染的权利，化工厂就会因污染环境而受罚。在这种情况下，化工厂会同农场商量，将这种权利从他那里买过来，然后再让周围环境受到一定程度的污染。因此，受到损害的周围农场也会使用其出售污染权而得到的收入来治理环境。总之，由于化工厂为其不好的外部影响支付了代价，故其私人成本与社会成本之间不存在差别。

运用科斯定理解决外部影响问题在实际中并不一定真的有效。因为科斯定理的前提是，外部影响涉及的产权界定必须明确，而且谈判的交易费用不大。但在现实生活中，有时情况不是这样。第一，资产的产权并不总是能够明确加以规定。有的资源，如空气，自古以来就是大家均可使用的共同财产，很难将其产权具体分派给谁。有的资源的产权即使在原则上可以明确，但由于不公平问题、法律程序的成本问题等也变得实际上不可行。第二，已明确的产权并不总是能够转让的。这涉及到信息的充分性以及买卖双方不能达成一致意见的各种原因，如谈判的人数太多、交易成本过高等。上例中，若受害者还包括很多居民，他们免受污染的权利很分散，受害程度也很难一一确定，这样，交易谈判费用就会很高，这时由政府出面代表社会来维护农场和居民的权利就可能更为有效。此外，还要指出的是，分配产权会影响收入分配，而收入分配的变动可能会造成社会的不公平，引起社会动乱。在社会动乱的情况下，就谈不上解决外部影响的问题了。

四、促进市场信息传递的措施

不同的市场因信息不完全和非对称而产生的问题性质不同，需要采取不同的方法解决，可以通过政府解决，也可以不通过政府解决。

例如，在存在败德行为和不利选择的情况下，保险市场的运行机制就会失灵，其结果是保险公司欢迎的顾客拂袖而去，而保险公司不欢迎的顾客接踵而来，这里因自由选择而导致了市场无效，其根源则是信息的不完全性及非对称性。当自由选择和效率不相容时，政府能够在一定程度上维持市场机制的有效性，通过直接干预或法律来解决问题。例如，有些国家的汽车保险是强制性的，每个开车的人在领取驾驶执照之前，必须参加最低限额的责任保险，从而避免了低风险的人不愿投保，导致保险费向出车祸概率较高的人群倾斜的恶性循环。

然而，在很多情况下，政府也不必要操太多的心，通过某些有效的制度安排或有效措施的实施，同样可以消除因信息不完全和非对称而产生的问题，而无须政府的干预。例如，健康保险、就业保险、退休金保险等，在西方一般的做法是由雇主代职工投保，作为职工福利的一部分。在我国正在构造的社会保障体系也是遵循这条思路。此外，保险公司在制定费率表时，为了让投保人保险后依然努力将损失的概率和损失的后果压到最低限度，可以采用风险分享的方法，即保险公司不对投保人实行全额保险，而规定某些最低数量的免赔额。一旦投保人的财产发生损失，投保人自己也将负担一部分损失，这样通过留给顾客一点“刺激”来促使顾客采取谨慎的保护行动。

在消费品市场，往往卖方对所卖商品情况了如指掌，而买方却很难了解产品的内在质量。在这种情况下，伪劣产品会堂而皇之进入市场，在局部市场甚至会排挤优质产品而占据市场的主角，使消费者的效用和正当生产者的利润都受到损失，这叫“劣品驱逐优品”现象。优质商品的提供者当然不会甘心被伪劣商品逐出市场。为了让消费者发现并相信自己出售的是优质产品，优质产品的提供者可以采取“信号显示”的方法。可以传送的“信号”有多种形式。例如，最简单的做法可以向购买者提供一项保证：如果买者买到的产品质量有问题，则可以在一定时间退货或得到经济补偿。通过发送信号，优质产品的生产者能够在伪劣产品中脱颖而出。作为信号，必须具备以下特点：伪劣产品的生产者无法提供，或者他们提供信号的成本非常高，在提供信号后，伪劣产品与优质产品相比在成本上已不再具有任何优势。这类信号包括包退、包换、包修等。有名的商品、品牌本身就是一种信号，因为名牌是靠长期稳定、过硬的质量建立起来的，在消费者心中名牌代表优质，为此他们愿意支付高价来取得质量保证。另外，在伪劣产品充斥的市场也可以由具有信誉的商人或机构来重建秩序。中间商或经纪人利用自己的专长来鉴别优质和劣质产品，他们的信誉可以通过以合理的价格出售商品而建立起来，只要他们能赢得消费者的信赖，由于不对称信息而瘫痪的市场就能够重新运转起来。

但是，信号显示的有效性也可能受到威胁。虽然伪劣产品的生产者很难创造出这些信号，但模仿这种信号对他们来说成本并不高。因此，市场上会出现一些伪造的“名牌”商品，这对真正名牌产品的生产厂家来说打击是双重的。这是因为，一方面，当消费者购买到伪造名牌的劣质商品时，如果不知道这是冒牌货，就会对这种牌号的商品质量产生怀疑，他们在今后的购买中会尽量避开这种牌号，此时优质产品的牌号变成了一种负信号。另一方面，即使消费者知道正宗的厂家是无辜的，但在鱼龙混杂，真伪难辨的市场上，消费者往往只愿支付这种产品的期望价值，而在这样的价格下，真正生产优质品的厂商不得不退出市场，消费者又一次面临“不利选择”。

通常在仿制信号比较容易和普遍的市场上，正宗厂家的一种有效对策是输送“二次信号”，即证明自己的产品是真正名牌的信号，如在产品上增加较难仿制的防伪标志。这种标志或者技术要求超过了模仿者的技术能力，或者原生产者提供这些标志的成本要大大低于仿制者。此外，“二次信号”的另一种方式是名牌厂家与名牌商厦的结合。因为销售商的名望对消费者来说也是一种信号，消费者相信，有名望的商厦是不会轻易让伪劣产品上柜台销售的。两种优质信号的结合，能使消费者放心购买。当然，一旦假冒伪劣商品现象十分严重，以至于破坏市场运作时，政府可以介入，一方面建立完善的法律法规，如《反不正当竞争法》、《消费者权益保护法》、《广告法》、《商标法》、生产许可证制度等；另一方面，加大对假冒伪劣商品的打击力度，切实维护消费者权益。

五、增进公平效率的措施

一国政府收入分配政策的目标是力图既要有利于经济效率，又要增进平等。一般来说，多数国家是以贡献标准作为收入分配的若干准则，而收入分配的平等化问题则主要是通过以下政策来实现。

1. 税收政策

个人所得税是税收的一项重要内容，它主要是通过累进所得税制对高收入者按高税率征税，对低收入者按低税率征税，以调节社会成员收入分配的不平等状况。在个人所得税方面，还区分了劳动收入税和非劳动收入税。对劳动收入税按低税率征收，而对非劳动收入（股息、利息等收入）则按高税率征收。除了个人所得税之外，还有遗产和赠予税、财产税、消费税等。征收这些税，也是为了收入分配的平等化。但要注意，税率过高，累进率过大，不利于有能力的人充分发挥自己的才干，会挫伤工作者和投资者的积极性，造成人才外流，财产向国外转移，对社会来说也是一种损失。

2. 社会福利政策

如果说税收政策是要通过对富人征收重税来实现收入分配平等化，那么社会福利政策则是要通过给穷人补助来实现收入分配平等化。从当前世界各国的情况看，社会福利政策主要有以下内容。

（1）各种形式的社会保障与社会保险　包括失业救济金制度、老年人年金制度、残疾人保险制度、对有未成年子女家庭的补助、对收入低于一定标准（即贫困线）的家庭与个人的补助。这些补助金主要是货币形式，也有发放食品券等实物的。

（2）向贫困者提供就业机会与培训　收入不平均的根源在于贡献的大小，而贡献的大小与个人的机遇和能力相关。政府可以通过改善穷人就业的能力与条件，来实现收入分配的平等化。在这方面，主要是实现机会均等，保证所有人的平等就业机会，并按同工同酬的原则支付报酬。其次是使贫困者具有就业的能力，包括进行职业培训、实行文化教育计划（如扫盲运动）等，帮助贫困者提高文化技术水平，使他们能从事收入高的工作。

（3）医疗保险与医疗援助　医疗保险主要由保险金支付，医疗援助则是政府出钱资助医疗卫生事业（尤其是贫困地区），使每个人都能得到良好的医疗服务。

（4）对教育事业的资助　包括兴办公立学校、设立奖学金和大学生贷款、帮助学校改善教学条件、资助学校的科研等，对教育事业的资助，一方面可以提高社会科学文化水平，提高劳动力质量，提高社会的经济效率，另一方面可以增加低收入者的收入，有助于缩小社会的收入差距。通过普及教育，有助于使效率和平等趋于协调。

（5）各种保护劳动者的立法　包括最低工资法和最高工时法、对低收入者的救济补助金制度以及环境保护法等。这些都有助于增加劳动者的收入，改善他们的工作与生活条件，减少收入分配的不平等程度。但实行法定最低工资标准，会使企业不愿雇用或少雇用工人，尤其不愿雇用技术水平低的工人，并促进企业加紧用资本替代劳动，采用新设备或让一部分旧设备闲置。实行法定最低收入水平的救济补助金制度会使低收入者不愿多工作，宁可离职靠领取救济金度日，这样造成了效率的损失。

（6）改善住房条件　包括以低房租向贫困者出租国家兴建的住宅，提供低利息率的长期贷款资助无房者建房，低价出售国家建造的住宅或实行住房房租补贴等。这种政策改善了穷人的住房条件，也有利于实现收入分配平等化。

这些福利政策对改善贫困者的地位和生活条件，提高他们的实际收入水平，确实起到了相当大的作用，对社会的安定和经济发展也是有利的。但这些政策有两个严重的后果。一是降低了社会生产效率。因为各种各样的社会保障使人们有可能不劳而获，这样，劳动积极性下降，社会的生产效率下降。二是增加了政府的负担，巨额的福利支出已成为各国财政赤字的主要原因。

福利政策的必要性与所引起的问题又一次提出了平等与效率的矛盾。如何解决这一问题，已成为经济学研究的重点之一。

六、保持稳定的政策

市场机制造成经济的大起大落，这种经济波动意味着经济时而停滞时而过热，同时受到大量失业与通货膨胀的交替困扰，使周期性的萧条越来越深刻。因此，为实现既无通货膨胀又无失业的经济的稳定增长，政府必须介入经济生活，通过经济政策对其进行必要的干预和调节。

经济政策可以分为两种类型。一种是计划类型，即通过行政命令手段予以执行，如对企业兼并的批准、对金融机构的管理等。另一种是市场调控类型，即对市场机制进行干预并通过该机制的作用来达到政策目标。一般说来，各个具体政策往往兼有两个类型的特点，其差别仅在于使用程度的不同。

政府为减轻经济周期带来的经济波动，常用的经济政策主要有以下几种。

(1) 财政政策　指国家为达到一定的目标而对财政收入和财政支出所做出的决策。具体包括税收政策和政府对公共工程的支出、商品和劳务购买及转移支付等方面的政策。其政策的运用主要有两种情况。第一，扩张性财政政策。它的目标是减轻或消除经济萧条、扩大社会就业。它可以通过扩大政府支出来实行，也可以通过减税的办法来实行，还可以“双管齐下”。通过政策的实施可以扩大社会总需求及私人消费和投资。第二，收缩性财政政策。其目标是减轻或消除通货膨胀。它可以通过减少政府支出或增加税收或者采用“双管齐下”的办法来实行。这种政策的作用是直接或间接地抑制总需求的增加，从而减轻通货膨胀的压力。政府实行财政政策的原则是“逆经济风向行事”，它可以起到弱化经济波动的作用。

(2) 货币政策　指国家为达到一定目标通过中央银行对货币供应量及其利息率所作的决策。它具体包括改变法定准备率政策、公开市场业务及调整再贴现率的政策等。在经济萧条时期，政府会调低法定准备率或中央银行贴现率，或是通过公开市场买进政府债券。在通货膨胀时期，则采用相反的办法。这 3 种工具的使用，实质上是通过变动货币供给量改变利息率，从而刺激或抑制总需求。除上述 3 种工具外，在西方国家，还经常使用其他一些货币政策手段，其中主要是选择性的货币管理手段（如“垫头”限制、消费信贷的现付数额及偿还期限规定、房地产信贷管制等）和道义性劝告两种。

(3) 收入政策　指通过控制工资与物价来制止通货膨胀的政策。根据成本推进的通货膨胀理论，通货膨胀是由于成本增加，特别是由于工资成本的增加而引起的。因此，要制止通货膨胀，就必须有效地控制工资增长率，同时还要控制价格水平。收入政策一般有 3 种形式。

① 工资-物价冻结。政府采用法律手段禁止在一定时期内提高工资与物价。这种措施一般是在特殊时期（如战争时期）采用，但在某些通货膨胀严重时期，也可以采用这一强制性措施。例如，1971 年美国尼克松政府为了控制当时的通货膨胀，就曾宣布工资与物价冻结 3 个月。这种措施在短期内可以有效地控制通货膨胀，但它破坏了市场机制的正常作用，在长

期中不仅不能制止通货膨胀，反而还会引起资源配置失调，给经济带来更多的困难，所以一般不宜采用。

② 工资与物价指导线。政府为了制止通货膨胀，根据劳动生产率的增长率和其他因素，规定出工资与物价上涨的限度。如果企业违反规定，使工资增长率和物价上涨率超过了这一指导线，政府就要以税收或法律形式进行惩罚。这种作法比较灵活。

③ 税收刺激计划。以税收为手段来控制工资的增长。具体作法是：政府规定货币工资增长率，即工资指导线，以税收为手段来付诸实施。如果企业的工资增长率超过这一指导线，就课以重税；如果企业的工资增长率低于这一规定，就给予减税。但这种计划在实施中会遭到企业与工会的反对。此外，为了保证经济持续稳定的发展，不少国家的政府（如日本、法国等）还制定了经济计划，以引导企业的投资走向。在迫不得已的情况下，政府也会动用行政手段对经济进行干预，以减少经济的波动。

以上我们介绍了政府为保持经济稳定常用的几种经济政策，但是这些政策在具体的实施过程中往往会碰到各种障碍。例如，在减税时，企业和居民可能皆大欢喜，但在增税时，很可能会遇到普遍的反对。又如，在通货膨胀时期，当政府有意紧缩银根并调高利息率时，企业及商业银行并不一定乐于配合；在经济萧条时期，尽管政府放松银根，调低利率，以期刺激消费和投资增加，私人部门也不一定会积极响应。

此外，经济政策的实施困难还可能来自于本身的“时滞效应”。这种时滞既包括政策制定过程中的滞延，也包括政策实施后的滞延。这种时滞效应的存在，很可能导致这样的结果，即在宏观经济政策真正发挥作用时，它所面对的经济形势与制定时的经济形势相比，已经物换星移了，正可谓“计划赶不上变化”。

虽然有那么多市场失灵的情况需要政府的干预，但政府的干预在对经济发展起促进作用的同时，也会带来副作用。例如，对经济的预测有时难免出现失误，所采取的政策也不一定完全正确。此外，国家干预的不断加强在一定程度上限制或破坏了市场机制的正常作用，使经济难以正常运行。

从当前世界各国的经济政策来看，总的趋势是减少国家干预，加强市场机制的作用。但要注意的是，在国家干预过多，出现了各种问题的情况下，通过政策的自由化来解决这些问题是必要的，可是自由放任绝不能完全代替国家干预，两者的适当结合是一种长期的趋势。如何将两者更好地结合起来，正是经济政策所应解决的问题。

本章小结

由于资源的稀缺性，人们一般希望资源能够得到充分的使用。市场的效率是指市场在配置资源方面的效率。那么，衡量市场在资源配置上是否有效率的标准是什么呢？经济学界的理解各不相同，而至今被大多数经济学家接受的衡量市场是否有效率的标准是以意大利经济学家帕累托名字命名的帕累托标准，或称作帕累托最优。

帕累托最优状态是指如果产品在消费者之间的分配已达到这样一种状态，即任何重新分配都会至少降低一个消费者的满足水平，那么这种状态就是最优的或最有效率的状态。同样的，如果生产要素在企业之间或企业内部的配置已达到这样一种状态，即任何重新配置都至少会降低一个企业或一种产品的产量，那么这种状态也是帕累托最优状态。

西方经济学家一般认为完全竞争的市场经济可以导致帕累托最优。但完全竞争是以一系列严格的假设条件为前提的，在现实的经济活动中，只要有一个假设条件不成立，就会导致资源配置的效率损失，导致非帕累托最优状态，出现市场失灵。

引起市场失灵的原因有很多，美国经济学家科勒将市场失灵问题概括为3类，即无效率、不公平和经济周期。

当出现市场缺陷，市场失灵无法解决时，政府通过反垄断等一系列经济政策对市场进行干预，进而对企业进行引导和管理。

重要名词术语

市场效率	市场失灵	帕累托最优
垄断	外部影响	外部经济
外部不经济	公共物品	完全信息
经济周期	基尼系数	

复习思考题

1. 衡量市场效率的标准是什么?
2. 如何理解帕累托最优状态?
3. 外部影响的存在是如何干扰市场对资源的配置的?
4. 公共物品为什么不能靠市场来提供?
5. 你是怎样认识我国经济活动中的公平与效率的?
6. 你是怎样认识政府、市场、企业三者之间关系的?

参 考 文 献

1 李宝山．管理经济学．北京：企业管理出版社，1997
2 吴德庆，马月才．管理经济学．第三版．北京：中国人民大学出版社，2003
3 梁小民．微观经济学纵横谈．北京：生活·读书·新知三联书店，2000
4 高鸿业．西方经济学（微观部分）．北京：中国经济出版社，1996
5 吴德庆．管理经济学（全国高等教育自学考试指定教材）．北京：中国人民大学出版社，1999
6 吉福林．管理经济学．北京：高等教育出版社，2003
7 陈章武．管理经济学．北京：清华大学出版社，2002
8 ［美］斯蒂格利茨．〈经济学〉小品和案例．北京：中国人民大学出版社，1998